Le piège colonial

5-7, rue de l'École-Polytechnique ; 75005 Paris

http://www.librairieharmattan.com
diffusion.harmattan@wanadoo.fr
harmattan1@wanadoo.fr

ISBN : 978-2-296-02579-0
EAN : 9782296025790

Marine LE PULOCH

Le piège colonial

Histoire des traités de colonisation au Canada

Préface de
Élise Marienstras

L'Harmattan

Collection **Racisme et eugénisme**
Dirigée par Michel Prum

La collection "Racisme et eugénisme" se propose d'éditer des textes étudiant les discours et les pratiques d'exclusion, de ségrégation et de domination dont le corps humain est le point d'ancrage. Cette problématique du corps fédère les travaux sur le racisme et l'eugénisme mais aussi sur les enjeux bioéthiques de la génétique. Elle s'intéresse à toutes les tentatives qui visent à biologiser les rapports humains à des fins de hiérarchisation et d'oppression. La collection entend aussi comparer ces phénomènes et ces rhétoriques biologisantes dans diverses aires culturelles, en particulier l'aire anglophone et l'aire francophone. Tout en mettant l'accent sur le contemporain, elle n'exclut pas de remonter aux sources de la pensée raciste ou de l'eugénisme.

Déjà parus :

Lucienne GERMAIN et Didier LASSALLE (sous la direction de), *Les politiques de l'immigration en France et au Royaume-Uni : perspectives historiques et contemporaines*, 2006.
Xavier YVANOFF, *Anthropologie du racisme*, 2005.
Jean TOURNON et Ramon MAIZ (Sous la dir.), *Ethnicisme et Politique*, 2005.
Michel PRUM (dir.), *L'Un sans l'Autre*, 2005.
Frédéric MONNEYRON, *L'imaginaire racial*, 2004.
Michel PRUM (dir.), *Sang-impur, Autour de la « race » (Grande-Bretagne, Canada, États-Unis)*, 2004.
Martine PIQUET, *Australie plurielle*, 2004.
Michel PRUM (dir.), *Les Malvenus, Race et sexe dans le monde anglophone*, 2003.

PRÉFACE

Élise Marienstras[1]

À la lecture de l'ouvrage de Marine Le Puloch, on est frappé par le contraste entre l'histoire autochtone du Canada et celle du reste de l'Amérique : dans la période précolombienne et bien longtemps par la suite, sur cette superficie qui tient du sous-continent, la densité démographique est faible et l'habitat est dispersé du fait de la rigueur du climat et de la faiblesse des sources naturelles de subsistance, à l'exception du gibier. Pour ces mêmes raisons, après la première implantation coloniale française au XVIIe siècle dans les régions bordières de l'Atlantique, la colonisation européenne vers l'Ouest est tardive et atypique, puisque motivée plutôt par la recherche de ressources souterraines que par celle de terres de cultures ou des séquelles d'un commerce de la fourrure qui s'est déjà raréfié.

Par là s'explique le relatif désintérêt des historiens pour l'histoire des relations euro-amérindiennes dans l'Ouest canadien. Les autres raisons en sont l'incompréhension générale du phénomène de la part de chercheurs qui sont habitués à ne considérer la colonisation que sous l'angle de « guerres indiennes » ou de conflits pour les terres et la souveraineté. Le livre qu'on va lire constitue un apport majeur aux études contemporaines sur la colonisation. Marine Le Puloch comble en effet une grave lacune historiographique et démontre qu'il y a eu jusqu'à nos jours méprise sur la nature du Canada : malgré l'abondance des études sur le XIXe siècle canadien, ce pays se présenta longtemps, aux yeux des historiens, dans son unique versant européen – la sujétion d'une partie de la région à la France jusqu'en 1763, puis de la totalité du nord du continent à la Grande-Bretagne –, qui a induit une lecture univoque des relations entre la métropole anglaise et sa colonie (plus tard dominion, puis confédération), ainsi que des relations entre la confédération et ses provinces, ou encore de la question nationale si complexe dans cette région, que son développement économique et sa proximité avec les États-Unis situent dans l'aire

---

[1] Professeur émérite, Université de Paris 7 Denis Diderot.

du monde développé occidental, marginalisant les autochtones, aux yeux des historiens, dans un mode de vie archaïque - un « quart-monde » aux portes du « premier monde ».

Marine Le Puloch va bien au-delà des idées reçues sur la colonisation américaine. Elle nous montre le revers de ce qui a surtout intéressé l'historien jusqu'à présent : bien que les autochtones de l'Ouest canadien n'aient connu les Blancs que tardivement, bien qu'ils n'aient pas mené de grandes guerres de résistance, ils ont joué un rôle actif dans l'échange qui a préludé, par des moyens souvent frauduleux, à la main mise de l'État canadien et des grandes compagnies extractrices sur les territoires de l'Ouest. On voit ici un aspect de la colonisation très particulier, mais où le rapport de forces qui, dans ses apparences juridiques, favorise les colonisateurs, laisse cependant aux sujets colonisés le pouvoir, jusqu'à nos jours, comme on le voit pour les Cris du Lac Lubicon, de contester le sort qui leur est fait. On assiste aussi à un processus de colonisation dont la trame économique apparaît en plein jour, parce que le processus débute dans la période du « triomphe du capitalisme » industriel. La temporalité de la colonisation contribue à différencier le phénomène de prédation coloniale canadienne de celui des autres régions du Nouveau continent, explorées et conquises plus tôt.

Alors qu'aux États-Unis, la conquête de l'Ouest connaît sa poussée ultime entre 1865 et 1900, au Canada, cette même colonisation ne commence qu'alors à s'accomplir dans les territoires lointains de l'Alberta ou du Sashkatchewan dans un contexte géopolitique, économique, politique et même idéologique tout différent et face à des populations autochtones qui n'ont pas, comme leurs congénères plus au Sud, les forces militaires nécessaires pour résister.

De sorte que les historiens n'ont guère prêté attention à la forme particulière qu'a prise la colonisation à l'Ouest du Canada, et ont occulté de l'historiographie de la rencontre ce qui relève de la tactique procédurale de conquête.

Les traités dits « numérotés », considérés comme un moyen de pacifier les relations entre les allogènes et les autochtones, sont conclus dans maintes occasions en Amérique comme en Afrique, sous la pression des missionnaires ou d'agents du gouvernement colonial qui, au Canada, jouent, en même temps qu'ils s'apprêtent à négocier, les explorateurs de régions quasi-inconnues des Anglo-canadiens. Ces diplomates-découvreurs n'ont guère le loisir de faire une revue exhaustive de toutes les populations vivant dans ces régions lointaines ; et pourtant, bien qu'ils n'aient pu ou voulu rendre visite à toutes les bandes et nations du Nord-Ouest et de l'Ouest canadien, ils concluront avec certaines d'entre elles des accords qui concerneront l'ensemble des territoires de la région. De sorte que certaines nations indiennes, tenues à l'écart des traités, sont privées des promesses du gouvernement faites aux autres, alors que, de leur côté, elles ne se considèrent tenues à aucune concession au gouvernement puisqu'elles ne sont pas signataires de traité.

L'une de ces bandes ou nations indiennes est le peuple Cri Lubicon, dont l'auteur suit le destin et les revendications jusqu'à nos jours à travers une documentation quasi exhaustive puisque aussi bien orale qu'écrite. Il n'est pas d'un moindre intérêt que l'opinion judiciaire se soit rangée à celle des ethnohistoriens, rendant aux populations sans écriture la légitimité de leur mémoire orale, et leur faisant progressivement droit au regard de traités, aujourd'hui reconnus comme à double entendement, mais que les politiques se refusent encore à renégocier ou à normaliser selon la justice et le droit de toutes les populations du Canada.

INTRODUCTION

Ce livre nous enjoint d'emblée à poser la question de la nature des relations entre Européens et autochtones au Canada. Puisqu'il y a traité, c'est donc que la relation se fait entre nations qui sont dans la capacité de signer des traités, donc entre nations souveraines. Cependant, les traités signés au Canada, comme ceux qui ont été signés aux États-Unis jusqu'en 1871, entrent dans le cadre de relations entre un État colonisateur et des autochtones. Or, ces États considèrent que la nature « internationale » des traités signés avec les autochtones est différente de celle qui désigne les relations entre États-nations. C'est que la relation entre un État-nation qui prend possession d'un territoire et les autochtones avec lesquels il est amené à négocier sont rarement des relations entre forces égales. Et même lorsque les autochtones ont pu être " bénéficiaires " dans les traités ainsi conclus, certains s'en sont trouvés exclus.

Ainsi, si dans un premier temps les autochtones du Canada ont bénéficié des échanges commerciaux avec les allochtones par le truchement de la traite des fourrures, « bénéficiaires » comme « exclus » des traités ont ensuite été spoliés de leurs terres et de ses ressources en dépit de la promesse qui leur avait été faite lors de la signature des traités qu'ils pourraient poursuivre leurs modes de vie traditionnels. Aussi peut-on dire que les uns et les autres ont été « piégés », soit que les termes rédigés des traités ne leur avaient pas été traduits ni explicités, soit que les terres des autochtones qui n'avaient pas signé de traité aient pourtant été incluses dans les limites d'un traité.

Le Traité N° 8 est l'un des onze traités dits « numérotés » signés par le gouvernement canadien et les autochtones de l'ouest et du nord-ouest canadien entre 1871 et 1921. Certains autochtones – dont les Cri du Lubicon – en ont été « exclus » dans des circonstances et avec des suites que leurs luttes récentes font apparaître. Nous étendons ici notre étude à la colonisation de l'ouest et du nord-ouest, telle qu'elle a été menée par le Canada et telle que l'ont perçue les autochtones. De manière plus générale, la question des droits inhérents des autochtones dans le cadre de la confédération canadienne nous permettra de mieux comprendre les ressorts et les aboutissements du Traité N° 8. C'est pourquoi nous nous efforcerons de replacer dans son contexte historique et juridique la politique indienne du gouvernement canadien et de saisir les raisons de son évolution et de ses revirements au gré des circonstances politiques et économiques.

Les traités numérotés, comme d'autres traités coloniaux, visaient à faciliter le processus de colonisation. On classe ces traités en deux catégories : les traités dits « d'occupation » (*settlement treaties*) signés entre 1870 et 1877, et les traités dits « de développement des ressources du nord » (*northern development treaties*) signés entre 1899 et 1922. Le Traité N° 8 appartient au second groupe. Il a été signé en 1899 et en 1900 avec les autochtones du nord du Saskatchewan et de l'Alberta, du sud des Territoires du Nord-Ouest et du nord-est de la Colombie-Britannique. Nous examinerons les circonstances entourant ce traité, l'attitude des Indiens à son égard et les conséquences actuelles de ce traité sur les signataires et sur ceux qui en furent exclus.

Il faut signaler ici que les Indiens signataires du Traité N° 8 se rattachent à deux familles linguistiques distinctes, les Cri et les Athapascan. Parmi ces derniers, il faut distinguer les Castor (*Beaver*) des Dènè, car les Dènè appartiennent à un groupe qui se prévaut, depuis 1975, d'être une nation sur la base d'une unité non seulement linguistique, l'athabascan, mais aussi géographique, le Denendeh (« pays des Dènè » ou « pays des êtres humains » dans la langue autochtone), situé dans le Yukon et les Territoires du Nord-Ouest et qui est concerné non seulement par le Traité N° 8, mais aussi par le Traité N° 11.

Étant donné le regard particulier que nous portons sur les Indiens Cri du Lac Lubicon dans ce livre, c'est le groupe auquel ils appartiennent qui retiendra ici notre attention. Les Lubicon sont des Cri « Bois fort » (*Strongwoods*), de la famille des « Bois de l'ouest » (*Western Woods*). Les Cri appartiennent à la grande famille linguistique des Algonquin et représentent aujourd'hui le groupe autochtone le plus important au Canada, entre 70 000 et 100 000 personnes selon les estimations. Ils occupaient autrefois un territoire immense de près de quatre millions de kilomètres carrés. Ce territoire s'étendait d'est en ouest de la Baie James et la Baie d'Hudson jusqu'en Alberta, et du nord au sud du Grand Lac des Esclaves jusqu'aux plaines de l'Alberta, du Saskatchewan et du Manitoba, donc bien au-delà des limites du Traité N° 8. Il est impossible de connaître le nombre exact des Cri qui habitaient le bouclier sub-arctique à l'époque précolombienne. On estime qu'il s'élevait à 60 000, dont près de 20 000 Cri des Bois de l'ouest[2].

Les Cri Bois fort, qui parlent le « dialecte des plaines du nord » proche des autres dialectes des Cri des Bois de l'ouest, sont les occupants originels de la région située au nord de la rivière Saskatchewan - au Saskatchewan et en Alberta - et qui est comprise dans le Traité N° 8.

Dans les circonstances que nous verrons et qui réduisent les populations indiennes à un état proche de la famine et à une menace sur leurs terres, le Traité N° 8 - qui constituait l'acte de dépossession des Indiens - était aussi, d'une certaine manière, leur sauvegarde, car ceux qui n'y eurent pas accès n'eurent pas droit à l'aide et à la protection du gouvernement canadien. Mais si l'absence de leur nom au bas d'un document les privait de la reconnaissance officielle de l'État-nation canadien, elle les préservait aussi d'une autorité extérieure. Les « bénéficiaires » du traité, en revanche, sont dans une situation où des populations et des autorités allochtones tentent d'établir leurs propres définitions sur un territoire encore sans écriture, gouverné par des lois et des structures sociales et économiques autochtones. Ainsi, l'identité des populations indigènes, définie par des critères internes, se voit sommée de se mouler sur des définitions imposées de l'extérieur.

Au Canada, les premiers traités furent essentiellement des traités d'amitié et de paix, et des traités d'alliance militaires. Le commerce, puis l'immigration et la colonisation, enfin l'exploitation des ressources non renouvelables comme l'or et le pétrole entraînèrent la signature des autres traités. Ainsi en 1975, lorsque fut conclu l'*Accord de la Baie James*, premier « traité moderne », près de 500 traités et cessions territoriales avaient déjà

---

[2] Voir notamment, James G. E. SMITH, « Western Woods Cree », *in :* W. C. STURTEVANT (gen. ed.), *Handbook of North American Indians*, Washington D. C. : Smithsonian Institution, 1981, vol. 6 : Subarctic, pp. 256-270.

été négociés entre les autochtones et les gouvernements allochtones successifs.

Les tribunaux canadiens considèrent que les traités sont toujours valides. Un traité est défini comme un contrat, ou un ensemble de principes fondamentaux qui doivent régir toutes futures négociations entre les autochtones et le gouvernement canadien. Par ailleurs, l'article 35 de la Constitution de 1982 reconnaît les traités et en fait des droits constitutionnels. Ainsi, les traités, qui garantissent les droits inhérents des autochtones, sont-ils toujours d'actualité et les autochtones y attachent une importance capitale.

L'interprétation des traités est donc aujourd'hui une question débattue par les tribunaux, qui estiment notamment que les Indiens signataires du Traité N° 8 n'ont pas pu comprendre ces documents. Car non seulement ils ne parlaient ni ne lisaient l'anglais, mais les interprètes étaient incapables de traduire les notions et les principes de propriété et de cession territoriale qui ont leur source dans la législation et la jurisprudence britanniques. Les Indiens considéraient qu'ils détenaient un droit d'usufruit sur leur territoire, dont ils pouvaient partager les ressources et sur lequel ils pouvaient se déplacer librement.

Le recours constant aux tribunaux a obligé la justice à examiner de plus près l'historique des traités. Or les tribunaux ont statué que l'interprétation des traités devait tenir compte de la manière dont les Indiens avaient compris les traités. Il convient donc aujourd'hui d'établir, à partir de ces données, un terrain d'entente entre le gouvernement canadien et les autochtones.

L'utilisation de méthodes qui relèvent en même temps de la politique, de la législation et de la jurisprudence expliquent l'organisation à la fois chronologique et thématique de ce livre. Dans une première partie, nous examinerons le Canada colonial et fédéral, l'historique de la colonisation française et britannique et l'émergence en 1867 d'un nouvel État canadien. Le Traité N° 8 s'inscrivant dans le prolongement de ces antécédents coloniaux, il est nécessaire de replacer dans leur contexte historique les modifications politiques et juridiques sur lesquelles repose la colonisation de l'ouest et du nord-ouest canadien. Nous verrons ainsi comment les questions de souveraineté et de propriété territoriales ont marqué depuis le début de la colonisation les relations entre autochtones et allochtones.

Dans une seconde partie, nous examinerons la colonisation proprement canadienne de l'ouest et du nord-ouest, les difficultés politiques et sociales dans lesquelles s'inscrit l'histoire des traités dits « numérotés », les négociations et le contenu de ces traités et les pressions qu'ont subies les Indiens signataires. Une étude approfondie du Traité N° 8 montrera que ces derniers, conscients qu'ils ne pouvaient pas empêcher les colons de venir s'installer sur leurs terres, signèrent le traité afin de protéger leurs intérêts tout en restant maîtres de leur avenir. Le gouvernement fédéral, en revanche, estimait que les traités accordaient aux Indiens des privilèges qui reposaient sur le bon plaisir de la Couronne. Les traités devaient permettre au gouvernement d'éteindre définitivement les droits des autochtones sur leurs terres pour faciliter la colonisation et le développement économique.

Pourtant, les Indiens signataires du Traité N° 8 reçurent la promesse solennelle que rien n'entraverait leur mode de vie et qu'ils pourraient continuer de bénéficier de l'usufruit de leurs territoires. Ils ont, disent-ils, signé « pour toujours » un traité d'entente, de paix et d'assistance mutuelle avec les nouveaux arrivants, mais n'ont jamais cédé la propriété du sol, ni leur autonomie territoriale et politique.

Dans une troisième partie, nous examinerons les nouveaux enjeux de la politique indienne dans le contexte de la lutte des autochtones pour la reconnaissance de leurs droits territoriaux. Nous présenterons les aspects juridiques et politiques des revendications autochtones, qui reposent sur les traités d'autrefois et sur des droits inhérents, et examinerons le processus des négociations actuelles. Nous verrons que ces négociations sont caractérisées par l'ambiguïté d'un système qui associe la responsabilité gouvernementale de protéger les droits des Indiens à l'ambition de régler la question autochtone sans entraver l'exploitation des richesses du territoire.

C'est dans ce contexte que nous examinerons les prérogatives du gouvernement provincial et le problème du transfert des terres et des richesses naturelles dans l'ouest canadien. Nous verrons que, bien qu'une partie des territoires concernant les traités numérotés n'ait jamais été cédée par les autochtones, les terres furent transférées du gouvernement fédéral aux gouvernements des provinces de l'ouest.

Ces contradictions ont amené les Indiens à intenter des procès contre le gouvernement canadien. Nous examinerons la question sous l'angle de la loi et de la jurisprudence canadiennes. Il faudra donc analyser l'argumentation des autochtones, fondée non seulement sur les traités mais aussi sur la prérogative royale, la *Common Law* et la Constitution canadienne.

Nous examinerons dans la quatrième partie de cet ouvrage les revendications territoriales de la nation[3] Cri du Lac Lubicon, autochtones du nord de l'Alberta qui furent oubliés par les commissaires gouvernementaux chargés des négociations et des signatures du Traité N° 8. Cette partie constitue en quelque sorte une étude de cas, qui non seulement illustre les analyses des parties précédentes, mais permet de voir, jusqu'à nos jours, l'aboutissement final d'une politique qui a commencé au tournant du siècle avec le Traité N° 8.

C'est par l'échec de ces Lubicon que nous avons choisi de clore ce livre. Les Lubicon font valoir leurs droits depuis près de soixante-dix ans. La colonisation de l'ouest canadien et la signature des traités dits « numérotés » sont au cœur de la dispute. Cette dernière partie sera consacrée à la situation socio-économique des Lubicon, dans son passé et dans son actualité, et aux éléments essentiels de leurs revendications. Nous verrons que la traite des fourrures fut le seul changement apporté par la colonisation. Les premiers contacts directs avec des populations non-autochtones datent de la période de la colonisation britannique. Ces contacts sont attestés par les sources écrites des missionnaires Oblats qui tentèrent de christianiser les Lubicon dans les années 1850, mais il est probable que les Indiens avaient déjà rencontré des Européens à une date antérieure.

---

[3] Il faut rappeler ici que le mot « bande » est le terme officiel employé par les autorités gouvernementales pour désigner les diverses nations indiennes reconnues par le Canada. Les Lubicon, eux, emploient le mot " nation " pour se désigner.

Aujourd'hui, les Lubicon accusent les gouvernements successifs de ne pas avoir été de bonne foi dans leurs relations mutuelles et de s'être approprié des redevances dont les Lubicon auraient bénéficié si une réserve avait été établie pour eux. Enfin, les Lubicon accusent le gouvernement de cumul d'intérêts, agissant à la fois en tant que partie intéressée, bénéficiaire de redevances, et en tant que seul juge de la validité des revendications autochtones.

Définitions préliminaires[4]

Contrairement aux autres catégories incluses dans la population de citoyenneté canadienne, les Amérindiens disposent d'un statut particulier établi suivant des critères apparemment précis, mais dont les contours restent flous. Au cours des années, le gouvernement canadien s'est servi de diverses méthodes pour définir le statut des Indiens et la Loi sur les Indiens, sur laquelle nous reviendrons, a été chaque fois amendée en conséquence. Il en résulte que cette Loi sur les Indiens est aujourd'hui un système hybride, qui non seulement ne définit pas clairement le statut des Indiens, mais qui réduit considérablement leur droit de regard sur leur propre statut. L'imprécision du terme « peuples autochtones » est à l'origine de bien des débats qui ont contribué à diviser les Indiens eux-mêmes.

Le recensement de 2001 révèle que 1 343 160, soit 4,5 % de la population canadienne, se considèrent « autochtones » (1 000 890 « Indiens d'Amérique du Nord », 34 425 « Inuit » et 307 845 « métis »)[5]. En ce qui concerne les Indiens, le gouvernement fédéral considère que seules les personnes dont le nom apparaît sur le « registre des Indiens » (les Indiens « enregistrés ») possèdent le statut d'Indien. En 2003, la population totale inscrite au registre des Indiens s'élevait à 719 496 personnes,

---

4 Voir Marine LE PULOCH, « Des autochtones en pays de colonisation : questions de statut et d'identité », *in* : Michel PRUM, dir., Groupe de recherche sur l'eugénisme et le racisme (GRER), *Sang impur : Autour de la « race » (Grande-Bretagne, Canada, États-Unis)*, Paris : L'Harmattan, 2004.

5 Statistique Canada <http://www40.statcan.ca/l02/cst01/demo26a_f.htm> [23 février 2006]. La population canadienne s'élève à 29 639 035 personnes.

soit 386 605 résidants sur des réserves et 332 891 en dehors des réserves, pour un total de 614 bandes[6].

---

[6] *Population indienne inscrite selon le sexe et la résidence, 2004*, Ottawa : Ministère des Affaires Indiennes et du Nord Canadien, 2005 <http://www.ainc-inac.gc.ca/pr/sts/rip/rip04_f.pdf> [22 février 2006].

CHAPITRE 1
LES ANTÉCÉDENTS COLONIAUX

Dans ce chapitre sur les antécédents de la politique menée par le Canada dans le Nord-Ouest, nous sommes amenés à prendre aussi en compte la région de la Nouvelle France ; en effet, la politique qui y fut menée par l'empire français, puis par les autorités britanniques après 1763, servit largement de prolégomènes, tout autant que de contre-modèle, à la politique ultérieure de la confédération canadienne dans le Nord-Ouest du continent.

Entre la France, présente dans la partie septentrionale de l'Amérique du Nord depuis le début du XVIIe siècle, et la Grande-Bretagne, qui supplantera définitivement sa rivale au traité de Paris de 1763, le caractère de la colonisation reflète les différences géopolitiques et culturelles des deux nations elles-mêmes. Alors que la colonisation française est surtout orientée vers la traite des fourrures et qu'elle échoue largement à peupler la région colonisée, l'anglaise se concentre surtout sur l'établissement de colonies de peuplement. Il en résulte que les conflits territoriaux avec les autochtones furent surtout le fait de la « faim de terre » des colons britanniques que des colons français, qui étaient plutôt intéressés par l'échange mercantile avec les autochtones.

Comme l'écrit James G. E. Smith, les sociétés autochtones s'adaptèrent sans difficulté à ce type d'échange, puisque leurs territoires n'étaient pas menacés[7]. Cependant, il n'était pas dans l'intérêt des marchands d'intégrer les autochtones à la société européenne. Ils se contentaient de procurer aux Indiens des objets, tissus, pièges, fusils et munitions, afin que ces derniers consacrent plus de temps à trapper pour la vente qu'à chasser pour leur subsistance. À partir de 1763, la politique britannique amena les autochtones à voir le rôle qu'ils avaient joué jusqu'alors changer peu à peu.

---

[7] James G. E. SMITH, « Canada - The Lubicon Lake Cree », *Cultural Survival Quarterly* 11(3), 1987, pp. 61-62.

Traités en alliés militaires du temps des grandes guerres pour l'empire et en partenaires commerciaux dans le commerce des fourrures, ils furent ensuite considérés comme un obstacle à la progression territoriale des Britanniques. C'est à cette époque que furent élaborés au Canada les premiers traités de cession territoriale, dont les conséquences affectent encore aujourd'hui les populations autochtones. Les Britanniques estimaient en effet nécessaire d'annuler le titre foncier des autochtones pour occuper légalement leur territoire, alors que les Français sont restés ambigus dans les traités militaires quant au droit territorial des Indiens.

Certes, les Français entretenaient une relation particulière avec les Indiens, qu'ils considéraient formellement comme des « nations », organisées en bandes et en tribus, avec lesquelles ils pouvaient conclure des accords, former des alliances ou faire la guerre. C'est qu'en Nouvelle France, la colonisation se limitait à la vallée du Saint-Laurent, où les Indiens pouvaient, s'ils le souhaitaient, résider dans des réserves maintenues par des missionnaires. La Nouvelle France comprenait une région sous domination française à faible population autochtone – la colonie laurentienne – et une région sous domination autochtone à faible population française, le Pays d'En Haut. Les Français défendaient leurs intérêts coloniaux et luttaient contre leurs rivaux européens. C'est ainsi qu'un concept géopolitique de souveraineté partagée émergea en Nouvelle France. Les Français se contentaient d'exploiter le Pays d'En Haut dans un but commercial, stratégique et religieux, mais ils n'y exerçaient aucun pouvoir coercitif[8].

Les Français reconnaissaient *de facto* trois composantes du droit autochtone : l'autonomie politique, le droit territorial et le droit d'usufruit. Ils négocièrent en effet des alliances militaires et l'établissement de leurs forts et de leurs missions avec les nations autochtones du Pays d'En Haut, à qui ils reconnaissaient des droits illimités de chasse et de pêche sur leurs territoires traditionnels.

Ainsi, la diplomatie française opérait à différents niveaux. Sur le plan européen, la France, comme les autres pouvoirs

---

[8] Voir notamment Gilles HAVARD et Cécile VIDAL, *Histoire de l'Amérique française*, Paris : Flamarion, 2003.

coloniaux, proclamait son droit de souveraineté sur une vaste étendue continentale. Sur le plan régional, elle traitait avec les autochtones comme avec des nations indépendantes et s'abstenait de toute ingérence. Les relations franco-indiennes se limitaient à des alliances militaires et commerciales. À supposer même que les Indiens eussent compris la nature du système féodal français, selon lequel la terre était la propriété du roi de France qui pouvait en disposer à sa guise, il est peu probable que les Indiens du Pays d'En Haut en eussent tenu compte. Les quelques colons qui peuplaient leurs territoires ne les menaçaient pas ; il ne fut donc pas nécessaire de négocier l'achat de terres autochtones.

Nous verrons dans ce chapitre comment la France d'abord, puis la Grande-Bretagne ensuite, ont pu concilier la souveraineté impériale et les droits autochtones et dans quelle mesure la question des territoires indiens a été prise en compte ou négligée par les deux Couronnes.

La politique coloniale française : une politique de cohabitation

Depuis les premières rencontres au XIe siècle entre des Amérindiens et des Européens et jusqu'au premier tiers du XVIIe siècle [9], les contacts pré-coloniaux ont mis en présence des pêcheurs et des explorateurs portugais, espagnols, anglais, français, bretons et basques qui fréquentaient les côtes des « terres neuves » et les autochtones qui, eux aussi, visitaient les côtes de manière saisonnière.

Au seizième siècle, si le roi de France s'intéressa suffisamment au Nouveau Monde pour financer les expéditions de Jacques Cartier entre 1534 et 1541, celui-ci échoua aussi bien à

---

[9] Bruce G. TRIGGER, *Les Indiens, la fourrure et les Blancs : Français et Amérindiens en Amérique du Nord*, trad. de l'anglais [*Natives and Newcomers : Canada's "Heroic Age" Reconsidered*, Kingston\Montreal: McGill-Queen's University Press, 1985] par G. Khal, Louiseville, Québec : Boréal compact, 1992 ; Denys DELAGE, *Le pays renversé. Amérindiens et européens en Amérique du nord-est. 1600-1664*, Montréal : Boréal Express, 1985.

trouver la route du Nord-Ouest vers Cathay[10] qu'à découvrir des richesses fabuleuses, puis à établir une colonie permanente.

Après l'échec de Cartier, le Canada ne cessa cependant de présenter un attrait particulier tant pour la pêche promise par les grands bancs de poissons que pour les fourrures dont les pêcheurs eux-mêmes avaient déjà découvert l'intérêt avant que la traite proprement dite, pratiquée plus tard à l'intérieur et non plus sur le littoral, prenne la place essentielle qu'elle aura dans l'économie française transatlantique à la fin du dix-septième siècle et au dix-huitième siècle.

Le premier troc fit place à la fin du seizième siècle à un commerce organisé et mené par des spécialistes avec les Indiens habitant la côte qui à leur tour traitaient avec les Indiens de l'intérieur. Les marchandises étaient troquées jusqu'à la Baie James, en territoire Cri, et jusqu'au sud de l'Ontario, en territoire Huron. Les motivations religieuses des Français ne se manifestèrent que plus tard et, jusqu'en 1611, aucun missionnaire n'accompagna les expéditions françaises dans le Nouveau Monde.

Dès la fin du seizième siècle, la Couronne accordait des monopoles aux compagnies commerciales en échange de l'effort de celles-ci pour établir des colons sur place. Ce projet n'eut guère de succès, les compagnies étant peu intéressées par la colonisation à grande échelle et le roi lui-même n'offrant pas la protection promise.

Une colonisation incertaine : compagnies de traite, missions et colons

Dans la vallée du Saint-Laurent, la première colonie française véritable fut établie sur le territoire laissé vacant par la disparition des Iroquois, lorsque Samuel de Champlain établit en 1608 la colonie de Québec, nom algonkin dont il dota l'ancien village iroquois de Stadaconé.

La colonie vécut de la traite des fourrures, une activité qui avait peu d'effet sur le peuplement, car elle s'appuyait sur la main-d'œuvre et les réseaux de traite indiens ainsi que sur quelques Français pour prendre livraison des fourrures et les expédier en

---

[10] « Cathay » est le nom donné par Marco Polo à la Chine.

France. En 1625, il y avait moins de soixante-dix Français à Québec même.

En 1627, le cardinal de Richelieu fonda la compagnie des Cent-Associés, dans le but d'assurer la colonisation française en Amérique du Nord. Mais l'attaque victorieuse des Anglais contre Québec en 1629 précipita les déboires financiers de la compagnie. Si Québec fut reprise dès 1632 par les Français, la compagnie, elle, était au bord de la faillite et, devant le vide laissé par l'administration militaire et commerciale, les Jésuites occupèrent le devant de la scène. En effet, la colonisation française, toute mercantile qu'elle fût, s'appuya dès lors largement sur le prosélytisme des Jésuites.

Les Jésuites s'installèrent parmi les Huron dans la région des Grands Lacs, où les autochtones furent décimés dans les années 1630 par une série d'épidémies. Près de Québec, jugeant que les colons, loin de fournir un exemple de chrétienté, risquaient de corrompre les Indiens, ils instituèrent pour les autochtones des « réductions », ou « réserves », dont le titre de propriété appartenait à l'ordre des Jésuites.

Cependant, si la population de la colonie augmentait peu (en 1640, les colons étaient 359, dix ans plus tard ils étaient 675), les Français avaient exploré le territoire à l'ouest jusqu'aux Grands Lacs, en pays Huron, et au nord, jusqu'à la Baie James. Les Français ne se soucièrent pas plus qu'auparavant d'acquérir les territoires des autochtones. Les « truchements », ou « coureurs de bois », commencèrent à remplacer les intermédiaires Indiens dès le début du dix-septième siècle. Les truchements, qui étaient au service de compagnies de traite de fourrures, vivaient parmi les autochtones, servaient d'interprètes et encourageaient les Indiens à pratiquer la traite avec les compagnies pour lesquelles ils travaillaient. La plupart se mariaient avec des autochtones. Nous verrons plus loin que leurs descendants « métis » jouèrent un rôle important dans l'histoire de l'ouest canadien.

Comme l'a montré Philippe Jacquin, les coureurs de bois n'avaient aucun intérêt à perturber le mode de vie des Indiens et se contentaient de les persuader à trapper pour le compte des compagnies de traite. Aussi, les Français n'implantèrent-ils pas de colonies à l'intérieur du territoire, ce qui confère un caractère relativement unique à la colonisation française. L'hospitalité, le partage des biens et l'échange de cadeaux, qualités communes à la plupart des autochtones, marquèrent le début de la colonisation française en Amérique autochtone. Les Français ne constituaient donc pas une menace pour les Indiens[11]. En 1660, le peuplement français de la Nouvelle France ne dépassait pas 2500 personnes, alors que la population autochtone, dont l'estimation est bien plus délicate, s'élevait probablement à 20 000 ou 30 000 personnes.

Colonisation royale et guerres franco-britanniques

En 1661, date à laquelle Louis XIV acquit ses pleins pouvoirs, la Nouvelle France n'était toujours pas capable d'assurer une colonisation à grande échelle. Le roi, avec l'aide de Colbert, le ministre responsable des colonies, modifia sa politique en Amérique du Nord afin de relancer l'entreprise coloniale. Il créa de nouvelles structures et réorganisa l'administration et la gestion économique de la colonie. En 1663, Louis XIV et Colbert décidèrent donc de retirer la responsabilité des territoires coloniaux d'Amérique du Nord à la compagnie des Cent-Associés et choisirent d'administrer directement la colonie, au même titre que les provinces françaises de métropole.

Mais les Iroquois menaçaient la sécurité de la Nouvelle France. Depuis 1649, ils étaient peu à peu parvenus à exterminer les Huron et à vaincre toutes les nations indiennes jusqu'au Lac Michigan. Le centre de l'actuel Ontario devint dès lors le principal territoire de chasse où les Iroquois se procuraient les peaux de castor qu'ils échangeaient avec les Hollandais. En 1664, les Iroquois s'allièrent aux Anglais. Pour la France, à moins de freiner la domination des Cinq-Nations iroquoises, la colonie était perdue[12].

Les Jésuites défendaient ardemment la paix. Ils établirent des missions parmi les Iroquois, afin d'administrer les chrétiens Hurons captifs des Iroquois. Les Jésuites avaient également l'espoir de convertir les Iroquois.

---

[11] Philippe JACQUIN, *Les Indiens Blancs*, Paris : Payot, 1989.

[12] Voir, entre autres : Francis JENNINGS, *The Ambiguous Iroquois Empire*, New Yok : Norton, 1984.

Dès la fin des années 1690, les intérêts français en Amérique du Nord n'étaient plus uniquement commerciaux : ils étaient également stratégiques, dominés par les guerres européennes du règne de Louis XIV, guerre de la ligue d'Augsbourg (1689-1697) et guerre de Succession d'Espagne (1702-1713). La Grande-Bretagne, présente dans les treize colonies de Nouvelle-Angleterre, à Terre Neuve et dans la région de la Baie d'Hudson, menaçait les frontières de la Nouvelle France. La France et la Grande-Bretagne se disputaient désormais deux enjeux : l'expansion territoriale et le commerce des fourrures[13].

Les colonies saisirent donc le prétexte des guerres qui avaient éclaté en Europe pour tenter de régler par les armes les rivalités commerciales dans le Pays d'En Haut entre les Français et la compagnie de la Baie d'Hudson, établie par un groupe de marchands londoniens en 1670. Français et Anglais entraînèrent les Indiens dans cet affrontement militaire qui devait bientôt conduire à la chute de la Nouvelle France. Les Français maintinrent leur position à l'intérieur du pays jusqu'en 1713.

Le traité d'Utrecht, signé par Louis XIV en 1713, était l'instrument légal par lequel « Sa Très Chrétienne Majesté » le roi de France transférait son titre de propriété sur les terres d'Acadie, de Terre-Neuve et de la Terre de Rupert à « Sa Majesté Britannique ». Selon les termes du traité, la France renonçait à Terre-Neuve et au territoire de la Baie d'Hudson. Elle perdait également l'Acadie péninsulaire et reconnaissait la souveraineté des Anglais sur l'Iroquoisie. En prenant le contrôle des territoires iroquois, l'Angleterre comptait parvenir à isoler la vallée du Saint-Laurent. La signature du Traité d'Utrecht marqua ainsi le début de l'effondrement de l'empire français en Amérique.

Afin de compenser la perte des réserves de fourrures de la Baie d'Hudson, les Français poursuivirent leurs explorations dans les Prairies et ouvrirent de nouvelles routes de traite à l'ouest, jusqu'au nord du Lac Winnipeg. Dans les années 1750, la Nouvelle France tentait de maintenir colons et marchands britanniques à l'est

---

[13] Voir notamment Gilles HAVARD, *Empire et métissage : Indiens et Français dans le Pays d'en Haut, 1660-1715*, Québec/Paris : Septentrion/Presses de L'Université de Paris-Sorbonne. 2003.

des Alleghenies, ce qui provoqua un conflit armé : la guerre de Sept ans, connue dans les colonies sous le nom de guerre « des Français et des Indiens » (*French and Indian War*), fut déclarée officiellement en 1756[14].

Les combats à l'intérieur du pays avaient pris la forme d'une guérilla qui profitait à la Nouvelle France. Au contact de leurs alliés Indiens, les troupes françaises et les milices locales avaient développé de nouvelles tactiques qu'elles mirent à profit pour combattre les Anglais. Puis Québec tomba aux mains des Anglais en 1759, Montréal en 1760. Le 8 septembre 1760, Pierre Rigaud de Vaudreuil, gouverneur général de la Nouvelle France, se résigna à proclamer l' « Acte de capitulation ». Politiquement, la Nouvelle France n'existait plus.

L'article 40 de la Capitulation de Montréal, signée en 1760, stipulait que les Indiens alliés aux Français devaient être maintenus sur les terres qu'ils habitaient[15]. Dans la région des Grands Lacs, les Indiens poursuivirent néanmoins les combats. En 1763, le chef ottawa Pontiac comptait encore sur l'aide de la France[16]. Mais il dut finalement se soumettre aux Anglais, après la signature du Traité de Paris en 1763 qui consacrait la suprématie de l'Angleterre en Amérique du Nord. Le Traité de Paris confirmait le transfert des propriétés du roi de France au roi d'Angleterre sur les terres d'Amérique.

---

[14] W. R. JACOBS, *Wilderness Politics and Indian Gifts : The Northern Colonial Frontier, 1748-1763*, rééd. [1e éd. : *Diplomacy and Indian Gifts : Anglo-French Rivalry along the Ohio and Northwestern Frontier, 1748-1763*, Standford : Standford University Press, 1950], Lincoln, Neb. : University of Nebraska Press, 1966.

[15] *Articles de capitulation de Montréal*, 8 septembre 1760, article 40, p. 21 <http://www.canadiana.org/ECO/mtq?display=42695+0006>

[16] Francis PARKMAN, *The Conspiracy of Pontiac and the Indian War after the Conquest of Canada*, [1ère ed. 1851], 3 vols., Champlain Edition, vol. 1, Boston : Little, 1898. On rappellera au passage que l'interprétation de cette révolte par le grand historien que fut Parkman fut, pae la suite, vivement critiquée, notamment par W. R. JACOBS, *op. cit.*

La politique coloniale britannique : une politique de domination

Au lendemain de la défaite de la France, la Couronne britannique devait affronter le mécontentement grandissant de ses propres colons et leurs velléités d'indépendance. Elle tenta de s'allier les Indiens qui habitaient les territoires récemment cédés par la France. En 1761 et en 1762, deux proclamations royales avaient déjà envisagé plusieurs mesures visant à assurer la protection des territoires indiens. La Couronne se trouvait dans une position difficile, qui pouvait entraîner sa défaite. Aussi chercha-t-elle tout naturellement le soutien des autochtones autrefois alliés aux Français.

Prérogative royale et « Territoire indien »

Lorsqu'en 1763, à la signature du Traité de Paris, les Français cédèrent la Nouvelle France aux Anglais, ces derniers étaient disposés à reconnaître aux autochtones certains droits. La Proclamation royale, promulguée le 7 octobre 1763, distinguait deux territoires de superficies inégales. Le premier, le moins important, devait être scindé en trois nouveaux territoires coloniaux : le Québec, la Floride occidentale et la Floride orientale. Le territoire du Québec jouxtait alors les territoires de Terre-Neuve, de Nouvelle-Écosse et de Nouvelle-Angleterre. Peuplé de colons français et de diverses nations indiennes, ce territoire devenait le siège d'une nouvelle administration coloniale. Le second territoire, ayant de loin la superficie la plus importante, constituait le « Territoire indien », bordé à l'est par les Appalaches et au nord par les terres qui séparaient le bassin atlantique du bassin arctique. Aucun colon n'était autorisé à y résider.

La Proclamation royale reconnaissait l'existence d'un titre foncier indien sur l'ensemble des possessions britanniques en Amérique du Nord, aussi bien dans le « Territoire indien » que dans les territoires confiés aux administrations locales, à l'exception des terres déjà cédées par les autochtones. Dans les territoires qui leur étaient confiés, les administrations coloniales étaient autorisées à procéder à la suppression du droit territorial des autochtones à condition de se conformer aux procédures prévues par la Proclamation. Dans le « Territoire indien », l'extinction du titre autochtone était exclusivement réservée à la Couronne impériale qui seule pouvait acquérir des terres. La cession d'un territoire devait avoir lieu en présence des Indiens réunis à cette occasion[17]. La politique britannique imposait ainsi un gel de l'immigration et de la colonisation.

La Proclamation royale de 1763 est donc l'acte de souveraineté par lequel les Anglais ont explicitement admis la validité du droit de propriété foncière des autochtones. Aujourd'hui encore, ce passage de la Proclamation de 1763 relève du droit constitutionnel au Canada. C'est pourquoi les autochtones la considèrent comme un élément capital qui donne un statut légal à leurs droits inhérents. Quelles qu'en soient en effet les interprétations juridiques, il s'agit là de la reconnaissance fondamentale des intérêts territoriaux des peuples autochtones[18].

Le « Territoire indien », fermé à la colonisation en 1763, tenait lieu de rempart contre toute tentation expansionniste des colonies. La Couronne britannique misait sur une éventuelle alliance indienne contre ses propres colons. Les Indiens devaient être assurés qu'ils pouvaient s'en remettre à la protection de la Couronne.

Néanmoins, au lendemain de la conquête, les colons anglais tentèrent de s'installer sur les nouveaux territoires récemment enlevés à la France. La plupart de ces colons anglais choisirent de s'établir sur la péninsule du Niagara, en plein cœur du « Territoire indien ». La Couronne prit alors l'initiative de recourir à son droit exclusif d'annulation du titre indien. C'est ainsi que débuta une longue série de traités avec les autochtones, par lesquels la Couronne empiétait sur les territoires de ces derniers.

En 1774, l'Acte du Québec déployait les frontières de la colonie, qui s'étendaient désormais de la Terre de Rupert au nord à la région des Grands Lacs au sud. Une telle expansion territoriale

---

[17] *The Royal Proclamation of 1763*, reprinted in R.S.C. 1970, Appendices, pp. 123-129.

[18] D. W. ELLIOTT, « Aboriginal Title », *in* : B. W. MORSE (ed.), *Aboriginal Peoples and The Law : Indian, Metis and Inuit Rights in Canada*, rev. 1st ed. Ottawa : Carleton University Press, 1989, pp. 52-56. Nous traiterons au chapitre suivant des interprétations juridiques de la Proclamation de 1763.

représentait un empiétement considérable sur le « Territoire indien », mais nous verrons que la Couronne ne procéda que bien plus tard à la suppression partielle du titre autochtone sur ce territoire[19].

Des terres pour les Iroquois dans la région des Grands Lacs

Lorsque la guerre d'indépendance américaine éclata en 1775, le gouvernement britannique renouvela la promesse de protéger les Indiens dans l'espoir de s'assurer leur neutralité. Devant l'occupation de leurs terres, le mécontentement des Indiens grandit. Les Anglais s'en inquiétèrent et promirent que les mesures de protection de leur territoire seraient renforcées.

Malgré leurs efforts pour demeurer neutres, les Iroquois s'engagèrent dans le conflit entre la Grande-Bretagne et les États-Unis. Néanmoins, la paix, signée à Versailles en 1783 entre la Grande-Bretagne et les États-Unis, ne tint aucun compte des alliances militaires passées avec les Indiens. Les Anglais cédèrent aux Américains les territoires situés au sud des Grands Lacs. La région comprenait les territoires de la Confédération iroquoise, au sud du Lac Ontario[20]. De peur que ses anciens alliés ne se retournent contre lui, Sir Frederick Haldiman, gouverneur du Québec de 1778 à 1786, négocia avec les Indiens des Grands Lacs la cession de leurs territoires.

Spoliation territoriale dans les Maritimes et au Bas-Canada

Après la guerre d'indépendance américaine, 35 000 loyalistes immigrèrent en Nouvelle-Écosse. La colonie vit sa population doubler en quelques années. Dans la région des Maritimes, les loyalistes arrivèrent en si grand nombre que l'on

---

[19] Dorothy V. JONES, « British Colonial Treaties », *in*: W. C. STURTEVANT (gen. ed.), *Handbook of North American Indians*, Washington D. C. : Smithsonian Institution, 1988, vol. 4: Indian-Whites Relations.

[20] Sur la participation des Iroquois à la guerre d'indépendance américaine, voir notamment Barbara GRAYMONT, *The Iroquois in the American Revolution*, Syracuse, N. Y. : Syracuse University Press, 1972.

jugea nécessaire de diviser la Nouvelle-Écosse en trois nouvelles provinces, afin de faciliter les questions administratives. Ainsi furent créées, en 1784, les provinces du Nouveau-Brunswick, du Cap-Breton (ancienne Ile Royale) et de Nouvelle-Écosse.

La situation des Indiens des Maritimes était devenue très critique. Les Britanniques s'étaient approprié leurs terres sans négocier de cessions territoriales. Les colons persistaient à s'installer sur les terres occupées par les Indiens et les griefs des autochtones demeuraient sans réponse. Au Québec, les « réserves » qui avaient été créées sous le régime français avaient été reconnues par les Anglais à l'article quarante de la Capitulation de Montréal de 1760. Mais les Anglais, considérant que la Couronne française avait attribué les réserves à titre gracieux, estimaient qu'il n'en découlait aucun droit territorial autochtone[21].

L'Acte constitutionnel de 1791 divisa la province de Québec en deux colonies, séparées par la Rivière des Outaouais : le Haut-Canada à l'ouest et le Bas-Canada à l'est. Dans le Bas-Canada et dans les Maritimes, la pratique administrative voulait qu'aucun titre indien n'ait survécu à la colonisation française. Les autorités ne négocièrent aucun traité dans cette partie du Canada où la question territoriale autochtone n'est à ce jour pas encore réglée.

C'est donc sans qu'il y ait eu traité que seront créées, en 1853, les réserves du Bas-Canada. Il est difficile d'évaluer les pertes territoriales des Indiens au Bas-Canada. On peut toutefois estimer que les autochtones furent alors spoliés de près de quatre millions d'hectares.

Cessions territoriales dans le Haut-Canada aux XVIIIe et XIXe siècles

Dès le dernier quart du dix-huitième siècle, la liste des cessions territoriales s'allongea dans le Haut-Canada. Entre 1781 et 1836, vingt-trois cessions territoriales furent négociées avec les Indiens Mississauga, Ojibwa, Ottawa, Potawatomi, Huron et Wyandott, qui habitaient les régions longeant les Lacs Huron, Erié

---

[21] Sur les traités signés dans les provinces maritimes du Canada, voir notamment William DAUGHERTY, *Maritime Indian Treaties in Perspective*, Ottawa : Department of Indian and Northern Affairs, 1983.

et Ontario. Deux millions d'hectares furent acquis avant le début du dix-neuvième siècle, et quelque quatre millions entre 1805 et 1836. Ces cessions territoriales étaient de même nature que des transactions de biens immobiliers, payées soit comptant, soit par annuités, ou encore contre des marchandises, mais à des prix - aux dires même des autorités canadiennes - bien inférieurs à la valeur de la terre.

Ces cessions territoriales abolirent le droit de propriété des Indiens dans toute la partie sud du Haut-Canada, entre les Lacs Huron, Erié et Ontario. Au mois de septembre 1850, deux « traités » - c'est ainsi qu'on commençait alors à désigner les cessions territoriales - achevèrent de libérer le Haut-Canada de tout titre autochtone : les traités dits « Robinson Huron » et « Robinson Supérieur », du nom de leur négociateur en chef, William B. Robinson, garantissaient la mainmise des colons sur un territoire dont la superficie correspondait à celle couverte par la totalité des cessions territoriales antérieures. Ces traités étaient en fait la sanction *a posteriori* de la spoliation déjà opérée.

Il importe de souligner que la procédure employée par William B. Robinson servit de modèle au gouvernement fédéral pour la négociation des traités après l'avènement de la Confédération canadienne en 1867. Robinson s'était laissé guider par les principes établis par la Proclamation royale de 1763 ; les négociations furent ainsi conduites en présence des Indiens signataires, réunis à cette occasion ; les terres furent transférées à la Couronne et non à des individus ; on établit les dispositions nécessaires à la création de réserves, pour l'usage exclusif des Indiens, et au versement d'annuités ; enfin, les Indiens conservèrent le droit de chasser et de pêcher sur les terres qu'ils cédaient à la Couronne[22]. Ainsi, entre 1760 et 1860, dans le Haut-Canada, près de douze millions d'hectares devinrent propriété des autorités gouvernementales.

---

[22] Alexander MORRIS, *The Treaties of Canada with the Indians of Manitoba and the North-West Territories*, repr. ed. [1st ed. 1880], Toronto : Coles, 1971, pp. 16-21.

Le Nord-Ouest canadien : commerce des fourrures et colonisation

Dans le nord-ouest, la création du Haut-Canada fut le premier pas d'une politique commerciale anglaise active. Des marchands écossais avaient créé, en 1783, la compagnie du Nord-Ouest pour exploiter les fourrures à l'ouest et au nord de la Terre de Rupert et concurrencer la compagnie de la Baie d'Hudson. La compagnie du Nord-Ouest recruta de nombreux francophones à titre d'employés, anciens coureurs de bois qui avaient appris à circuler et à négocier avec les Indiens dans le Nord-Ouest. La concurrence commerciale devait désormais se poursuivre dans les Territoires du Nord-Ouest[23].

Afin de lutter à armes égales contre cette rivale qui s'appuyait sur la colonie du Saint-Laurent, la compagnie de la Baie d'Hudson soutint alors la création de la colonie d'Assiniboia, dans la région où se trouve l'actuelle ville de Winnipeg, au Manitoba. En 1811, la compagnie vendit 47 000 hectares au comte de Selkirk et l'autorisa à négocier avec les Indiens la cession de leurs territoires pour établir le long de la rivière Rouge une colonie d'indigents venus de Haute Écosse. Le 18 juillet 1817, il signait, au nom du roi George III, un traité de cession territoriale avec les Cri et les Saulteaux de Rivière Rouge. C'est autour de cette colonie que se déroulèrent les étapes les plus importantes de la concurrence entre les deux compagnies rivales.

En 1821, après plusieurs années de rivalité avec la compagnie du Nord-Ouest, la compagnie de la Baie d'Hudson parvint à absorber sa rivale. Néanmoins, les difficultés se multipliaient dans la colonie d'Assiniboia, entre la compagnie de la Baie d'Hudson et les métis. Ces derniers, issus pour la plupart de mariages entre des femmes indiennes et des ex-employés francophones de la compagnie du Nord-Ouest, défendaient jalousement leur liberté de commerce.

Jusqu'en 1866, la compagnie de la Baie d'Hudson eut également la charge de l'administration de l'île de Vancouver. Pendant une brève période, de 1850 à 1854, les Indiens Songhees,

---

[23] Harold Adams INNIS, *The Fur Trade in Canada*, New Haven : Yale University Press, 1930, pp. 166-280.

Sooke et Cowichan négocièrent la cession de leurs territoires avec la compagnie, à l'exception de leurs villages et de leurs territoires de pêche. James Douglas, gouverneur et facteur en chef de la compagnie de la Baie d'Hudson en Colombie-Britannique, fut chargé des négociations. Les « Traités Douglas » et le Traité N° 8, signé en 1899, furent les seuls traités négociés avec les autochtones de Colombie-Britannique. Après le rattachement de l'Ile de Vancouver à la colonie de Colombie-Britannique en 1866, les autorités locales refusèrent de négocier avec les autochtones la cession de leurs territoires.

Les anciennes rivalités entre les compagnies de traite ainsi que l'émergence de la nation métis[24] autour de la colonie de Rivière Rouge contribuèrent à la consolidation d'un sentiment d'appartenance enraciné dans le Nord-Ouest canadien. Les intérêts hauts canadiens s'opposaient au contrôle du territoire par la compagnie de la Baie d'Hudson et préconisaient son annexion à la province du Canada. En 1863, l'*International Finance Association* rachetait le capital de la compagnie. Toutes les discussions préparatoires à l'acte confédératif de 1867 feront par la suite référence à cette perspective d'annexion des Territoires du Nord-Ouest et de la Terre de Rupert.

Les nouveaux détenteurs du capital de la compagnie de la Baie d'Hudson n'ignoraient pas que le gouvernement canadien convoitait leur domaine et que la transaction de 1863 rapporterait bientôt d'importants bénéfices. C'est donc à cette époque que s'amorça le revirement des intérêts dans le Nord-Ouest canadien, qui annonçait les traités dits « numérotés », signés avec les autochtones de la région, dont nous parlerons au chapitre 4.

L'administration coloniale des Affaires indiennes

Il va sans dire que la spoliation massive, dont nous avons tenté une évaluation approximative (environ seize millions d'hectares), exigeait un encadrement administratif de manière à

---

[24] La question de savoir s'il faut mettre une majuscule au terme « métis » est encore débattue par les historiens. Nous avons choisi de ne pas utiliser de majuscule lorsque l'appartenance à la nation Métis est problématique.

faire face au mécontentement des autochtones ainsi arrachés à leurs terres, ou en passe de l'être.

Deux politiques possibles se présentaient dans les années 1820 : soit installer les autochtones parmi les colons et les civiliser « par contagion », soit les isoler et les confier aux soins des missionnaires, des instituteurs et des agents de l'administration coloniale. Le gouvernement de Londres retint la seconde solution[25].

En 1830 s'achevait la période militaire de l'administration indienne dans le Haut-Canada. Le Lieutenant gouverneur du Haut-Canada était désormais chargé de l'administration des Indiens. Au Bas-Canada, l'administration indienne demeura sous le contrôle du secrétaire aux Affaires militaires jusqu'en 1841, date de la prise d'effet de l'Acte d'union qui réunissait le Haut et le Bas-Canada en une même province. De 1841 à 1860, le Gouverneur général de la province du Canada-Uni fut chargé des Affaires indiennes[26].

L'administration locale des Affaires indiennes

En 1860, les provinces de la Nouvelle-Écosse, du Nouveau-Brunswick et du Canada-Uni devenaient à leur tour responsables des Indiens. Les autorités locales étaient donc toutes maintenant en possession du contrôle des Affaires indiennes, en dépit des recommandations de la Chambre des Communes britannique. Cette dernière avait en effet nommé en 1837 un comité chargé d'établir des recommandations sur l'administration des Indiens. Or la première recommandation du comité, qui devait s'appliquer « à toutes les parties du globe », était intitulée « La protection des autochtones incombe à l'Exécutif » :

> La protection des autochtones devrait être considérée comme un devoir relevant exclusivement du pouvoir exécutif. Dans presque

---

[25] PROVINCE OF CANADA, Legislative Assembly, « Report on the Affairs of the Indians of Canada » *in* : *Journals of the Legislative Assembly of the Province of Canada* 1844-1845, vol. 41, app. 2 appendix EEE [non paginé].

[26] Le Canada-Uni comprenait néanmoins deux secteurs administratifs, le Canada-Ouest et le Canada-Est. Le Canada-Ouest et le Canada-Est deviendront respectivement l'Ontario et le Québec lors de la création du Dominion du Canada en 1867.

> toutes les colonies, les colons [...] sont en conflit avec les tribus autochtones [...], et l'assemblée qui représente les colons est de fait parti, et ne devrait donc pas être également juge[27].

Le bien-fondé de cette recommandation fut reconnu par les différents secrétaires aux colonies qui se succédèrent au Canada. Le « Rapport sur les affaires des Indiens du Canada » de 1844, ainsi que le « Rapport des commissaires spéciaux chargés d'enquêter sur les Affaires indiennes au Canada » de 1858, confirment ces recommandations. Ces rapports furent le résultat de deux commissions d'enquête, créées respectivement en 1842 et en 1856. Leurs retombées administratives devaient consolider la pratique coloniale dont hériterait le Parlement canadien en 1867.

Au cours des années 1860, l'activité politique se concentra sur le projet confédératif. Les représentants des colonies, futurs « Pères fondateurs » de la Confédération canadienne, se réunirent à Québec en octobre 1864 pour élaborer le projet et donner forme au nouveau pays. Une des soixante-douze résolutions votées à cette conférence constitutionnelle proposait de confier l'administration des Indiens au gouvernement fédéral. L'article 27 de la 28ème résolution de la conférence de Londres réaffirma la décision prise en 1864 de confier « les Sauvages et les terres réservées aux Sauvages » à l'administration centrale. Enfin, l'Acte de l'Amérique du Nord Britannique reprenait cette formulation à l'alinéa 24 de l'article 91. Le nouveau pouvoir central prenait donc ainsi en charge les Affaires indiennes.

On imagine combien la nouvelle administration eut de peine à concilier les diverses politiques indiennes menées jusqu'alors. Aucune procédure, aucun précédent ne permettaient d'établir une politique uniforme. C'est dans les territoires fédéraux seulement, achetés à la compagnie de la Baie d'Hudson, que le gouvernement fédéral pût instituer un processus distinct d'administration des Indiens et de négociations territoriales. Les « traités numérotés », conclus avec les Indiens de l'ouest canadien

---

27 UNITED KINGDOM, H.C., « Report from the Select Committee on Aborigines (British Settlement) ». Session 1837, Irish University Press of British Parliamentary Papers, *Anthropology-Aborigines* vol. 2. Shannon, Ireland : Irish University Press, 1968.

de 1871 à 1921, reflètent donc la nouvelle politique indienne telle qu'elle dérive des instructions coloniales de 1844 et 1856.

CHAPITRE 2

LA QUESTION AUTOCHTONE DANS L'EDIFICATION D'UN ETAT CANADIEN (1867-1927)

En 1867, l'Acte de l'Amérique du Nord britannique établissait la Confédération canadienne, grâce à l'union du Québec, de l'Ontario, du Nouveau-Brunswick et de la Nouvelle-Écosse. La Confédération offrait une structure organisée qui facilitait l'administration fédérale des Affaires indiennes. En 1867, cent vingt-trois cessions et traités avaient déjà été signés entre les autochtones et la Couronne. Les antécédents coloniaux obligèrent le gouvernement fédéral canadien à reconnaître à son tour les droits des autochtones et à assumer son rôle de tuteur des Indiens face aux intérêts des colons. En effet, depuis 1867, « les Indiens et les terres qui leur sont réservées » sont la responsabilité exclusive du gouvernement canadien, selon les termes de l'article 91, alinéa 24, de l'Acte de l'Amérique du Nord britannique[28]. Les Indiens étaient désormais sous la tutelle de l'État fédéral, chargé de protéger leurs personnes et leurs biens. Ainsi, en 1867, le ministère des Affaires indiennes exerçait sa juridiction sur 130 000 Indiens[29].

Le gouvernement fédéral devait néanmoins s'allier également les gouvernements provinciaux afin d'édifier le nouvel État canadien. Dans les premiers temps de la Confédération, la politique fédérale fut donc marquée par la contradiction. Tiraillé

---

[28] *Loi constitutionnelle de 1867,* 30-31 Victoria, ch. 3 (R.-U.), s. 91(24). C'est le seul article de l'« Acte de l'Amérique du Nord britannique » qui fasse référence aux autochtones. La section 91(24) devait permettre au gouvernement fédéral de jouer le rôle d'intermédiaire dans les Territoires du Nord-Ouest entre les autochtones et les colons, et dans les provinces déjà constituées entre les autochtones et les gouvernements provinciaux.

[29] Le recensement de 1871 n'ayant pas pris en compte le nombre des Indiens, nous nous reportons aux estimations de Olive P. DICKASON, *Canada's First Nations : A History of Founding Peoples from Earliest Times*, Norman : University of Oklahoma Press, 1992, p. 258.

entre ses obligations constitutionnelles envers les Indiens et les gouvernements provinciaux soucieux de protéger les intérêts des coloniaux, le gouvernement fédéral adopta une politique indienne à la fois ségrégationniste et assimilatrice.

Reconnaissance constitutionnelle et juridique des droits des Autochtones

L'Acte d'Amérique du Nord britannique de 1867

Outre l'union entre les provinces constituées, l'Acte de l'Amérique du Nord britannique prévoyait également l'admission « de la Terre de Rupert et des Territoires du Nord-Ouest ou de l'une ou de l'autre [région] dans l'Union »[30]. La compagnie de la Baie d'Hudson avait jusque-là appliqué sa juridiction sur ces territoires. En 1869, elle céda ses droits au gouvernement fédéral qui prit dès lors l'entière responsabilité politique d'un territoire qui s'étend aujourd'hui sur les provinces du Manitoba, du Saskatchewan et de l'Alberta, sur les deux tiers de l'Ontario et du Québec, et sur les Territoires du Nord-Ouest.

Or, le gouvernement fédéral avait négocié l'achat de ces terres sans l'accord des Indiens. La compagnie de la Baie d'Hudson avait entretenu de bonnes relations avec les autochtones afin de s'assurer un approvisionnement régulier en fourrures ; mais pour le gouvernement fédéral, l'acquisition de la Terre de Rupert et des Territoires du Nord-Ouest n'était guère qu'une simple transaction immobilière.

Le gouvernement fédéral usa de son autorité constitutionnelle pour négocier, entre 1871 et 1922, onze traités, dits « traités numérotés », qui couvraient les territoires nouvellement acquis[31]. La signature de ces traités constitue une reconnaissance du droit territorial autochtone. La principale question qui se pose ici est donc celle de la responsabilité constitutionnelle du gouvernement fédéral, puisque les droits

---

[30] *Loi constitutionnelle de 1867*, s. 146.

[31] Les traités numérotés englobèrent en l'espace de cinquante ans plus de la moitié des terres occupées par les autochtones. Plusieurs adhésions furent annexées aux traités numérotés, ce jusqu'en 1956.

territoriaux des autochtones relèvent exclusivement de la juridiction fédérale.

Depuis 1763, c'est le droit anglais et non le système autochtone d'occupation et d'utilisation du territoire qui prévaut en territoire canadien. Le droit anglais distingue trois principes juridiques : le droit écrit (décrets et lois constitutionnelles), la prérogative royale et la *common law*. Au Canada, les tribunaux ont généralement estimé que le titre de propriété autochtone devait être strictement interprété selon le sens que lui donne la Proclamation royale de 1763. On peut donc dire que la Proclamation royale est l'acte fondateur des droits des autochtones. Mais, comme on l'a vu, la nature et la valeur de ces droits demeurent très floues dans la Proclamation. Lorsque la Confédération fut établie, deux questions se posèrent : la Proclamation royale reconnaissait-elle des droits préexistants ou bien ces droits avaient-ils été institués par le roi d'Angleterre ? Sur quelles parties du territoire canadien la Proclamation royale s'appliquait-elle ?

La première question relève de la nature des droits autochtones. Si le roi avait institué ces droits, il avait également la possibilité de les abolir ; s'il les avait reconnus, il avait alors entériné une réalité immuable. La seconde question concerne les incertitudes géographiques de la Proclamation royale. L'Ouest canadien était-il *terra incognita* en 1763 ? Si tel était le cas, la Proclamation s'appliquait-elle à cette région ? Or, si l'on s'en tient à une interprétation littérale du texte, les Indiens possèdent un droit territorial sur tout l'ouest canadien[32].

Le langage utilisé dans la Proclamation de 1763 est ambigu. En 1888, dans l'affaire *St. Catharines*, la Couronne britannique, au nom de la justice canadienne, faisait une première tentative d'interprétation juridique de ce texte. Cette affaire est le pendant canadien de l'affaire *Johnson contre McIntosh* dont la décision, rendue en 1823 par le président de la Cour Suprême des États-Unis, établit le principe de la souveraineté suprême des États-Unis sur son territoire au nom du « droit de découverte » des nations européennes, supérieur au « droit d'occupation » des autochtones. L'affaire *St. Catharines* argue d'ailleurs directement des trois

32 *The Royal Proclamation of 1763.*

célèbres jugements rendus par le juge Marshall aux États-Unis en 1823, 1831 et 1832, et plus particulièrement l'affaire *Johnson contre McIntosh*[33].

L'affaire *St. Catharines* (1888-1889) valide la Proclamation royale de 1763

Dans l'affaire *St. Catharines*, la province de l'Ontario récusait l'autorité du gouvernement fédéral. Selon la province, le gouvernement fédéral n'était pas autorisé à attribuer une concession forestière à la scierie St. Catharines, car les terres en question avaient été cédées par les Indiens à la Couronne au nom de la province et non au nom du gouvernement fédéral[34]. L'affaire *St. Catharines* est la première affaire d'importance portée devant les tribunaux canadiens puis britanniques sur la question des droits autochtones. L'affaire fut jugée en dernière instance à Londres en 1888 par le Conseil privé de la Chambre des Lords. Le jugement, rendu par Lord Watson, confirma la décision qui avait été rendue en 1887 par la Cour suprême du Canada[35].

Il y est question du Traité N° 3, signé avec la nation indienne Saulteaux Ojibwa en 1873, après la prise d'effet de l'Acte de l'Amérique du Nord britannique (1867). Selon la province de l'Ontario, le titre foncier des terres situées dans les limites territoriales de la province avait été dévolu à la province en 1867, en vertu de l'article 109 de l'Acte constitutionnel. L'objet du traité

---

[33] *Johnson* v. *McIntosh*, 21 U.S. (8 Wheat.) 543, Supreme Court of the United States, 1823 ; *Cherokee Nation* v. *Georgia*, 30 U.S. (5 Pet.) 1, Supreme Court of the United States, 1831 ; *Worcester* v. *Georgia*, 31 U.S. (6 Pet.) 515, Supreme Court of the United States, 1832.

[34] *St Catharines Milling and Lumber Company* v. *The Queen*, (1889), 14 App. Cas. 46 (JCPC, aff'd. (1886) 10 OR 196 (Chancery Div.).

[35] La Cour suprême du Canada est la dernière instance de la Confédération canadienne. Jusqu'en 1949, les décisions prises par la Cour suprême du Canada pouvaient être pourvues en appel auprès du Comité juridique du Conseil privé de la Chambre des Lords. Comité nommé par le Souverain, le Conseil privé siège à Londres. L'affaire *St Catharines* n'est donc pas une décision canadienne. Néanmoins, c'est une affaire qui fait partie intégrante du système juridique canadien.

de 1873 était de libérer la province du titre foncier autochtone. La province concluait qu'elle était seule responsable des terres ainsi libérées et que la concession forestière attribuée à la scierie St. Catharines par le gouvernement fédéral était nulle et non avenue.

Selon le gouvernement fédéral au contraire, la Proclamation royale de 1763 garantissait un titre autochtone absolu. L'État fédéral avait acquis ce titre par traité en 1873 et était donc autorisé à attribuer des concessions sur les terres ainsi cédées. Outre que le gouvernement fédéral se réclamait de la Proclamation royale, il fondait son argumentation sur le chapitre 91 de l'Acte d'Amérique du Nord britannique, selon lequel l'État fédéral avait la charge des Indiens et des terres qui leur étaient réservées.

La question essentielle qui fut posée porta donc sur la nature du titre autochtone cédé lors de la signature du Traité N° 3 en 1873. Si, comme l'assurait le gouvernement fédéral, les Indiens détenaient la propriété entière des terres avant de signer le traité, alors la province ne pouvait tirer aucun bénéfice de la transaction effectuée entre le gouvernement fédéral et les Indiens. Si en revanche la Couronne était propriétaire absolue du sol avant même la signature du traité, elle était en conséquence propriétaire au moment de la signature de la Confédération. Le Conseil privé décida en faveur de cette seconde hypothèse, c'est-à-dire en faveur de l'Ontario.

L'affaire fut l'objet de discussions fondamentales sur la Proclamation royale de 1763, sur les traités, sur l'Acte constitutionnel et sur la Loi sur les Indiens, votée en 1876, étudiée de façon approfondie dans la seconde partie de ce chapitre. Bien que relevant de la jurisprudence, l'affaire *St. Catharines* souleva des débats sur la *common law*, sur la législation fédérale (*Statutory law)* et sur la Constitution.

La décision rendue dans l'affaire *St. Catharines* est fondée sur des précédents juridiques. Dans l'affaire *Johnson contre McIntosh* de 1823, le président de la Cour suprême des États-Unis, John Marshall, avait rendu un jugement portant sur la validité de la cession des territoires indiens à des individus avant l'indépendance des États-Unis. Dans cette affaire, la Cour suprême des États-Unis avait conclu à l'existence d'un titre autochtone fondé sur l'occupation territoriale et à la souveraineté des nations autochtones. Cette souveraineté était néanmoins considérée comme limitée, car les Indiens n'étaient pas en droit de disposer de leurs territoires comme ils l'entendaient. Ils pouvaient les céder, ce qui constituait la reconnaissance qu'ils détenaient un titre légal sur leurs terres, mais seule la Couronne et son héritier – le gouvernement fédéral – pouvaient en négocier l'achat, selon le principe du « droit de découverte », lequel fait référence aux États-Unis comme au Canada.

Dans l'affaire *St. Catharines*, Lord Watson, président du Conseil privé, affirma que le titre autochtone dépendait exclusivement de la Proclamation royale ; la Couronne était propriétaire absolue du territoire avant même la signature de traités avec les autochtones ; les Indiens possédaient un droit d'occupation du sol ; et la Couronne avait le droit exclusif d'annuler ce droit.

L'affaire *St. Catharines* reconnaît donc l'existence légale du droit des autochtones sur leurs terres. Quelle était donc la nature exacte de ce droit d'occupation du sol ? Le Conseil privé ne jugea pas nécessaire de se prononcer sur ce point. La reconnaissance du titre autochtone était fondée sur la Proclamation royale de 1763 mais elle était sujette aux incertitudes de ce texte.

Nous ne nous attarderons pas plus avant sur les diverses argumentations techniques de l'accusation et de la défense. Nous retiendrons simplement que l'affaire *St. Catharines* est d'une importance capitale pour les autochtones car le Conseil privé y a reconnu l'existence légale du droit des autochtones sur leurs terres. En effet, si le jugement affirmait que la Couronne était propriétaire absolue du territoire, il reconnaissait également que les Indiens avaient cédé leur titre par la signature d'un traité. L'affaire *St. Catharines* constitua un tournant dans l'histoire de la reconnaissance du droit des autochtones au Canada : il s'agissait de tenter de définir les droits des autochtones et il importait de confirmer le devoir qui incombe au gouvernement fédéral de protéger ces droits face aux intérêts de la province. C'est donc indirectement la souveraineté des nations indiennes qui était en jeu. Pourtant, aucun Indien n'était présent lors des délibérations, pas même les Ojibwa signataires du Traité N° 3 dont il était pourtant question. Ils n'étaient probablement pas même informés de l'instruction de cette affaire.

Nous avons vu que la responsabilité fédérale des Affaires indiennes, reconnue par la Loi constitutionnelle de 1867, fut réaffirmée par la justice dans l'affaire *St. Catharines* de 1888. En prenant la responsabilité des Indiens et des terres qui leur étaient réservées, le gouvernement fédéral s'était érigé non seulement en défenseur mais également en tuteur des Indiens. Ainsi, après l'établissement de la Confédération en 1867, le nouveau parlement canadien fit voter une série de lois sur les Indiens. Et en 1876, le gouvernement fédéral mit en place une administration et une législation, la Loi sur les Indiens, réunissant les traits essentiels des lois votées entre 1868 et 1874.

Les Lois sur les Indiens : entre assimilation et ségrégation

Les Lois sur les Indiens de 1868 à 1874

Le 22 mai 1868, le nouveau Parlement créa un secrétariat d'État chargé du contrôle des terres du Dominion et de l'administration des Affaires indiennes. La majorité des quarante-deux articles de cette loi touchaient les fonctions de surintendant général des Affaires indiennes du secrétaire d'État. C'est dire l'importance que le législateur accordait à la question. À partir de 1871, après l'annexion des Territoires du Nord-Ouest au Dominion, outre les provinces fondatrices, le secrétaire d'État fut chargé du contrôle et de l'administration des terres nouvellement acquises et des autochtones qui y résidaient.

L'Acte pourvoyant à l'organisation du Département du Secrétariat d'État du Canada, ainsi qu'à l'administration des terres des Indiens et de l'Ordonnance de 1868 faisait pendant à l'article 91(24) de l'Acte de l'Amérique du nord britannique. Le secrétaire d'État, surintendant général des Affaires indiennes et tuteur des Indiens, devait administrer les biens et les terres des autochtones.

La loi de 1868 déterminait les conditions de cession des territoires indiens à la Couronne[36]. Seules les personnes qui

---

36 *Statutes of Canada* 1868. 31 Victoria, chapter 42, section 8(1).

résidaient sur ces territoires ou dans leurs environs et qui pouvaient se réclamer du statut d'Indien étaient autorisées à entériner la décision. Les revenus tirés de la vente ou de la location des terres ainsi cédées à la Couronne, ainsi que les revenus de la vente du bois, devaient être réutilisés pour la gestion de la réserve.

Le 22 juin 1869, le gouverneur général adopta une nouvelle loi sur les Indiens : l'Acte pourvoyant à l'émancipation graduelle des Indiens[37]. La loi établissait une procédure d'élection des chefs et des conseillers, et étendait les pouvoirs du surintendant général. Ce dernier décidait de la tenue des élections et de la destitution des chefs et des conseillers élus qui ne répondaient pas aux critères de bonne conduite soumis à son appréciation. Ainsi, l'adoption du nouveau système électif reposait uniquement sur le département des Affaires indiennes.

Le nouveau système d'élections imposé par les autorités canadiennes, qui refusaient de traiter avec les chefs traditionnels, ne satisfaisait pas les Indiens. Or il était très important pour le gouvernement canadien que les Indiens adoptent de nouvelles mœurs politiques, car les régions de l'ouest, et la colonisation qui y était prévue, entraient dans les visées unificatrices de l'édification d'un grand État canadien. Diverses mesures, telle que la création de la Police montée du Nord-Ouest en 1873 ainsi que la création d'un département de l'Intérieur, allaient de pair avec l'appel à l'immigration et au peuplement de l'ouest.

En juillet 1873 fut également créé un département des Affaires indiennes, dépendant du ministre de l'Intérieur qui devenait aussi surintendant général des Affaires indiennes. Il était responsable des Territoires du Nord-Ouest, des terres et des Affaires indiennes, de toutes les terres publiques ne relevant pas des ministères des travaux publics, ainsi que de la milice et de la défense, de la marine et des pêcheries, enfin des terres de la Couronne situées au Manitoba et dans les Territoires du Nord-Ouest, et de l'exploration géologique au Canada.

Le ministère de l'Intérieur souhaitait mettre en place un système législatif cohérent sur la base des lois établies durant plus d'un siècle par les administrations provinciales à l'est du pays. Au

---

[37] *Statutes of Canada* 1869, 32-33 Victoria, chapter 6.

Québec et dans les provinces maritimes, les Indiens étaient en minorité et les gouvernements provinciaux avaient, depuis longtemps déjà, légiféré sur la question autochtone. Il fut donc relativement aisé d'y calquer le système déjà mis en place en Ontario. Dans les Prairies et en Colombie-Britannique, en revanche, les Indiens étaient encore majoritaires et donc plus à même de défendre leur autonomie. Le 26 mai 1874, le gouverneur général était appelé à ratifier la loi dite « Acte pour amender certaines lois relatives aux Indiens et pour étendre certaines lois concernant les affaires se rattachant aux Indiens, dans les provinces du Manitoba et de Colombie-Britannique »[38].

Les lois de 1868, de 1869 et de 1874 furent les principales lois votées après l'établissement de la Confédération et avant l'adoption en 1876 de la Loi sur les Indiens. On y trouve déjà des éléments de la pratique coloniale canadienne qui seront par la suite repris, précisés et développés, concernant l'administration, le contrôle et l'assimilation des communautés autochtones.

La Loi sur les Indiens de 1876

D'après la loi dite Loi sur les Indiens, ou Acte pour amender et refondre les lois concernant les Indiens, votée en 1876[39], le ministre de l'Intérieur conservait la charge des Affaires indiennes. La nouvelle loi réunissait les traits essentiels des lois et de l'administration des provinces de l'est canadien ainsi que des premières lois fédérales. Il en ressort clairement que l'objectif ultime du gouvernement fédéral était d'assimiler les Indiens.

La Loi sur les Indiens de 1876 établissait un système complexe permettant d'enregistrer les Indiens, d'administrer leurs terres, et de décider, en fait, de tout ce qui avait trait à leur vie. Elle établissait un cadre destiné à contrôler les Indiens dans le but de les assimiler. La loi renforçait considérablement les pouvoirs du gouvernement fédéral. Elle avait été élaborée sans la participation des Indiens et ces derniers ne détenaient en aucune circonstance le

---

[38] *Statutes of Canada*, 1874 : 37 Victoria, chapter 21.

[39] *Indian Act*, SC 1876, c. 18.

pouvoir de contrôler les agissements du département des Affaires indiennes[40].

La Loi sur les Indiens statuait notamment sur les réserves et définissait pour la première fois le terme de « bande ». Selon l'article 3, tant que les territoires traditionnels d'une bande n'avaient pas été soumis, par traité ou autrement, au contrôle de l'administration gouvernementale, la bande était considérée comme « irrégulière »[41]. Ces bandes devaient « normaliser » leur situation en cédant leurs territoires, par traité ou autrement. En échange, le gouvernement fédéral leur attribuait des « réserves ». La Couronne détenait le titre légal de ces terres pourtant réservées au bénéfice des autochtones. Il faut rappeler ici que les réserves furent créées sans cadre préalablement établi. Ainsi, les réserves sont le résultat soit d'une cession territoriale de la Couronne à des communautés religieuses et à des missions, soit de l'achat par le gouvernement fédéral de propriétés privées, soit de décrets législatifs réservant pour les autochtones des terres appartenant à l'État, soit encore d'accord et de traités signés entre le gouvernement fédéral et les autochtones. Les réserves créées par traité relèvent pour la plupart des « Traités Robinson » signés en Ontario et des « traités numérotés » signés dans l'Ouest et le Nord-Ouest canadien. Le titre légal des réserves appartenait à la Couronne[42].

Selon les termes de la Loi sur les Indiens, les réserves ne pouvaient être soumises à des taxes, ni hypothéquées ou saisies. Les Indiens étaient exemptés d'impôts. Lorsqu'une bande cédait une partie ou la totalité de la réserve qui lui avait été attribuée, ce territoire était alors désigné, paradoxalement, comme « terre des Indiens ». Seule la Couronne était autorisée à louer ou à vendre ces terres.

---

40 Cité *in* : John F. LESLIE et Ron MAGUIRE, (ed.), *The Historical Development of the Indian Act*. 2e éd. Ottawa : Research Branch, Indian and Nortern Affairs, 1978, p. 100. Clifford Sifton fut ministre de l'Intérieur de 1896 à 1905.

41 *Indian Act*, SC 1876, c. 18, s. 3 (1).

42 *Indian Act*, SC 1876, c. 18, s. 3 (6).

La loi modifiait quelque peu les conditions de cession des réserves. Alors qu'en 1868 il suffisait que le chef, ou la majorité des chefs s'il en existait plus d'un, ratifiât la décision, la loi de 1876 exigeait le consentement d'une majorité des hommes de la bande âgés de plus de vingt et un ans.

Enfin, la Loi sur les Indiens de 1876 modifiait le mode antérieur d'élection des chefs et des conseils de bande. Toute bande de plus de trente membres était désormais tenue d'élire un chef et toute bande de plus de deux-cents personnes devait élire un chef et deux conseillers, dans la limite de six chefs et douze conseillers par bande. La durée de leur mandat était fixée à trois ans.

La loi permettait aux chefs traditionnels de continuer à exercer leurs prérogatives « jusqu'à leur décès ou leur démission » mais le Gouverneur pouvait démettre un chef élu ou un chef traditionnel non seulement pour « malhonnêteté, intempérance ou immoralité » tel que prévu par la loi de 1869, mais aussi pour « incapacité », une expression dont le vague permettait au gouverneur d'exercer un pouvoir arbitraire. Ainsi, tout chef, élu ou non, qui ne souhaitait pas « régulariser » la situation de sa bande, qui faisait obstacle à la cession de la réserve ou qui entravait le processus d'assimilation était susceptible d'être jugé « incapable » d'exercer ses fonctions. Le chef et son conseil étaient responsables des affaires locales[43].

Le gouvernement fédéral espérait qu'en obligeant les Indiens à adopter un système politique proche du système canadien, ceux-ci assimileraient les autres aspects de la société dominante. Reste que l'autonomie financière échappait aux Indiens qui étaient maintenus dans la dépendance des agents des Affaires indiennes.

Nouvelles Lois sur les Indiens (1880-1927)

Entre 1880 et 1927, quelques amendements apportés à la loi ont permis au gouvernement canadien d'accroître son contrôle sur l'éducation, la terre, et les affaires politiques et religieuses des Indiens.

---

[43] *Indian Act*, SC 1876, c. 18, s. 63.

Élections des conseils de bande

L'Acte pour amender et refondre les lois concernant les Indiens ou Acte relatif aux Indiens de mai 1880 apportait quelques modifications au texte de 1876, notamment dans le domaine des élections. Les chefs devaient dorénavant être tous élus[44].

En 1884, fut votée la Loi pour l'avancement des Indiens, ou Acte à l'effet de conférer certains privilèges aux bandes les plus éclairées du Canada, dans le but de les habituer à l'exercice des pouvoirs municipaux. Elle transformait quelque peu le système politique que le gouvernement canadien entendait imposer aux Indiens appartenant à des bandes considérées comme « avancées » pour amener progressivement celles-ci à adopter un gouvernement municipal[45].

La liste des bandes était réduite, ainsi que le nombre des chefs et des conseillers. Ce principe enfreignait l'usage, puisque les Indiens avaient l'habitude de larges conseils. Sans doute l'administration espérait-elle ainsi étendre son emprise sur les populations autochtones et les assimiler, par l'apprentissage de la vie municipale, à la société dominante. Ce souci de regrouper ses pupilles pour en faciliter l'administration est devenu depuis lors une des constantes de l'administration indienne.

Le système électif des bandes qui n'étaient pas considérées comme « avancées » avait également été modifié et réduisait également le nombre des chefs et des conseillers[46]. Ainsi, en 1900, il existait trois systèmes de gouvernement tribaux : un système fondé sur la Loi sur les Indiens de 1869, un autre fondé sur la Loi pour l'avancement des Indiens de 1884 et un système traditionnel réservé à certaines bandes du Yukon, des Territoires du Nord-Ouest et de certaines provinces.

Pouvoirs des élus locaux

Depuis 1880, les pouvoirs de réglementation des chefs s'étaient accrus. Néanmoins, la Loi sur les Indiens de 1884 était essentiellement restrictive. En 1918 et 1919, deux lois vinrent

---

[44] *Indian Act,* SC 1880, c. 28, s. 72.

[45] *Indian Advancement Act,* SC 1884, c. 28.

[46] *Indian Act*, RSC 1886, c. 43, s. 75.

encore restreindre les droits des Indiens sur leurs réserves. Le 24 mai 1918, un amendement conférait au surintendant général le pouvoir de louer une partie d'une réserve sans l'accord des Indiens. L'année suivante, le surintendant général était autorisé à louer une partie d'une réserve pour y exploiter des métaux précieux[47].

Afin d'accélérer le processus d'assimilation, le parlement avait voté en 1894 un amendement qui manifestait un effort nouveau pour scolariser les enfants Indiens. Edgar Dewdney, ministre de l'Intérieur et surintendant général des Affaires indiennes de 1888 à 1892, avait loué, dans ses rapports de 1889 et 1890, les bienfaits du pensionnat, censé préserver les enfants de la « barbarie »[48].

La Loi sur les Indiens fut amendée en conséquence. Le surintendant des Affaires indiennes était non seulement autorisé à créer des pensionnats et des écoles industrielles, mais il était également chargé de rendre obligatoire la scolarisation et de prélever l'argent nécessaire à l'éducation des Indiens sur les sommes qui leur étaient dues selon les termes des traités. L'assiduité scolaire, dans des pensionnats ou des « écoles industrielles », devait être rendue obligatoire pour « les enfants de sang indien au-dessous de seize ans ». Quant au coût de ces écoles, il devait être défrayé au moyen des annuités perçues par la bande[49].

En empêchant les bandes de gérer leur patrimoine et d'éduquer leurs enfants, le gouvernement fédéral n'avait pas seulement à cœur de « civiliser » les Indiens, mais, pour ce faire, de les contrôler.

Interdits politiques et religieux

L'Acte relatif aux Indiens de 1880 avait pris effet après la signature des sept premiers « traités numérotés ». L'administration des Affaires indiennes était devenue si difficile qu'elle semblait

---

47 *Indian Act*, SC 1918, c. 26, s. 4 ; *Indian Act*, SC 1919, c. 56, s. 1.

48 CANADA, « Rapport annuel du Département des Affaires des Indiens pour l'exercice 1888-1889 ». *Document de la Session no 12*, 1890 ; « Rapport annuel du Département des Affaires des Indiens pour l'exercice 1889-1890 ». *Document de la Session no 18*, 1891.

49 *Indian Act*, SC 1894, c. 32, s. 11.

justifier la création d'un ministère spécifique. Le nouveau département des Affaires indiennes demeurait néanmoins rattaché au ministère de l'Intérieur et le ministre de l'Intérieur conservait ses fonctions de surintendant général des Affaires indiennes. L'importance même de la question autochtone, pour l'établissement et la consolidation de la Confédération, exigeait une surveillance de tous les instants par les plus hautes autorités gouvernementales afin de canaliser l'immigration et de maintenir l'ordre dans l'ouest canadien.

En 1884, face à l'intensification de la résistance indienne et métisse, la loi de 1880 fut modifiée. La nouvelle loi tenait de la loi martiale. Elle visait, en empêchant les Indiens d'obtenir des armes et de se réunir « au nombre de trois ou en plus grand nombre » pour déposer une requête auprès des agents des Affaires indiennes, à prévenir les mouvements subversifs. Par ailleurs, la loi frappait d'interdit « la célébration de la fête indienne désignée sous le nom de 'Potlatche' », ainsi que les rituels « Tamanamous » ou « danses des esprits »[50]. Deux ans après l'adoption de cette loi, il semble, d'après le ministre de l'Intérieur, Clifford Sifton, que la loi avait produit les effets attendus : les pratiques jugées barbares et contraires au principe de propriété tendaient à disparaître[51].

D'année en année, les interdits se multiplièrent et s'étendirent à la plupart des rituels et des cérémonies comportant des éléments d'échange de biens, des mutilations corporelles et des sacrifices d'animaux, ainsi qu'aux manifestations qui engageaient plusieurs réserves. Le législateur avait à cœur de surveiller ou d'interdire toute manifestation culturelle autochtone susceptible de permettre aux Indiens de différentes réserves de communiquer entre eux. Les autochtones furent dès lors contraints de pratiquer secrètement leurs cérémonies.

---

[50] *Indian Act*, SC 1884, c. 27, s. 1, 2, 3. Le terme « potlatch » englobe plusieurs cérémonials et fêtes des Indiens de la côte Nord-Ouest, dont la cérémonie de redistribution des biens. Sur ces rituels, voir entre autres Marcel MAUSS, *Essai sur le don*, Paris : Presses Universitaires de France, 1950.

[51] CANADA, « Rapport annuel du Département des Affaires indiennes pour l'exercice se terminant le 30 juin 1896 ». *Document de la Session no 14*, 1897.

À partir de 1927, ce sont les organisations politiques, mises en œuvre par les communautés autochtones depuis le début du siècle pour faire obstacle à la colonisation, qui furent touchées par la législation fédérale. Ces organisations se virent empêchées de réunir des fonds pour intenter une action en justice ou mener d'autres actions[52].

Les mesures votées en 1927 furent abrogées en 1951 ainsi que les lois qui avaient interdit les rituels et les cérémonies[53]. La politique fédérale fut alors profondément modifiée en faveur des Indiens, sans perdre, toutefois, comme nous le verrons plus loin, le caractère foncièrement paternaliste de la Loi sur les Indiens.

C'est donc pour remplir les obligations constitutionnelles que l'Acte d'Amérique du Nord britannique de 1867 lui avait imparties que le gouvernement fédéral adopta en 1876 la Loi sur les Indiens qui régentait les activités du ministère des Affaires indiennes.

La Loi sur les Indiens avait pour principal objet d'assimiler les Indiens. Mais après la rébellion des métis de 1885, dont nous parlons plus loin, l'administration indienne devint plus répressive. L'idée d'assimilation n'en demeure pas moins une constante de la politique indienne du gouvernement canadien[54].

Paradoxalement, cette politique d'assimilation est fondée sur un principe ségrégationniste. La Loi sur les Indiens est en effet une sorte de loi-cadre qui place les Indiens et leurs réserves sous la tutelle de l'État fédéral et les exclut de la nation. Outre les différentes dispositions des traités signés entre les autochtones et le gouvernement fédéral, la Loi sur les Indiens régit entièrement la vie des autochtones et crée de ce fait une catégorie bien définie d'individus situés en marge de la société dominante. On constate par ailleurs que les Affaires indiennes ont toujours été liées au développement économique du pays et donc aux intérêts financiers représentés par la classe dirigeante.

---

[52] *Indian Act*, SC 1927, c. 32, s. 6.

[53] *Indian Act*. SC 1951.

[54] Cité *in* : Malcolm MONTGOMERY, « The Six Nations Indians and the Macdonald Franchise », *Ontario History* 56, 1964, p. 13.

Qu'entendaient les législateurs par « assimilation » ? Etait-ce intégrer entièrement la population autochtone, la soumettre à la loi de la population coloniale, la plus nombreuse ? Etait-ce plutôt, en respectant les traditions des Indiens, les amener progressivement à une évolution moderne, le gouvernement fédéral restant le garant de leur développement ? Les lois successives sur les Indiens, promulguées depuis l'Acte de 1867, traduisent les hésitations et les interprétations contradictoires de cette notion d'assimilation. Protéger, interdire, protéger encore, mais sous haute surveillance, ces méthodes ne pouvaient que conduire à des réactions parfois violentes, en tous cas à une résistance active de la part de la population indienne. C'est ce qui apparaît dans l'histoire de la colonisation du Nord-Ouest, comme nous allons le voir dans les chapitres à venir.

CHAPITRE 3

RÉSISTANCES AUTOCHTONES À UN NOUVEL ORDRE POLITIQUE DANS LE NORD-OUEST

L'entité « Nord-Ouest canadien » est apparue près d'un siècle et demi avant l'Acte de l'Amérique du nord britannique de 1867, qui constitue l'acte fondateur du dominion du Canada. La région, peuplée d'Indiens et de métis, reposait alors sur des bases économiques et sociales solides, fondées sur la traite des fourrures et la chasse aux bisons.

Les métis des Prairies, au nombre de dix ou douze milles au milieu du dix-neuvième siècle, descendants des premiers commerçants en fourrure mariés à des Indiennes, formaient un groupe distinct. Pour la plupart catholiques et francophones, ils menaient une vie semi-nomade et avaient un sens aigu de leur identité. Ils se considéraient comme une nation à part entière, ayant des racines à la fois indiennes et européennes. Ce peuple, qui alliait les caractéristiques des Indiens à celles des colons, était ainsi à même de comprendre ces derniers et de travailler avec eux[55].

Dès le dix-huitième siècle, les métis des Prairies avaient une place bien définie dans le commerce des fourrures. Ils chassaient le bison, transportaient les marchandises et travaillaient comme canotiers. C'étaient eux qui faisaient vivre et prospérer la traite des fourrures. Ils occupaient dans les Prairies une zone géographique, le futur Manitoba, qui devint leur patrie. À Rivière Rouge, ils développèrent leur propre style de vie.

Les vingt à trente mille Indiens Cri et Pieds-Noirs des Plaines de l'ouest, eux, vivaient essentiellement de la chasse au bison. Ils étaient organisés en tribus confédérées relativement indépendantes. Les ressources de chaque région étaient exploitées par la bande qui revendiquait le territoire. Chaque tribu vivait sur son propre territoire de chasse suivant ses propres coutumes et lois.

---

[55]Voir notamment Jacqueline PETERSON et Jennifer S. H. BROWN (ed.), *The New Peoples : Being and Becoming Métis in North America*, Winnipeg : University of Manitoba Press, 1985.

Les décisions des chefs réglementaient les activités individuelles et l'organisation des chasses collectives, comme celle du bison.

Les principes réglementant la chasse étaient étroitement observés. Ils interdisaient notamment de chasser au moment de la naissance des veaux et condamnaient tout individu qui eût tenté de profiter de la chasse au détriment du groupe. Le gibier d'un même territoire de chasse appartenait à l'ensemble de la communauté. Cette réglementation était renforcée par la loi ancestrale selon laquelle les chasseurs devaient partager leurs prises avec les plus démunis. Le rôle des Indiens des Plaines dans la traite des fourrures était indispensable, car ils fournissaient le pemmican dont dépendaient les expéditions en partance vers le nord. Le pemmican était troqué contre des armes à feu, de l'alcool et d'autres marchandises.

Comme le souligne l'historiographie contemporaine, les autochtones, Indiens et métis, vivaient en harmonie avec les quelques colons, marchands de fourrure et missionnaires, qui vivaient à leurs côtés. Mais le nouvel État canadien œuvrait pour un changement social et politique de la région qui devait entraîner de profonds bouleversements au sein des communautés indiennes et métisses. Nous verrons dans ce chapitre comment la fin du monopole de la compagnie de la Baie d'Hudson affaiblit l'autorité centrale. En tentant d'intégrer le Nord-Ouest au tissu canadien, le gouvernement se désintéressa des questions indienne et métisse, ce qui provoqua la rébellion des autochtones en 1885.

Climat politique et social

Le transfert de la Terre de Rupert (1868-1870)

En 1865, John A. Macdonald, à l'époque représentant de la colonie du Canada-Ouest et futur Premier Ministre, négociait à Londres avec la compagnie de la Baie d'Hudson l'abandon de son monopole et l'achat de la Terre de Rupert et des Territoires du Nord-Ouest. En 1868, le parlement britannique adopta la Loi pour le gouvernement provisoire de la Terre de Rupert[56], instituant un lieutenant gouverneur et un conseil, tous deux nommés par le

[56] *Acte de la Terre de Rupert, 1868*, 31-32 Victoria, ch. 105.

gouvernement central. L'accord entre la compagnie et le nouveau gouvernement canadien fut conclu dès l'hiver 1868-1869. On attribua deux députés au district d'Assiniboia, un au district du Saskatchewan, un autre à celui d'Alberta. William McDougall, partisan de l'annexion du Nord-Ouest au sein de la Confédération, fut nommé Lieutenant gouverneur en 1869. Il fut chargé d'établir un rapport sur les Indiens habitant les Territoires du Nord-Ouest et la Terre de Rupert.

Le parlement organisa les territoires cédés par la compagnie de la Baie d'Hudson et les rebaptisa « Territoires du Nord-Ouest ». Le 23 juin 1870, les Territoires du Nord-Ouest furent admis au sein de la Confédération et leur administration, ainsi que celle des Indiens, confiées au Lieutenant gouverneur de la nouvelle province du Manitoba. Le transfert des terres, de la compagnie de la Baie d'Hudson au gouvernement fédéral, fut établi le 15 juillet 1870. Le 20 juillet 1871, la Colombie-Britannique entrait également dans la Confédération [57]. Mais l'acquisition des terres de l'Ouest ne s'était pas faite sans heurts : les métis en particulier se révoltèrent contre les découpages territoriaux arbitraires en 1869-1870[58] et ceci amena la création du Manitoba dans la Confédération à titre de cinquième province en 1870[59]. Cette victoire partielle des métis de Rivière Rouge, qui devaient notamment bénéficier de 566 560 hectares, fut de courte durée. Nous verrons en effet que le gouvernement fédéral ne respectera pas ses engagements et que la venue de colons de l'Ontario en quête de nouvelles terres obligera la majorité des métis du Manitoba à quitter la province pour s'installer plus à l'ouest.

Les Indiens n'avaient pas participé à la première rébellion métisse. Ils subissaient alors, comme les métis d'ailleurs, les

---

[57] Voir notamment Morris ZASLOW, *The Opening of the Canadian North*, Toronto : McCleland & Stewart, 1971, chap. 1, pp. 1-29.

[58] Voir notamment Frits PANNEKOEK, *A Snug Little Flock : The Social Origins of the Riel Resistance of 1869-1870*, Winnipeg : Watson & Dwyer, 1991.

[59] *Manitoba Act, 1870*. Les limites de la nouvelle province correspondaient aux frontières de l'ancienne colonie de Rivière Rouge, au sud de l'actuel Manitoba : à peine plus de 28 500 km (11 000 miles).

contrecoups de la sécheresse, qui s'était abattue sur les Plaines dans les années 1860, et de l'extermination des bisons.

La compagnie de la Baie d'Hudson

La compagnie de la Baie d'Hudson était en période de transition. Elle avait jusqu'alors disposé de l'administration et de la juridiction des Territoires du Nord-Ouest, mais devait à présent fonctionner en société de droit privé dans le cadre de la juridiction canadienne. Les postes de traite installés dans les Prairies se transformèrent progressivement en magasins servant essentiellement une clientèle de colons et non plus d'autochtones. La compagnie institua un système d'échanges fondé sur la monnaie et non plus sur le troc.

Elle avait reçu 300 000 livres sterling pour le transfert des Territoires du Nord-Ouest, conservait en outre la jouissance d'un vingtième des territoires et restait propriétaire de 2 707 038 hectares. La compagnie se réservait le droit de vendre ces terres et d'en tirer profit. La spéculation foncière devait lui permettre de se reconvertir à l'économie de marché. Mais les terres se vendirent difficilement avant les années 1890, moment où la colonisation s'intensifia. En revanche, les terrains en zones urbaines, autour des anciens postes de traite, se vendirent immédiatement avec des profits importants[60]. En 1896, la compagnie de la Baie d'Hudson avait effectué une véritable révolution financière et administrative. Il est important de souligner que le gouvernement canadien avait racheté les terres de la compagnie de la Baie d'Hudson sans consulter les autochtones.

Or, l'emploi immodéré des armes à feu et du poison entraîna une baisse de la production des fourrures. Certains chasseurs durent s'engager à temps partiel comme canotiers, conducteurs de chariots et manœuvres au service de la compagnie, car la trappe ne suffisait plus à subvenir à leurs besoins. Les troupeaux de bisons se faisaient rares. Les trappeurs, qui chassaient habituellement le bison en hiver, passaient dorénavant plus de temps à la recherche de nourriture.

---

[60] Voir notamment Gustavus MYERS, *A History of Canadian Wealth*, Toronto : Lewis & Samuel, 1972.

L'organisation administrative et policière des Territoires du Nord-Ouest

L'administration canadienne était très centralisée. L'État fédéral souhaitait instituer dans les Territoires du Nord-Ouest un ordre économique et social homogène, et les nouveaux territoires devaient servir les intérêts des grosses fortunes de l'Est canadien. Les institutions canadiennes, calquées sur celles de l'Est, furent donc imposées à l'Ouest.

C'est ainsi qu'en 1875, les Territoires du Nord-Ouest furent réorganisés. L'administration en fut confiée à un Lieutenant gouverneur et à un conseil, qui ne dépendaient plus du Manitoba. La charge incomba à David Laird, ancien ministre de l'Intérieur et surintendant des Affaires indiennes. Les pouvoirs du Lieutenant gouverneur étaient très étendus. Il n'était responsable que devant le gouvernement fédéral, lequel lui transmettait les ordres et les décisions politiques.

Le gouverneur exerçait sa juridiction sur la parcellisation des terres, l'exploitation des ressources naturelles, l'éducation, la santé, les voies de communication, le commerce, la justice et l'administration des communes. Il était également chargé des Affaires indiennes. L'État fédéral, sous la direction d'Alexander Mackenzie, avait pour objectif de miner l'ancien ordre social établi par les Indiens et les métis – fondé sur une économie de chasse et de trappe, et le transport des marchandises. Le Nord-Ouest devait à tout prix s'intégrer au tissu social, culturel et politique du Canada.

Mais la compagnie de la Baie d'Hudson n'était plus responsable de la juridiction des territoires et les hors-la-loi fuyaient maintenant l'Ouest des États-Unis pour se réfugier au Canada et trafiquer du whisky. La violence culmina avec le massacre de Cypress Hills. Situé près de la frontière avec les États-Unis – entre l'Alberta et le Saskatchewan – Cypress Hills était un lieu sacré pour les Indiens des Plaines, où les tribus se côtoyaient et vivaient en paix. Les trafiquants d'alcool venaient s'y réfugier. En mai 1873, des trafiquants de Fort Benton, dans le Montana, accusèrent des Indiens de leur avoir volé des chevaux. Ils les poursuivirent jusqu'à Cypress Hills où ils attaquèrent un campement assiniboine et massacrèrent vingt à trente Indiens. Le gouvernement canadien décida de rétablir l'ordre à tout prix.

La Police montée et les missionnaires dans le Nord-Ouest canadien

C'est pourquoi le gouvernement fédéral créa une force de police chargée de patrouiller la frontière, afin de faire respecter les tarifs douaniers et de protéger les Indiens. C'est ainsi que la Police montée fut créée en 1873 ; elle patrouillait déjà la frontière en 1874. Les tuniques rouges expulsèrent les hors-la-loi américains et rétablirent l'ordre dans les Prairies[61].

En empêchant que la violence ne gagne l'Ouest canadien, la Police montée sut se faire respecter des Indiens comme des colons. On peut dire qu'elle entreprit avec succès d'établir de bonnes relations avec les Indiens. Les missionnaires eux aussi réussirent à gagner la confiance des Indiens.

Lorsque le Canada fit l'acquisition des Territoires du Nord-Ouest, des missionnaires méthodistes, presbytériens, anglicans et catholiques étaient déjà présents dans la région. Les Églises catholique et anglicane, soutenues par des sociétés religieuses très puissantes en France et en Angleterre, étaient de loin les plus influentes. Présents dès 1841, les Oblats de Marie l'Immaculée (OMI), appartenaient à une congrégation catholique française[62]. Les Anglicans, quant à eux, s'installèrent dans le nord-ouest canadien vers la même époque. La société anglicane de l'Église missionnaire (*Church Missionary Society*) contribuait exclusivement au financement des missions indiennes[63].

La période fut marquée par d'intenses rivalités. Missionnaires protestants et catholiques s'accusaient mutuellement de baptiser à la hâte les Indiens. Les Anglicans avaient l'avantage d'être soutenus par la compagnie de la Baie d'Hudson –

---

[61] Sur la Police montée, voir notamment : William et Nora Jelly, *The Royal Canadian Mounted Police, A Centennial History*, Edmonton : Hurtig Publishers, 1973.

[62] Sur les OMI, voir notamment Donat LEVASSEUR, *Les Oblats de Marie Immaculée dans l'ouest et le nord Canada, 1845-1967 : esquisse historique*, Edmonton : University of Alberta Press, 1995.

[63] Bruce FERGUSSON (ed.), *The Anglican Church and the World of Western Canada, 1820-1970*, Regina : Canadian Plains Research Centre, University of Regina, 1991.

traditionnellement britannique et anglicane – mais les Oblats dominaient. Ils étaient plus nombreux et bénéficiaient en outre de l'aide de nombreux laïcs. La structure hiérarchique des Églises catholique et anglicane joua un rôle important dans le succès de leur entreprise. Les évêques chargés des missions appartenaient à des communautés religieuses internationales capables de financer les missions.

C'est pourquoi l'État canadien entendait s'assurer le soutien des Églises pour « civiliser » les Indiens[64]. C'est ainsi que le gouvernement s'appuya sur la Police montée et sur les missionnaires pour mieux « civiliser » les Indiens. Ceux-ci s'installèrent peu à peu sur des réserves, ce qui, paradoxalement, permit au gouvernement de poursuivre sa politique visant à assimiler les autochtones à la société dominante.

La politique des réserves à la fin du XIXe siècle

Dans les Prairies, à la suite de l'extermination des troupeaux de bisons dans les années 1870, les Indiens furent atteints de malnutrition et même de famine. En 1870, l'épidémie de petite vérole les avait frappés de plein fouet. Par ailleurs, les guerres inter-tribales se multipliaient, tandis que les colons s'introduisaient en territoire indien pour y voler du bois et faire paître leurs troupeaux. Après les « traités de colonisation », signés entre 1871 et 1877 et dont nous parlerons plus loin, les Indiens des Plaines continuèrent à mener une vie nomade. Mais frappés par la malnutrition et la famine, ils durent avoir recours à l'aide que le gouvernement leur avait promise lors des traités. Dès lors, ce dernier procéda régulièrement à la distribution de farine et de viande de bœuf pour éviter que les Indiens ne meurent de faim.

Les Indiens ne s'installèrent qu'à contrecœur sur les réserves, là où les agents des Affaires indiennes distribuaient de la nourriture. Vers 1880, la plupart des Indiens vivaient sur des réserves dans des conditions de vie déplorables. Le gouvernement fédéral souhaitait que les Indiens s'établissent définitivement sur les réserves où il serait plus facile de les contrôler.

Selon Alexander Morris, Lieutenant gouverneur des

---

64 Alexander MORRIS, *op. cit.*, p. 296.

Territoires du Nord-Ouest, les Indiens devaient se convertir à l'agriculture et subvenir à leurs besoins. Ainsi s'amorçait le processus d'assimilation des Indiens des Plaines. En 1877, David Laird, surintendant des Affaires indiennes dans le Nord-Ouest canadien, décida de fournir en semences et en instructeurs les bandes du district de Qu'Appelle, au sud de l'actuel Saskatchewan. En 1879, dix-sept réserves bénéficiaient d'agences agricoles. Les instructeurs installaient à la périphérie des réserves des exploitations agricoles modèles, où ils enseignaient l'agriculture. Comme les Indiens nomades à l'Est du Canada, les Indiens des Plaines subirent un bouleversement profond de leur mode de vie traditionnel lorsqu'ils s'adonnèrent à l'agriculture. Car si certains obtinrent quelques résultats, grâce aux aides gouvernementales et malgré les retards en approvisionnement, la plupart rencontraient des difficultés insurmontables, comme la famine de l'hiver 1879-1880 causée par une série de mauvaises récoltes. Mais le manque de rations et les mauvaises récoltes ne suffisent pas à expliquer la famine. Les agents des Affaires indiennes et les instructeurs agricoles envoyés par le gouvernement fédéral étaient incompétents, souvent malhonnêtes et parfois même brutaux envers les Indiens.

La plupart ignoraient tout des Indiens, qu'ils méprisaient. Le département des Affaires indiennes souhaitait que les Indiens se convertissent à l'agriculture, mais des réglementations en tout genre ralentissaient le processus d'acculturation. Pourtant, les difficultés rencontrées sur les réserves furent souvent imputées aux Indiens et rarement considérées comme le résultat d'une administration défectueuse.

L'évangélisation des Indiens se poursuivit sur les réserves. Les Indiens avaient dû abandonner leur mode de vie nomade et les missionnaires construisirent des églises, des chapelles et des couvents pour les accueillir et les instruire. Les missionnaires s'occupaient également des écoles, des centres de soins et des hôpitaux, subventionnés par le gouvernement fédéral. Comme ces services étaient encore largement séculiers, les communautés indiennes étaient défavorisées : le gouvernement s'était engagé à créer des écoles sur les réserves, mais la responsabilité en incombait aux différentes confessions religieuses – méthodiste, anglicane et catholique. L'État subventionnait en partie les écoles : une somme annuelle était allouée à chaque école, de deux cents à trois cents dollars, soit douze dollars par élève. À partir de 1879, le Canada encouragea la construction d'écoles industrielles spécialisées en agriculture et en mécanique, dirigées par des missionnaires. Plusieurs pensionnats furent créés à la fin des années 1880, pour éloigner les enfants de leurs parents et faciliter leur assimilation. Le gouvernement finançait une partie des dépenses, le solde restant à la charge des missionnaires qui éduquaient les enfants.

Cependant, les conditions de vie sur les réserves ne convenaient pas aux Indiens. Ceux-ci reprochèrent au gouvernement canadien de ne pas respecter les dispositions des traités qui devaient les mettre à l'abri de telles conditions. Nous verrons plus loin comment, peu à peu, les Indiens s'organisèrent pour tenter d'améliorer leur sort.

La question métisse

Les métis aussi étaient mécontents. David Mills, ministre de l'Intérieur et surintendant des Affaires indiennes de 1876 à 1878, souhaitait que les métis fussent traités comme les colons, mais les métis, eux, exigeaient que le gouvernement fédéral leur reconnût des droits autochtones. En effet, ils ne bénéficiaient pas comme les Indiens d'un statut spécial mais étaient considérés comme des citoyens à part entière. Or, la protection et la garantie apportées par les traités et la Loi sur les Indiens leur eussent été plus profitables.

Les années 1870 avaient été au début relativement prospères pour les métis des Prairies, car ils vendaient des peaux de bison aux États-Unis, commerce plus lucratif que la confection du pemmican. Mais il s'agissait là de profits à court terme. L'extermination du bison fut suivie d'un nouveau flux migratoire au début des années 1880, qui transforma le Manitoba en une communauté à majorité anglophone.

Les nouveaux arrivants méprisaient les métis qui devaient, pensaient-ils, se plier au modèle agricole anglo-saxon et cultiver la terre. Or, malgré la Loi du Manitoba votée en 1870, les métis disposaient de très peu de terres. Le gouvernement avait institué un système d'allocation de terres en distribuant aux métis des

« certificats de métis », ou « scrips ». Ce système favorisa la spéculation, parfois même le vol manifeste. Les métis, qui n'avaient pas été consultés, auraient souhaité que le gouvernement négociât avec l'ensemble de la communauté plutôt qu'avec des individus. En fait, à peine un quart des concessions territoriales furent honorées. La plupart furent vendues à vil prix à des spéculateurs ou à des colons. Les « scrips » devinrent monnaie d'échange et furent troqués contre des biens de consommation. C'est ainsi que les métis devinrent la proie de gens peu scrupuleux qui firent fortune à leurs dépens.

Le problème de la terre était donc au cœur du débat entre les métis et le gouvernement fédéral. Dans le district de la Saskatchewan, comme au Manitoba, les métis demandaient que leurs terres fussent dûment concédées. Cependant le gouvernement Macdonald tardait à accéder à leurs demandes. Il se contenta en 1882 d'envoyer des arpenteurs à la rivière Saskatchewan, lesquels commirent les mêmes erreurs qu'en 1869 à Rivière Rouge : les arpenteurs fédéraux tentèrent de dresser la carte de la région sans tenir compte du fait que les métis s'étaient déjà partagé certaines terres. Ces derniers revendiquèrent donc auprès du gouvernement fédéral l'obtention de droits de propriété. Devant le mutisme des agents du gouvernement fédéral et craignant de perdre leurs terres, les métis décidèrent de réagir.

Le 30 mars 1885, à la veille de la nouvelle révolte des métis dans le Nord-Ouest, le gouvernement établit une commission chargée de recenser les métis qui résidaient dans les Territoires du Nord-Ouest avant la date du 15 juillet 1870 et de leur distribuer des « scrips » comme au Manitoba. Seuls vingt-cinq pour cent des métis choisirent des concessions territoriales et les spéculateurs s'enrichirent de nouveau à leurs dépens en rachetant leurs « scrips ».

La plupart des métis s'adaptaient difficilement aux changements rapides de leur environnement social, politique et économique. Ils pouvaient s'installer sur des terres, à charge pour eux de les exploiter. Si, dans les trois années qui suivaient, le gouvernement estimait que les terres n'étaient pas suffisamment rentables, elles leur étaient reprises. Ce système de *homestead* ne convenait pas aux métis, car tant qu'ils pouvaient continuer à vivre de manière traditionnelle, ils prêtaient peu d'attention à leurs fermes.

Avec le développement du chemin de fer, l'emploi dans le transport des marchandises devint précaire dans les Prairies. Mais des opportunités s'ouvraient dans le nord et plus à l'ouest, où de nombreux métis se réfugièrent. Certains s'établirent en communautés, mais ils choisissaient de préférence une vie semi-nomade. Ils fuyaient toujours plus loin vers le nord, afin de vivre de chasse et de pêche sans être importunés par la colonisation.

La question des métis posait de graves problèmes aux autorités. Bientôt, le fret des marchandises se ferait sans leur aide. Or, ils ne s'adaptaient pas à la vie agricole et leur sens de la liberté ne leur permettait pas de se plier aux exigences d'un travail routinier sous les ordres d'un patron.

La plupart des métis du district de la rivière Saskatchewan étaient donc originaires du Manitoba, qu'ils avaient quitté, après leur révolte de 1869-1870, devant l'affluence des colons. Ils s'étaient réfugiés plus à l'ouest, afin de poursuivre leur mode de vie traditionnel.

Dans ces communautés, certains s'adaptèrent à l'agriculture. La plus célèbre d'entre elles était dirigée par Gabriel Dumont, originaire de Rivière Rouge. En 1872, Dumont avait dirigé une expédition partie coloniser dans le nord une région de quelques 500 km, située au croisement des branches nord et sud de la rivière Saskatchewan. Les lots de terre de ceux qui avaient choisi d'être agriculteurs étaient distribués sur le modèle français de la colonie de Rivière Rouge, sous la forme de terrains rectangulaires de près de deux cents mètres de long et un accès au réseau navigable, ce qui convenait à leur activité commerciale.

La colonie, dite « colonie de la branche sud », avoisinait les missions catholiques de Saint-Louis et de Saint-Antoine de Padoue. La communauté métisse de Saint-Antoine de Padoue fut baptisée Batoche, du nom d'un de ses habitants, Xavier Letendre dit Batoche, négociant en fourrures dont la maison était, disait-on, la plus hospitalière de tout l'Ouest canadien. Batoche devint le centre commercial de la nouvelle colonie métisse, car elle était située entre la piste Carlton – principale route conduisant à

Edmonton – et la branche sud de la rivière Saskatchewan qui permettait d'accéder à l'est et à l'ouest de la colonie.

Néanmoins, lors de la formation de la Confédération, le gouvernement se refusa à adopter le modèle de colonisation choisi par les métis. Il divisa les territoires des communautés en surfaces carrées, de sorte que les lots rectangulaires des métis ne correspondaient pas au nouveau modèle. Il fut convenu néanmoins que les métis installés dans le nord canadien avant 1870 pourraient conserver leurs lots de terre, mais moins de vingt pour cent de ces métis, installés en bordure de rivière, obtinrent gain de cause. Par ailleurs, ceci ne réglait pas non plus la question des colonies métisses plus récentes, comme celle de Dumont. La propriété métisse ne fut donc pas reconnue, de sorte que les métis furent tenus pour des *squatters*. Ainsi, les métis, à l'instar des Indiens, accusaient-ils le gouvernement fédéral du vol de leurs terres. C'est pourquoi le 4 juin 1884, Gabriel Dumont partit chercher Louis Riel, exilé au Montana depuis le soulèvement des métis du Manitoba en 1869-1870, pour organiser la résistance.

La révolte de 1885

Si certains Indiens s'allièrent aux métis en 1885, ce fut en partie parce que les traités, sur lesquels nous reviendrons ultérieurement, ne furent pas honorés. Louis Riel s'était fait le porte-parole des métis et des Indiens auprès du gouvernement, mais métis et Indiens Cri entrèrent dans la résistance de manière différente, pour des raisons propres à chaque communauté. Ils ne luttèrent pas ensemble, mais ils avaient un ennemi commun – une bureaucratie lointaine et, semble-t-il, bien peu compréhensive.

Les Indiens Cri contestent les termes des traités

Les Cri avaient réussi à s'unifier dans les années 1880 à la suite de l'organisation de la résistance indienne dès le milieu des années 1870, lorsque les chefs avaient tenté de négocier des traités avec le département des Affaires indiennes tout en veillant à préserver leur autonomie, comme lorsqu'en 1876, Big Bear et Little Pine avaient refusé de signer le Traité N° 6. Trois chefs Cri se distinguèrent tout particulièrement : Piapot, chef des Cri-Assiniboine de la région sud de la rivière Qu'Appelle, et Big Bear et Little Pine, chefs de deux des bandes les plus importantes du district de la rivière Saskatchewan. Piapot accepta de signer le Traité N° 4 en 1875, après avoir obtenu du gouvernement l'assurance qu'il le modifierait[65].

Le chef Cri Mistahimaskwa, dit « Big Bear », était le chef le plus célèbre et le plus influent des Plaines. Comme l'avait fait soixante ans plus tôt Tecumseh dans le centre nord des États-Unis, il tenta d'unifier les peuples autochtones pour résister à la colonisation. En 1876, par exemple, il avait refusé de signer le Traité N° 6, arguant que le traité rendrait les Indiens dépendants. Big Bear exhorta les autres chefs à suivre son exemple, mais ceux-ci y mirent quelque réticence.

Il faut souligner ici le rôle essentiel d'un homme, Edgar Dewdney, dans la politique indienne du Nord-Ouest. Le poste de commissaire aux Affaires indiennes des Territoires du Nord-Ouest, créé en 1879, avait en effet été attribué à Edgar Dewdney. Il fut maintenu à ce poste jusqu'en 1881, date à laquelle il fut nommé Lieutenant gouverneur des Territoires du Nord-Ouest. Il occupa ce poste jusqu'à ce qu'il accéda, en 1888, à celui de ministre de l'Intérieur et surintendant des Affaires indiennes. De l'une à l'autre de ces positions, on comprend qu'il exerça une influence croissante sur les Affaires indiennes. Il avait pour objectif de contrôler les Cri. Il commença par distribuer des vivres de manière discriminatoire, aux seuls signataires des traités.

Dewdney réussit ainsi dès le début de son mandat, à affamer les Cri. Ceux-ci durent alors se soumettre, au moins en apparence, et signèrent des traités dont, toutefois, ils continuaient à renier les termes. Little Pine se résolut à signer le Traité N° 6 en 1879 ; Big Bear s'y refusait toujours, mais près de la moitié des siens avait adhéré au traité pour bénéficier des vivres distribués par le gouvernement. Néanmoins, dès le traité signé, les Indiens s'efforçaient d'en obtenir la révision.

Certains chefs, souhaitaient s'adonner à l'agriculture. Ce nouveau mode de vie devait leur permettre, pensaient-ils, d'assurer

---

[65]Voir notamment John L. TOBIAS, « Canadas Subjugation of the Plains Cree, 1879-1885 », *in*: J. R. MILLER (ed.), *Sweet Promises : A Reader on Indian-White Relations in Canada*, Toronto : University of Toronto Press, 1991, pp. 212-240.

leur subsistance. La plupart des jeunes gens néanmoins n'adhérèrent pas à la politique de leurs chefs et se rallièrent à Big Bear.

Des alliances se nouèrent alors entre les différentes bandes des Indiens des Plaines de sorte que s'intensifia rapidement un mouvement de résistance qui était essentiellement – notons-le par contraste avec les mouvements armés contemporains des autochtones des États-Unis – politique et pacifique. Au début des années 1880, pour empêcher le gouvernement de faire peser sa domination sur les petites réserves qui étaient éparpillées sur tout le territoire, les trois chefs Big Bear, Piapot et Little Pine tentèrent de rassembler les Cri au sein d'une grande réserve située à Cypress Hills, au sud de l'Alberta et du Saskatchewan actuels, et qu'ils voulaient semblable au « Territoire indien » sis aux États-Unis. Les chefs estimaient que les Indiens, sans aller jusqu'à pouvoir préserver leur entière autonomie, seraient du moins à même de limiter le poids du gouvernement. Ils pourraient également plus aisément se concerter sur les questions qui leur tenaient à cœur.

Les Cri avaient donc choisi de s'établir à Cypress Hills. Du côté du gouvernement canadien, Edgar Dewdney, craignant qu'une telle concentration menace la stabilité politique du Nord-Ouest, y était fortement opposé. Conscient qu'il contrevenait aux termes des traités qui donnaient aux Indiens entière liberté quant au choix et à l'emplacement des réserves, Dewdney préféra rejeter la requête des Cri plutôt que de leur octroyer une autonomie qui limiterait le contrôle du gouvernement.

La campagne d'unification menée par Big Bear alarma le gouvernement canadien, qui redoubla d'efforts pour s'allier les chefs signataires du Traité N° 6. Parmi ces derniers, seuls Sweetgrass et Poundmaker avaient l'envergure de Big Bear. Or Sweetgrass, chef des Indiens Cri à Fort Pitt et porte-parole en chef lors des négociations du Traité N° 6, fut mis à mort par les siens qui l'accusèrent d'avoir vendu leurs terres sans les avoir consultés.

Le chef Cri Poundmaker entretenait de bonnes relations avec les autorités, mais il avait négocié point par point les termes du Traité N° 6. Bien que signataire en 1876, ce n'est qu'en 1879 qu'il accepta de s'installer sur une réserve, à quelque 40 miles à l'ouest de Battleford. Seuls quelques chefs vivaient encore en dehors des réserves.

C'est pour obliger ces derniers à regagner leurs réserves que, comme on l'a vu, le département des Affaires indiennes décida, à partir de 1880, de ne distribuer des rations qu'aux Indiens travaillant la terre sur les réserves et aux orphelins, aux malades et aux personnes âgées. Les rations ne devaient être distribuées à l'ensemble de la population qu'en cas de famine et les Cri furent contraints d'abattre leur cheptel. L'objectif d'Edgar Dewdney était clair : obliger les derniers chefs Cri résistants à signer le traité, à quitter Cypress Hills et à s'installer sur les réserves qui leur étaient assignées. La famine qui frappa les Cri pendant l'hiver 1882-1883 les obligea à céder devant le département des Affaires indiennes et à migrer vers le nord. En 1883, Piapot s'installa à Indian Head, près de la réserve des Assiniboine, Little Pine à Battleford, près de la réserve de Poundmaker, et Big Bear, dont la bande ne comptait plus que deux cent quarante-sept personnes, dut se résigner à signer le Traité N° 6 et à s'installer à Fort Pitt, très loin au nord de ses territoires de chasse habituels : il était ainsi, comme l'avait voulu Edgar Dewdney, isolé des siens.

Néanmoins Big Bear ne fut pas pour autant battu. Après avoir cédé sur bien des points pour assurer la survie de son peuple, il continuait d'organiser la résistance. Un certain nombre de Cri, installés sur les réserves avoisinantes, abandonnèrent leurs champs pour le rejoindre. Mais c'était trop peu. Big Bear, Piapot et Little Pine savaient que de nombreux autres chefs ne se satisfaisaient pas non plus des termes des traités. Ils tentèrent alors une fois encore d'unifier les Cri dans l'espoir qu'ils pourraient recouvrer leur autonomie au nord de leurs anciens territoires de chasse.

Edgar Dewdney modifia alors sa stratégie après 1884. Plutôt que d'affamer les populations, il entreprit d'user de la force pour étouffer la résistance indienne. Une série d'incidents violents avaient éclaté entre les Cri et les colons dans les régions de Fort Pitt, d'Edmonton et de Crooked Lakes. Les Indiens, privés de vivres, avaient attaqué et pillé les réserves du gouvernement. Dewdney augmenta les effectifs de la Police montée et s'assura que les personnes interpellées demeurent emprisonnées.

Néanmoins cette politique de « contrainte absolue » ne dura que quelques mois : les conflits qu'elle engendrait menaçaient l'équilibre précaire du Nord-Ouest, d'autant qu'elle parvenait rarement à ses fins.

Poundmaker, qui avait collaboré jusque-là avec les autorités canadiennes, avait rejoint la résistance. Big Bear proposait de rencontrer à Ottawa le responsable des Affaires indiennes. Certes, le chef Cri n'envisageait pas de s'engager dans un conflit ouvert avec les autorités canadiennes. Ce qu'il envisageait surtout, c'était la révision des traités et la création d'un vaste territoire indien.

En juin 1884, il invita les Cri et les Pieds-Noirs signataires du Traité N° 6 à une « danse du Soleil » sur la réserve de Poundmaker, près de Battleford, afin de tenir conseil. Plus de deux mille personnes répondirent à l'appel. Ce fut le plus grand rassemblement jamais organisé par les Cri. Les chefs se concertèrent et convinrent d'exiger l'attribution d'une seule et même réserve sur les bords de la branche nord de la rivière Saskatchewan. À l'appui de cette revendication, Big Bear arguait que le gouvernement fédéral avait trahi ses promesses en modifiant unilatéralement les termes du Traité N° 6, selon lesquels les Indiens pouvaient choisir l'emplacement de leur réserve. Big Bear en profitait pour réclamer l'annulation du traité et la signature d'un nouvel accord qui tiendrait compte des exigences territoriales des Indiens.

C'est alors que le département des Affaires indiennes ordonna que l'on réduise les rations destinées à Big Bear et à sa bande. Edward Dewdney usa de son autorité pour distribuer un excédant de vivres aux opposants de Big Bear, tout en s'apprêtant à user de la force s'il le jugeait nécessaire. La famine menaçait les résistants ; même les chefs qui collaboraient avec le gouvernement, comme Big Child et Starblanket, s'indignaient des conditions de vie sur les réserves.

Un autre conseil se tint en août 1884, au Lac aux Canards, situé à l'embranchement de la rivière Saskatchewan, près de Batoche, la colonie métisse de Gabriel Dumont. Ce conseil réunit de nouveau les chefs Cri signataires du Traité N° 6. Ils dressèrent une liste des violations du traité, pour lesquelles ils exigeaient réparation, et accusèrent les commissaires de la Reine – qui leur avait promis aide et protection – de leur avoir menti. Ils décidèrent que s'ils n'obtenaient pas réparation avant l'été 1885, ils prendraient des mesures de représailles. Néanmoins, il faut le souligner une fois encore, ils écartèrent le recours à la guerre.

Il était difficile pour les autorités canadiennes d'envisager que les Indiens seuls puissent être capables d'une telle tactique politique. C'est sans doute la raison pour laquelle Edgar Dewdney imagina que les métis étaient à l'origine de ce plan et que le conseil du Lac aux Canards faisait partie d'une stratégie d'ensemble élaborée par Louis Riel dans le but d'organiser une rébellion, de concert avec les Indiens. Il est vrai que le conseil du Lac aux Canards se tint peu de temps après le retour de Riel au Canada en 1884 et que celui-ci y avait assisté. Néanmoins, comme l'apprit ensuite Dewdney, Riel n'avait eu en réalité que très peu d'influence sur les Cri : ceux-ci avaient en effet écarté les propositions qu'il leur avait faites au conseil. C'est que Big Bear s'opposait à la guerre, sachant pertinemment que les Cri ne pouvaient que la perdre. L'action fut donc séparée.

Or au moment où le mouvement Cri semblait atteindre son but, Big Bear perdit le contrôle de sa bande : en 1884, la plupart de ses hommes rejoignirent les bandes de Lucky Man et de Little Pine, qui avaient adhéré au Traité N° 6 en 1879. Ceux qui restèrent fidèles à Big Bear s'opposèrent farouchement au traité. Ils étaient donc peu enclins à soutenir la politique non violente de leur chef, qui désirait seulement obtenir la révision du Traité N° 6. Lorsque Big Bear rencontra les chefs assemblés au Lac aux Canards à l'été 1884, il les informa que ses jeunes guerriers favorisaient le parti de son chef de guerre, Little Poplar, qui préconisait l'assassinat des agents du gouvernement afin de reconquérir l'indépendance des Cri.

La révolte de 1885 : un bref aperçu des événements

De son côté Riel, lors de son séjour aux États-Unis, avait pris la nationalité américaine. Sa situation risquant de compromettre les négociations avec le gouvernement fédéral, il proposa de retourner aux États-Unis. Les métis refusèrent pourtant de le laisser partir. Ils étaient décidés à prendre les armes s'il le fallait pour se faire entendre. Le 8 mars 1885, Riel annonça l'organisation imminente d'un gouvernement provisoire et proclama la « Déclaration des droits des métis » selon laquelle les métis des Territoires du Nord-Ouest avaient les mêmes prérogatives territoriales que ceux du Manitoba. Le 19 mars 1885, Riel, dans un véritable mouvement de révolte à l'européenne, institua un gouvernement provisoire et les métis prirent les armes.

De leur côté, à la fin mars, un petit groupe de Cri affamés dirigés par Poundmaker et Little Pine quittèrent leurs réserves et se rendirent à Battleford, où le gouvernement conservait les vivres destinées aux Indiens. Les colons de la communauté se réfugièrent au fort ; les 30 et 31 mars, les Indiens pillèrent les maisons et les magasins laissés à l'abandon. Le 2 avril, les chefs de guerre de Big Bear prirent d'assaut les magasins de la compagnie de la Baie d'Hudson au Lac à la Grenouille. Neuf personnes furent tuées : l'agent des Affaires indiennes, deux prêtres et six colons. L'officier de la compagnie, les femmes et les enfants furent épargnés grâce à l'intervention de Big Bear.

Le gouvernement canadien envoya des milices en catastrophe. Le chemin de fer, dont la construction n'était pas tout à fait achevée, servit à l'envoi des troupes vers le nord-ouest. Frederick Dobson Middleton, commandant en chef de la milice canadienne, arriva à Batoche le 9 mai 1885. Middleton et ses huit cent cinquante hommes affrontèrent pendant une semaine les quelque trois cent cinquante métis retranchés à Batoche ; au bout de trois jours, les métis n'avaient plus de munitions. L'affrontement résulta dans la seule défaite que subirent les métis face aux forces de l'ordre, mais ce fut une défaite décisive. Riel capitula le 15 mai 1885, Poundmaker se rendit le 26. L'armée prit en chasse Big Bear. Fin 1885, la révolte était étouffée ; les pertes s'élevaient à trente-cinq personnes dans le camp des Indiens et des métis, et à cinquante-trois dans celui des colons et des forces gouvernementales.

La sujétion des Cri

Cent vingt-neuf personnes furent emprisonnées : quatre-vingt-un Indiens, quarante-six métis et deux colons. Les colons furent acquittés. Quarante-quatre Indiens furent condamnés : huit furent pendus, trois condamnés à perpétuité ; les autres furent condamnés à des peines allant de trois à sept ans d'emprisonnement.

Dewdney soutint publiquement que les Cri de Battleford, de Fort Pitt et du Lac aux Canards avaient participé à la rébellion des métis. Or la lecture de sa correspondance avec White, officier de la Police montée du Nord-Ouest, révèle que Dewdney considérait les événements de Battleford et du Lac à la Grenouille comme le fait d'éléments incontrôlés réduits au désespoir, totalement indépendants de la révolte des métis. Lors de son procès, Poundmaker affirma qu'il n'avait pas incité ses hommes à la violence. Ainsi, au contraire de toutes les déclarations officielles d'Edgard Dewdney, il est avéré que les Indiens n'avaient pas participé à la rébellion de 1885. Les seuls actes de violence qui furent commis furent le fait de jeunes gens dont les chefs n'avaient plus le contrôle. L'incident du Lac à la Grenouille d'avril 1885 fut le résultat d'un acte de vengeance, certes sanglant, dirigé contre une poignée d'hommes impopulaires. L'événement passa pourtant à la postérité sous le nom de « massacre du Lac à la Grenouille ».

Les huit Indiens condamnés à mort furent pendus le 17 novembre 1885. Les chefs Cri Big Bear, Poundmaker et One Arrow, condamnés chacun à trois ans fermes, furent relâchés avant leur terme car ils étaient gravement malades ; tous trois moururent dans l'année qui suivit leur mise en liberté. Big Bear purgea un an et demi de sa peine avant d'être relâché ; il mourut misérablement quelques mois plus tard, abandonné des siens. Dix-neuf métis reçurent des condamnations allant de un à sept ans d'emprisonnement.

Le châtiment le plus grave toucha également Louis Riel qui, bien que citoyen américain, fut condamné à mort pour haute trahison et pendu à Regina, le 16 novembre 1885. C'en était fini de la révolte des métis. La communauté se dispersa après la rébellion de 1885, comme cela s'était produit après celle de Rivière Rouge en 1870.

Du côté indien, la répression eut une portée encore plus fatale : estimant que les Indiens étaient les obligés du gouvernement canadien, le département des Affaires indiennes exigea la démission de tous les chefs Cri qui n'avaient pas soutenu le gouvernement lors de la rébellion. Cette mesure aboutissait à abolir *de facto* toute forme de gouvernement indien traditionnel. Elle entraîna la désagrégation des communautés indiennes. On désarma les Cri et on confisqua leurs chevaux et leurs chariots. Le nombre des agents du département des Affaires indiennes se multiplia sur les réserves et les effectifs de la Police montée furent renforcés. Dewdney fit arrêter les chefs qui lui tenaient encore tête et institua un système de titre de circulation qui fut maintenu jusqu'en 1941. Les Indiens surpris en dehors de leurs réserves sans ce titre étaient privés de vivres.

En 1885, éclata une résistance armée à proprement parler mais elle se réduisit à quelques escarmouches dans lesquelles étaient engagés de petits groupes isolés. Rappelons en effet que les nations indiennes à l'époque des événements de 1885 étaient d'une grande diversité. Seules quelques bandes installées au nord prirent les armes.

Les Indiens avaient pourtant toutes les raisons de se rebeller. Les bases de leur économie s'étaient effondrées et le gouvernement canadien avait manqué à ses promesses. On crut pendant longtemps que les Indiens s'étaient soulevés à l'initiative des métis et que la débâcle, face aux métis, de la Police montée au Lac aux Canards avait incité les Indiens à intervenir et à perpétrer le « massacre du Lac à la Grenouille ». Or les Cri ne s'étaient pas alliés aux métis : ils avaient refusé de rencontrer ces derniers et avaient rejeté toute tentative de leur part de faire cause commune.

Comment expliquer que les revendications pacifiques des métis aient abouti à une rébellion ouverte et armée ? Et pourquoi le gouvernement canadien a-t-il choisi de résoudre par la force le conflit dans les Territoires du Nord-Ouest ? L'historien Thomas Flanagan, selon qui les métis étaient responsables – au moins en partie – des torts qui leur étaient infligés, affirme que le gouvernement était sur le point de régler pacifiquement le problème lorsqu'éclata la rébellion. Dough Sprague affirme, lui, que le gouvernement fédéral avait délibérément provoqué la rébellion, afin d'inciter le parlement à voter les crédits nécessaires pour achever la construction du Chemin de fer Canadien Pacifique

(*The Canadian Pacific Railway* ou *CPR*)[66]. Le dernier rail fut en effet posé le 7 novembre 1885, quelques jours avant la pendaison de Riel. Il avait fallu utiliser le chemin de fer transcontinental pour transporter les troupes et c'est pourquoi le parlement aurait voté les crédits pour achever les travaux. Il faut signaler enfin que la thèse de George Stanley, selon lequel le gouvernement canadien, contrairement à celui des États-Unis, avait respecté les traités négociés avec les autochtones et évité par souci d'équité de déclencher des « guerres indiennes »[67].

Il faut plutôt comprendre que la révolte du Nord-Ouest fut la conséquence directe d'une administration inadéquate, mal adaptée à l'ordre social et économique, et qui fut imposée de force aux populations locales. Le système politique mis en place au sud des Territoires du Nord-Ouest avait été calqué sur celui de l'Ontario : les Territoires du Nord-Ouest étaient représentés à la Chambre des députés, mais ni les Indiens ni les métis n'y avaient des élus, et le système d'enregistrement et de transfert de terres fut simplifié pour faciliter la colonisation. Le gouvernement canadien prétexta que les Indiens avaient violé les traités pour instituer une série de mesures répressives qui envenimèrent les relations – jusque-là plutôt amicales – entre la Police montée et les autochtones.

Ce fut en effet la révolte de Riel qui permit à Edgard Dewdney d'appliquer les mesures répressives qu'il avait envisagées en 1884. Les troupes envoyées dans le Nord-Ouest pour étouffer la rébellion furent employées à réprimer le mouvement révisionniste Cri. Les actes épisodiques de violence perpétrés par une poignée d'Indiens servirent de prétexte à Dewdney, qui accusa les chefs à la tête du mouvement révisionniste d'avoir pris part à la révolte armée.

---

[66] Thomas FLANAGAN, *Louis Riel and the Rebellion : 1885 reconsidered*. Saskatoon, Sask. : Western Producer Prairie Books, 1983, p. viii ; Doug N. SPRAGUE, *Canada and the Métis, 1869-1885*, Waterloo, Ont. : Wilfrid Laurier University Press, 1988, p. 184.

[67] George F. G. STANLEY, « As Long as the Sun Shines and Water Flows: An Historical Comment », *in*: Ian A. L. GETTY et Antoine S. LUSSIER (ed.), *As Long as the Sun Shines and Water Flows : A Reader in Canadian Native Studies*, Vancouver : University of British Columbia Press, 1983, pp. 1-26.

Ainsi les chefs furent tenus pour responsables des actes désespérés commis par quelques individus acculés par la famine. La révolte des métis, à laquelle les Indiens avaient toujours refusé d'adhérer, résulta dans leur assujettissement.

Les accusations portées contre Big Bear et Poundmaker avaient pour objet de supprimer la tête du mouvement révisionniste Cri. À la fin de l'année 1885, Dewdney était parvenu à ses fins : Big Bear était emprisonné, Little Pine était mort et Piapot réduit au silence par les troupes stationnées sur sa réserve. Dewdney avait ainsi privé les Cri de leurs principaux chefs et de tout espoir de gagner un jour leur autonomie. En condamnant les rebelles à la pendaison, le gouvernement avait étouffé pour de nombreuses années toute velléité révolutionnaire et séparatiste dans le Nord-Ouest canadien. Ce que d'aucuns n'hésitent pas à qualifier de « meurtres légalisés »[68] devait servir d'exemple à tous ceux qui seraient tentés dans l'avenir d'établir un gouvernement autonome.

L'année 1885 est une date capitale dans l'histoire de l'Amérique du nord britannique. Elle marque non seulement l'achèvement de la conquête du Nord Ouest, mais elle sonne aussi le glas du pays métis. La mise à mort de Louis Riel est un des actes fondateurs de l'Amérique du nord britannique. Le gouvernement fédéral, ainsi libéré des questions territoriales autochtones, put poursuivre la colonisation de l'ouest canadien.

Néanmoins métis et Indiens Cri auraient pu s'unir et peut-être obtenir satisfaction quant à leurs droits inhérents à leur autochtonie respective : n'avaient-ils pas le même intérêt à recouvrer une identité collective au sein de la confédération canadienne ? Etait-il pensable qu'un mouvement unitaire fît plier le gouvernement, soucieux avant tout d'ordre et de développement de sa colonisation à l'Ouest ? Mais le particularisme des Cri, comme des métis, leurs méthodes de lutte et leur pensée politique, qui les séparaient, firent échouer leur combat, non seulement dans l'immédiat, mais pour un avenir qui s'avèrerait long et douloureux.

---

[68]Howard ADAMS, *Prison of Grass : Canada from a Native Point of View*, [1ère éd. 1975], Saskatoon, Saskatchewan : Fifth House Publishers, 1989, p. 120.

CHAPITRE 4

LES « TRAITÉS NUMÉROTÉS » (1871-1921)

Les traités dits « numérotés » furent établis pour faciliter la colonisation de l'ouest et du nord-ouest canadien. Il existe deux séries de traités numérotés : sept traités dits « de colonisation », signés entre 1871 et 1877, et quatre autres traités dits « du développement des ressources du nord », conclus entre 1899 et 1921. Il y eut cependant un certain chevauchement, puisque les Indiens des Prairies adhéraient encore aux conditions incluses dans les « traités de colonisation », alors que, dans le nord, les Indiens négociaient les « traités du développement ». Le Traité N° 8, ou huitième « traité numéroté », dont on parlera plus en détail par la suite, fut le 428ème traité signé au Canada avec les autochtones ; conclu en 1899, il fut le premier de ces traités signés au nord, dits « traités du développement »[69].

Les traités numérotés sont au fondement de la politique indienne menée par le gouvernement fédéral dans l'ouest et le nord-ouest canadien. Dès 1870, le département des Affaires indiennes avait exprimé le désir d'abolir le titre autochtone dans une région bordée par les Montagnes Rocheuses à l'ouest, les Grands Lacs à l'est, la frontière des États-Unis au sud et le bassin de la rivière Saskatchewan au nord. Soucieux d'éviter une résistance armée, il entendait négocier avec les Indiens avant d'entamer la colonisation. Les traités offraient à ceux-ci des compensations en échange de terres et d'une paix durable : rentes annuelles, réserves, écoles, aide à l'agriculture et matériel de chasse et de pêche.

Les traités numérotés, négociés après la création en 1867 de la Confédération canadienne, étaient l'héritage de la politique

---

[69] Le Traité N° 428 est dit « Traité N° 8 » car il est le huitième « traité numéroté », signé au Canada après la création de la confédération en 1867. Les traités numérotés sont communément appelés par un numéro, de un à onze, d'où la nomenclature que nous utilisons dans ce livre.

impériale britannique. Ils prirent largement modèle sur les traités signés dans l'est du pays, notamment sur les « Traités Robinson » signés en 1850 en Ontario avec les Indiens Chippewa. Comme ces traités antérieurs, les traités numérotés créèrent des réserves pour les autochtones et leur assurèrent le paiement d'annuités, de même qu'ils garantirent aux Indiens le droit à la pêche et à la chasse. Enfin, la politique menée à la fin du dix-neuvième siècle par le département des Affaires indiennes cherchait comme par le passé à encourager l'agriculture et l'enseignement dans les communautés indiennes.

Il faut souligner néanmoins que les traités numérotés furent novateurs à bien des égards. D'une part, les acteurs furent plus directement engagés : le gouvernement fédéral prit la responsabilité des traités au nom de la Couronne britannique ; quant aux Indiens, ils furent mieux consultés qu'autrefois et furent même, comme nous le verrons, à l'initiative de plusieurs des clauses qui furent insérées sur leur demande dans les traités. Par ailleurs, lorsqu'ils estimèrent, comme ce fut le cas pour les Cri dans les années 1880, que le gouvernement canadien n'avait pas tenu ses engagements, ils n'hésitèrent pas à remettre en cause, pour les améliorer, les termes des traités conclus dans la première période.

De sorte que l'on peut constater que les traités numérotés, s'ils contiennent des conditions parfois avantageuses, sont pour une bonne part le fruit de la volonté des Indiens eux-mêmes qui tinrent bon dans les négociations. Ainsi s'ouvre, dans le dernier tiers du dix-neuvième siècle et le début du vingtième, une phase décisive pour les Indiens du nord-ouest, une phase où ils se trouvent acteurs à part entière de l'histoire.

Les « traités de colonisation » dans les Prairies (Traités N° 1 à 7)

Une première vague d'immigration

Dès le milieu du XIXe siècle, les immigrants avaient commencé à affluer vers l'ouest canadien, en quête de nouvelles terres pour l'agriculture et l'élevage. De son côté, le ministère de l'immigration avait lancé sa campagne d'immigration. Plus au sud, l'expansion des États-Unis s'était accélérée à partir des années 1860, avec le développement du chemin de fer transcontinental. Le gouvernement canadien souhaitait rattraper son retard sur son voisin et l'expansion territoriale devint dès lors une priorité nationale.

Le gouvernement n'envisageait pas le développement économique du nord-ouest sans la construction d'un chemin de fer nécessaire à l'unification politique et économique du pays. Le choix se porta sur l'ouest du pays plutôt que sur le nord-ouest ; la route du Chemin de fer Canadien Pacifique (*The Canadian Pacific Railway*) devait traverser le pays par le sud. C'est pourquoi le gouvernement entreprit d'organiser la structure politique des Prairies avant celle du nord-ouest.

Le gouvernement fédéral alloua des concessions à des compagnies privées – plus de trois millions d'hectares – pour la construction de lignes de chemin de fer dans l'ouest. Certaines lignes étaient courtes, mais la plupart des terrains étaient réservés à la construction du Chemin de fer Canadien Pacifique qui devait traverser le pays d'est en ouest. Cette entreprise, commencée en 1871, allait s'achever le 7 novembre 1885 à Craigellachie, en Colombie-Britannique.

C'est à cette époque que les colons venant de l'est du Canada et les immigrants européens affluèrent dans la région. Comme aux États-Unis, la plupart des nouveaux arrivants, profitant du développement des chemins de fer, acquirent des terres à l'ouest du pays. La législation donna alors une nouvelle impulsion à la colonisation : en 1872, l'Acte des Terres fédérales accorda gratuitement des concessions (*homestead*) de 64 hectares à toute personne qui mettrait ces terres en culture.

Parallèlement, la colonisation obligea le gouvernement canadien à prendre les mesures nécessaires pour mener à bien sa politique indienne. Dès 1870, le Lieutenant gouverneur du Manitoba et des Territoires du Nord-Ouest fut chargé par le Secrétariat d'État de laisser le champ libre à l'immigration des colons dans les Prairies. Or, lorsque, en 1870, les Territoires du Nord-Ouest avaient été transférés de la compagnie de la Baie d'Hudson au gouvernement fédéral, les Indiens avaient protesté. Certes, les termes de la Proclamation royale de 1763, qui faisaient encore autorité pour les régions plus à l'est, ne s'appliquaient pas spécifiquement à la région. Néanmoins, en se portant acquéreur de la Terre de Rupert, le gouvernement canadien avait promis de négocier avec les Indiens les modalités selon lesquelles ils renonceraient à leur titre de propriété et de leur réserver des terres.

Le gouvernement reconnaissait aux Indiens un droit d'usufruit sur les terres qu'ils occupaient. En d'autres termes, les Indiens pouvaient chasser et pêcher sur leurs territoires sans contrevenir à la loi canadienne. Les traités devaient permettre d'éviter les conflits entre colonisateurs et colonisés.

Les autorités fédérales n'intervenaient que lorsque les autochtones entravaient la colonisation. Le Canada en effet ne souhaitait pas *a priori* engager des dépenses pour entreprendre des guerres indiennes comme le firent les États-Unis. Alors même que le Congrès américain mettait un terme aux traités indiens en 1871, le Canada, lui, s'attelait à la négociation d'accords pacifiques avec les autochtones. Les sept premiers traités numérotés, dits « traités de colonisation », devaient couvrir la région fertile des Prairies canadiennes, de l'ouest de l'Ontario aux Montagnes Rocheuses, entre les 49ème et 55ème degrés de latitude. En 1870, lorsque Adams Archibald fut nommé lieutenant gouverneur du Manitoba et des Territoires du Nord-Ouest en 1870, il fut tout de suite confronté aux Indiens qui exigeaient de traiter sans délais avec les autorités. Adams Archibald avait étudié les traités « Robinson Huron » et « Robinson Superior », ainsi que les traités passés aux États-Unis. Une première délégation fut chargée d'enquêter sur les revendications autochtones. Malgré toutes ces précautions, les premières tentatives de négociation menées en 1870 avec les Saulteaux de Rivière Rouge échouèrent.

Les traités de colonisation N° 1 et N° 2 (1871)

Les Traités N^{O} 1 et 2 furent finalement négociés par Wemyss M. Simpson, commissaire aux Affaires indiennes, et Adams Archibald, Lieutenant gouverneur du Manitoba. Le Traité N° 1 fut signé le 3 août 1871 par les Chippewa et les Cri du sud du Manitoba. Il était connu aussi sous le nom du « Traité du fort de pierre » (*Stone Fort Treaty*), et fut négocié à Lower Fort Garry. Il s'agissait de la région du « Traité de Selkirk » qui avait une première fois fait l'objet d'une entente avec les Indiens Cri et Saulteaux de Rivière Rouge en 1817. Selon les Indiens, les chefs signataires du Traité de Selkirk n'étaient pas représentatifs de la population et le traité était donc nul et non avenu. Aussi les nouveaux traités furent-ils pris au sérieux par les autorités gouvernementales et les précautions nécessaires furent prises pour qu'ils ne puissent être contestés. Le Traité N° 2, dit « Traité du Poste Manitoba », concernait la région au nord du Traité N° 1. Il fut signé par des bandes Chippewa, le 21 août 1871.

Le texte et les dates des Traités N° 1 et 2 sont identiques. Selon Archibald, les Indiens exigeaient des réserves dont la superficie s'étendait sur les deux tiers du Manitoba. Adams Archibald et Wemyss Simpson ne l'entendaient pas ainsi. Le gouvernement, tout en désirant négocier, disposait d'armes imparables pour imposer sa volonté. Avec l'arrivée massive d'immigrants sur leur territoire, les Indiens n'avaient plus qu'à se plier, en quelque sorte, à la loi du plus fort. Cependant, les chefs indiens, inquiets pour l'avenir des générations futures, demandèrent aux commissaires ce qu'il adviendrait de leurs descendants s'ils s'avéraient plus nombreux que les signataires. Archibald répondit que l'on puiserait, le cas échéant, dans les territoires situés plus à l'ouest : « Il y aura toujours des terres qui ne seront pas occupées ni cultivées ; vous pourrez toujours y errer et chasser comme vous avez coutume. »[70]

Les chefs Indiens avancèrent alors que, vu leur mode de subsistance, la part des terres qui leur serait allouée devait être supérieure à celle qui serait donnée aux colons. Adams Archibald nia ce fait, mettant une fois de plus en évidence la profondeur du malentendu : les réserves ne permettraient pas aux Indiens de poursuivre leur mode de vie nomade. C'est l'agriculture, et non plus la chasse, qui devait dorénavant constituer le mode de subsistance des Indiens.

Le gouvernement s'engageait à mettre à la disposition des Indiens, écoles, maîtres, herses et charrues, qui devaient leur permettre de s'adapter à ce nouveau mode de vie. Mais les Indiens

---

[70] Adams G. ARCHIBALD, « lettre au secrétaire d'État pour les provinces », Lower Fort Garry, 29 juillet 1871, cité *in* : Alexander MORRIS, *op. cit.*, p. 34-35.

jugèrent ces mesures insuffisantes. Ils exigeaient maisons, meubles, habillements, bétail et tout l'équipement nécessaire à la bonne marche de l'agriculture. Archibald consentit à ces conditions. En outre, il promit aux Indiens de garantir leurs droits de pêche et de chasse. Or, lorsque fut rédigée la version finale des deux traités, il apparut que les promesses faites en dernier, et qui constituaient une sorte d'assurance sur l'avenir pour les Indiens, avaient été omises.

Les Indiens protestèrent alors contre la mauvaise foi des signataires canadiens. Les chefs Indiens qui avaient négocié les traités avertirent des bandes Cri et Saultaux-Chippewa qui s'apprêtaient à signer le Traité N° 4 que dans leur cas, « l'homme blanc n'avait pas tenu ses promesses »[71]. L'administration centrale, de son côté, refusait de modifier les textes. Pourtant, Archibald mit ses supérieurs en garde : les Indiens avaient une mémoire extraordinaire ; ils se souvenaient dans tous les détails de ce qu'on leur avait promis. Le gouvernement accepta finalement d'approvisionner les Indiens en bétail et en instruments aratoires, mais refusa de répondre à toute autre exigence. Alexander Morris, nommé Lieutenant gouverneur des Territoires du Nord-Ouest en 1873 et Lieutenant gouverneur du Manitoba en 1876, fut chargé de réviser les Traités N° 1 et N° 2. C'est ainsi que, bien que les modifications fussent substantielles, elles ne contenaient pas toutes les promesses que les commissaires avaient faites au moment des négociations.

Les traités de colonisation N° 3 à N° 7 (1873-1877)

Alexander Morris, qui négocia les Traités N° 3 à 6, tira la leçon des déboires occasionnés par les négligences passées. Il affirmera plus tard que les commissaires avaient pris soin à ce que toutes les promesses fussent bien consignées par écrit et à ce que les traités fussent soigneusement expliqués aux Indiens. Si, en effet, les Traités N° 3 à 7 furent moins contestables, les négociateurs canadiens oublieront les leçons des premiers traités lorsque se présentera le Traité N° 8 en 1899. Les erreurs qui seront alors commises seront à la source, comme nous le verrons plus loin, de litiges constants qui ne sont toujours pas résolus.

---

[71] *Ibid*, p. 137.

Le Traité N° 3, dit « Traité de l'angle nord-ouest », fut conclu par Alexander Morris, par le Lieutenant-colonel Provencher – qui avait remplacé W. M. Simpson en sa qualité de commissaire des Affaires indiennes – et par S. J. Dawson, député d'Algoma. Le traité fut signé le 3 octobre 1873 par des Indiens Saulteaux-Chippewa. Il concernait la partie sud-est du Manitoba et l'ouest de l'Ontario. D'autres bandes Saulteaux-Chippewa signèrent le traité le 13 octobre 1873.

Les termes du Traité N° 3 étaient plus avantageux que ceux des deux premiers traités numérotés. Les Indiens étaient alors mieux avertis : mieux armés qu'auparavant face aux méthodes de négociations gouvernementales, ils obligèrent Alexander Morris à des concessions que celui-ci n'entendait pas au prime abord leur octroyer. Il fallut trois années pour parvenir à un accord, car les Chippewa, qui connaissaient la valeur de leurs terres, avaient, à deux reprises, en 1871 et 1872, refusé de signer.

Ainsi, le traité garantissait-il des droits de chasse et de pêche aux Indiens. Par ailleurs, le gouvernement fédéral s'engageait à construire des écoles sur les réserves, à fournir le matériel nécessaire au développement de l'agriculture – semences et bétail – et à verser une somme d'un montant annuel de 1500 dollars pour l'achat de munitions et de ficelle servant à confectionner des filets de pêche.

Outre les termes convenus, le Traité N° 3 fit jurisprudence. Le gouvernement fédéral s'engageait à apporter une aide agricole aux Indiens et à protéger leurs droits de chasse et de pêche dans les régions non colonisées. Rappelons que ce traité fit l'objet de la première bataille juridique concernant les droits des autochtones au Canada, le cas *St. Catharines Milling c. La Reine*, qui sera jugé en 1889. Signalons enfin qu'en 1881, les régions que concernaient les Traités N° 1, 2 et 3 seront intégrées à la province du Manitoba.

Le Traité N° 4, dit « Traité Qu'Appelle » – du nom de la rivière coulant au sud du Saskatchewan – fut signé par des bandes Cri et Saulteaux-Chippewa, le 15 septembre 1874. Puis d'autres bandes Cri et Chippewa signèrent le traité, de septembre 1874 à septembre 1877. Le Traité N° 5, dit « Traité de Winnipeg », concernait le nord du Manitoba. Il fut signé par des Cri et des Saulteaux-Chippewa, du 20 au 24 septembre 1875. D'autres bandes parmi les Saulteaux-Chippewa et les Cri signèrent ensuite le traité.

Le Traité N° 6, signé à Fort Carlton et Fort Pitt par des Cri, concernait le centre du Saskatchewan et de l'Alberta. Il fut signé du 23 au 28 août 1876 à Fort Carlton et le 9 septembre à Fort Pitt. Entre 1877 et 1889, d'autres Cri signèrent ce traité. Les signataires indiens du Traité N° 6 obtinrent des termes encore plus avantageux que les signataires des traités précédents car ce traité comprenait une clause dite « clause du coffret à pharmacie » (*medicine chest clause*), qui garantissait une aide fédérale en médicaments. Cette disposition n'apparaît dans aucun autre traité. Cette clause fut érigée en principe pour justifier par la suite la gratuité de certains soins aux autochtones canadiens, selon les termes de la Loi sur les Indiens de 1985. Les signataires du Traité N° 6 devaient en outre recevoir des rations en cas de famine, disposition qui n'apparaissait pas non plus dans les traités précédents. Cette disposition était d'une importance capitale pour les Indiens, qui dépendaient entièrement des subsides du gouvernement depuis l'extermination des bisons. Néanmoins, le prix à payer était énorme : selon les termes du Traité N° 6, les Indiens cédaient plus de 815 800 km.

Enfin, David Laird, nommé Lieutenant gouverneur des Territoires du Nord-Ouest en 1876, fut responsable du Traité N° 7, dit "Traité des Pieds-Noirs" qui concernait le sud de l'Alberta. Il fut signé les 22 septembre et 4 décembre 1877, avec les Indiens Pieds-Noirs, Peigan, Sarcee et Stony. La signature du Traité N° 7 permit de poursuivre la construction du chemin de fer commencée en 1871 qui avait été arrêtée au sud de l'Alberta. Le chef Pieds-Noirs Crowfoot avait signé malgré les protestations des hommes médecine, qui l'avaient mis en garde contre la colonisation. Les Sioux Hunkpapa et Dakota des États-Unis, réfugiés en 1877 dans la région de Cypress Hills après la bataille de Little Big Horn, offrirent de s'allier aux Pied-Noirs et d'anéantir la Police montée, mais Crowfoot rejeta leur proposition. C'est que dans ces régions, les missionnaires, présents depuis le milieu du siècle, exerçaient une forte influence sur les Indiens. La Police montée, elle aussi, avait su gagner la confiance des autochtones. Présents lors de la signature du Traité N° 7, métis, robes noires et tuniques rouges surent peser, comme lors des traités précédents, sur les décisions des signataires indiens.

Le poids des intermédiaires : métis, missionnaires et policiers

Les métis jouèrent un rôle ambigu, à la fois comme intermédiaires et comme partie prenante aux traités. Ils participèrent, pour la première fois, aux négociations du Traité N° 3, à la demande de Ma-we-do-pe-nais, chef des Indiens Chippewa à Fort Francis. Ainsi, comme le soulignait Ma-we-do-pe-nais au terme des négociations, c'est en grande partie grâce aux métis que les commissaires obtinrent que les Indiens signent le traité. Alexander Morris, Lieutenant gouverneur du Manitoba et des Territoires du Nord-Ouest et commissaire en chef du Traité N° 3, en était bien convaincu. De même lors de la signature des Traités N° 4 et 6, les Indiens demandèrent à ce que les métis fussent inclus à la table des négociations. Si le commissaire Morris ne se prononça pas clairement sur la question, les métis n'en continuèrent pas moins d'influer sur la négociation des traités et le maintien de la paix sur la frontière canadienne occidentale.

Mais c'est surtout la Police montée qui influença les Indiens qu'elle avait souvent protégés des colons. Ainsi par exemple, ce fut sur les conseils de celle-ci qu'en 1877, Crowfoot, chef des Pieds-Noirs, Red Crow, chef des Blood, et Eagle Tail, chef des Piegan, signèrent le Traité N° 7.

Comme la Police montée, les missionnaires de différentes obédiences, présents depuis plusieurs décennies, encouragèrent les Indiens à signer les traités. Ils souhaitaient renforcer l'amitié entre les peuples – colons, métis et Indiens – et assurer aux Indiens la protection du gouvernement fédéral contre les prospecteurs, les trafiquants d'alcool et les spéculateurs fonciers. Ils entendaient en outre garantir aux Indiens une aide gouvernementale en cas de famine ou de maladies.

Le Père Lacombe, d'origine métisse et missionnaire oblat, vivait depuis 1852 parmi les Cri des Plaines. Il fut témoin de la détérioration des conditions de vie des Indiens, et plaida leur cause auprès du gouvernement. En 1877, le gouvernement invita le Père Lacombe à participer aux négociations du Traité N° 7 « étant donné [sa] familiarité avec la langue des Pieds-Noirs et [sa] connaissance intime des Pieds-Noirs et autres Sauvages ». En 1899, Le Père Lacombe participa également aux négociations du Traité N° 8. Peut-être que sans l'aide des missionnaires, de la Police montée et des métis, les autorités n'auraient pas réussi à convaincre les Indiens, à l'origine plutôt réticents, de signer les traités.

Les Indiens co-acteurs des traités

En 1871, ce furent les Indiens du Manitoba qui prirent l'initiative d'engager des négociations avec le gouvernement canadien. Certes, les autorités entendaient développer le potentiel agricole à l'ouest du pays, construire un chemin de fer transcontinental et intégrer ainsi les Prairies au sein de l'économie nationale. Mais le gouvernement n'avait alors pas encore décidé d'une politique indienne cohérente. L'exploitation de l'ouest canadien, en effet, projet d'envergure, était encore à l'étude. Ainsi, c'est à l'initiative des Indiens du Manitoba que le gouvernement entreprit de se lancer dans un processus de négociations avec les autochtones.

Dans les années 1872-1875, les Cri des Plaines obligèrent le gouvernement à poursuivre la même politique. Ils connaissaient la politique expansionniste du gouvernement américain et ne souhaitaient pas subir le sort des Indiens des États-Unis. Les Cri se firent bien comprendre : ils s'opposeraient à toute forme de colonisation tant que leurs droits ne seraient pas reconnus. De plus, ils exigeaient du gouvernement qu'il s'engage à les soutenir dans leurs efforts pour s'adapter à l'agriculture.

Les Cri faisaient ainsi preuve d'une habileté d'adaptation qui ne s'était jamais démentie. Ils s'étaient en effet souvent pliés aux conditions changeantes de l'économie et de leur environnement depuis leurs premiers contacts avec les Européens. Chasseurs et pourvoyeurs de fourrures, ils étaient devenus les ravitailleurs et les intermédiaires de la compagnie de la Baie d'Hudson. C'est pourquoi, lorsqu'ils apprirent que le gouvernement canadien revendiquait leurs territoires, ils furent bien décidés à négocier une entente qui leur fût favorable.

C'est à l'examen du détail des négociations qu'apparaît nettement la part prise par les Indiens eux-mêmes. Ceux-ci étaient soucieux de leur avenir et de la survie de leur peuple. Lorsqu'elles font état des difficultés rencontrées par les commissaires, la plupart des sources officielles dénoncent les demandes « extravagantes » des Indiens. Or, ce fut grâce à ces demandes que ces derniers bénéficièrent par exemple d'écoles et d'une aide agricole. Désireux de régler la question territoriale, le gouvernement fut souvent contraint d'accéder à leurs demandes.

Certaines dispositions des traités numérotés sont nettement établies dans l'intérêt des Indiens, afin d'assurer leur avenir et leur bien-être social et économique. Mais la thèse selon laquelle le gouvernement a agi avec mesure, sagesse et bienveillance ne serait soutenable que si ces dispositions avaient été effectivement proposées par le gouvernement. Or, les autorités canadiennes avaient leurs propres mobiles, notamment celui de prévenir tout conflit dans une région destinée à la colonisation et à l'exploitation de ses ressources.

C'est par la volonté des Indiens que des dispositions qui leur étaient favorables furent adoptées par des commissaires qui se montrèrent assez souples pour accéder à leurs demandes. Conscients de la précarité de leur situation, les Indiens exigèrent et obtinrent des clauses que les émissaires du gouvernement canadien n'étaient pas au préalable disposés à inscrire dans les traités.

Tout au long des négociations, se posa la question centrale de l'exploitation du sol. Les Indiens entendaient-ils vendre leurs terres ? On sait que le concept de vente des terres, sinon sa pratique, était étranger aux autochtones. La principale difficulté des commissaires fut d'ailleurs de persuader les Indiens qu'ils pourraient poursuivre leurs activités traditionnelles de chasse et de trappe. On leur promit qu'ils seraient libres de vivre comme ils l'entendaient et que les commissaires n'entendaient pas acheter leurs terres.

La plupart des bandes de l'ouest canadien fondaient leur subsistance sur le libre accès aux ressources d'un vaste territoire, qu'elles exploitaient en commun. Elles se déplaçaient en fonction des saisons, des cérémonies et du flux migratoire du gibier. En s'installant sur leurs territoires, les colons divisèrent l'espace en parcelles. Les Indiens et les métis furent donc contraints de négocier afin de sauvegarder une exploitation collective des territoires, facteur indispensable à leur mode de vie nomade. Comme on l'a vu à propos des Traités N° 1 et 2, lorsqu'ils négocièrent l'octroi de réserves, ils comptaient qu'on leur ménagerait un espace qui leur permettrait de vivre de la chasse et de la trappe. Ils ne pensèrent tout d'abord pas en termes d'exploitation agricole, dont ils ignoraient tout, et n'envisageaient pas de vivre en sédentaires sur une superficie restreinte.

Les historiens n'ont pas suffisamment reconnu les Indiens comme acteurs à part entière des traités. Depuis les années 1870, lorsque les historiens canadiens voulurent démarquer la politique canadienne de celle suivie par les États-Unis à l'égard des autochtones, les Indiens sont perçus, d'une part, comme les agents passifs des traités numérotés et, d'autre part, comme des peuples primitifs, rétifs à tout changement de leur mode de vie. Dans cette optique, qui domine encore en 1936, lors de la parution du livre de George Stanley, *The Birth of Western Canada*, le gouvernement canadien agit à l'égard des autochtones avec équité et bienveillance. Les traités et la politique des réserves qui s'ensuivit visaient uniquement à apporter à des populations retardées les bienfaits de la civilisation. Il y a là autant de « simplisme » que celui que George Stanley reproche à ceux des historiens qui affirment que les Indiens furent sciemment trompés[72].

La question des « traités numérotés » est bien plus complexe. Elle met surtout en jeu des intérêts contraires ; l'une et l'autre des parties, munies des armes dont chacune disposait, prit bien garde, comme on l'a vu, de tendre vers son objectif principal : la colonisation du Nord-Ouest pour le gouvernement canadien, la survie pour les Amérindiens. Ces derniers, par ailleurs, moins enfermés dans leur système traditionnel rigide qu'on ne l'a souvent dit, surent, lorsqu'il le fallait, c'est-à-dire lorsqu'ils n'étaient pas maîtres de la situation et que leurs moyens de subsistance avaient disparu, s'adapter à l'environnement économique, négocier et même marchander avec diplomatie.

---

[72] George F. G. STANLEY, *The Birth of Western Canada : A History of the Riel Rebellions*, pp. vii-viii, 196, 206-236.

Le Nord-Ouest canadien après la signature des « traités de colonisation »

L'exploitation agricole des terres par les colons

Les régions couvertes par les « traités de colonisation » (Traités N° 1 à 7) étaient de riches terres à blé. L'État canadien employa des sociétés privées, chargées de recruter des colons. Ces compagnies achetaient des terres à la Couronne pour les revendre à profit.

Au début du XXe siècle, près d'un million d'immigrants venus des États-Unis, d'Europe et de Russie affluèrent vers l'ouest canadien. La ruée vers les terres affermit la base agricole du pays. La province du Manitoba et les districts d'Assiniboia, de la Saskatchewan et de l'Alberta se peuplèrent rapidement. Entre 1901 et 1911, la population passa de près de 400 000 habitants à 1 300 000. En 1905, les districts d'Assiniboia, de la Saskatchewan et l'est du district d'Athabasca formèrent la province du Saskatchewan, et le district d'Alberta et l'ouest du district d'Athabasca celle de l'Alberta. La partie méridionale du vieux Territoire du Nord-Ouest s'effaça pour intégrer l'État fédéral.

La pacification des Prairies permit aux colons et aux commerçants de s'installer sur ces terres propices à l'agriculture. Les Montagnes Rocheuses bloquaient encore le passage des immigrants vers l'ouest, mais le bassin de l'Athabasca, avec ses nombreux cours d'eau, permettait d'accéder au nord par voie d'eau.

L'amélioration des moyens de transport

Jusqu'au début des années 1860, les marchandises et les voyageurs en provenance du sud empruntaient les « routes de traites » pour se rendre dans le district d'Athabasca, au nord de l'Alberta. On utilisait de préférence les cours d'eau, car le transport par canots était moins long, plus facile et donc moins onéreux. Les routes de traite avaient été tracées par les marchands de la compagnie de la Baie d'Hudson pour se rendre de Montréal vers le nord et y troquer des fourrures contre leurs marchandises. Ils voyageaient en été, car en hiver la glace rendait la navigation impossible. Les traîneaux tirés par des chiens étaient alors le seul moyen de transport, mais il était beaucoup trop dispendieux sur d'aussi longues distances.

L'équipage était recruté parmi les Indiens et les métis. En travaillant loin de chez eux, ceux-ci entraient en contact avec d'autres communautés et échangeaient des informations. Ainsi, connaissaient-ils le monde extérieur bien mieux que la plupart des Indiens du nord, dont le mode de vie se prêtait peu aux échanges, puisqu'ils ne voyageaient que pour relever leurs pièges sur leurs territoires de trappe, souvent seuls ou avec un ou deux autres compagnons.

En direction du nord, il y avait deux routes principales qui se rejoignaient au Lac Winnipeg : l'une qui partait de la factorie d'York et empruntait la rivière Nelson ou la rivière Hayes jusqu'au Lac Winnipeg, l'autre qui menait de Montréal à Fort William, au nord du Lac Supérieur, par le Saint-Laurent et les Grands Lacs, puis se dirigeait vers le nord, à travers lacs et rivières, jusqu'au Lac Winnipeg.

De là, la route de l'ouest suivait la rivière Saskatchewan et aboutissait à Edmonton. Une autre route quittait la rivière Saskatchewan peu après le Lac Winnipeg, pour atteindre par lacs et rivières la rivière Churchill, le Lac Ile-à-la-Crosse et le Lac La Locheau nord. La route continuait son chemin jusqu'à l'océan Arctique par la rivière Clearwater, puis par l'Athabasca, qui se jette dans le Lac Athabasca, la rivière des Esclaves traversait le Grand Lac des Esclaves et prenait enfin le fleuve Mackenzie pour aboutir à l'océan Arctique.

La route était ponctuée de « portages » : il fallait sortir les embarcations de l'eau et les transporter à pied sec. On utilisait principalement deux types d'embarcations : les « canots du Nord », dont la légèreté permettait des déplacements rapides, et les « canots du Maître », plus lourds mais d'un tonnage supérieur. Lorsque la navigation devenait plus difficile, les cours d'eau plus tumultueux multipliant les portages, on abandonnait les canots du Maître au profit des canots du Nord.

Afin d'augmenter la production des fourrures, la compagnie de la Baie d'Hudson tenta de réduire les frais de transport, qui représentaient de loin la dépense la plus importante. La compagnie plaça ses espoirs dans les bateaux à vapeur. Déjà, en

1873, Roderick Macfarlane, facteur de Fort Chipewyan, exhortait la compagnie à investir dans les bateaux à vapeur sur les rivières Athabasca et Mackenzie.

Lorsque la compagnie de la Baie d'Hudson parvint à contrôler la navigation sur le Lac Winnipeg, la factorie d'York perdit son rôle de centre commercial au profit de Winnipeg. Après 1870, la rivière Saskatchewan fut la principale route vers le nord. Au-delà des Grands Rapides, on utilisait des bateaux à vapeur, qui suivaient le cours de la Saskatchewan nord jusqu'à Edmonton.

Le développement de l'économie locale

Au début des années 1880, Edmonton était devenu le principal poste de traite dans le nord. Entre 1882 et 1887, la compagnie de la Baie d'Hudson installa trois bateaux à vapeur sur les affluents du Mackenzie, desservant tout le bassin jusqu'à l'océan Arctique. Ces bateaux mesuraient près de quarante mètres de long et pouvaient transporter jusqu'à cent cinquante tonnes de marchandises.

Grâce à l'amélioration des voies navigables, les bénéfices de la compagnie de la Baie d'Hudson augmentèrent considérablement. La compagnie desservait seule près de la moitié du trafic commercial au Canada. Elle améliora les possibilités d'accès vers le nord et contribua ainsi au contrôle des régions reculées. Plus au sud, les chemins de fer remplacèrent peu à peu les voies d'eau. La section du chemin de fer Canadien Pacifique (*The Canadian Pacific Railway*) reliant Montréal à Calgary fut achevée en 1880. En 1891, une ligne reliait Calgary à Edmonton.

Si la compagnie de la Baie d'Hudson réduisit ses dépenses et améliora la qualité de ses produits, ses concurrents, qui n'avaient pu jusque-là pénétrer si avant dans le nord, bénéficièrent également de la baisse des coûts, due à l'amélioration des transports. Ce qui permit aux marchands indépendants de concurrencer la compagnie de la Baie d'Hudson. Certains s'installaient de façon permanente dans le nord, d'autres ne faisaient le voyage que pour échanger leurs marchandises contre des fourrures, puis revenaient à Edmonton. L'économie locale reposait exclusivement sur la traite des fourrures. Edmonton, qui comptait 1165 habitants en 1895, devint un centre important pour les trappeurs indépendants –

Indiens, métis et blancs – qui vendaient leurs fourrures à la compagnie et à d'autres acheteurs.

Les fourrures étaient trappées très loin dans le nord, jusqu'au Fort Chippewyan – au nord du Lac Athabasca – et même au-delà. Les marchands indépendants, dont le légendaire "Twelve-Foot Davis", venaient de Colombie-Britannique s'installer dans le district de la rivière de la Paix et trapper jusqu'au Grand Lac des Esclaves.

En Athabasca, la compagnie de la Baie d'Hudson luttait contre la concurrence : elle augmenta le prix des fourrures et améliora la qualité des articles de troc. En dernier recours, elle rachetait les nouvelles compagnies de marchands. Mais c'était une politique à court terme. La concurrence et l'utilisation des armes à feu épuisaient les ressources. En outre, les marchands durent s'adapter aux changements de la mode. Vers la fin du siècle, la marte et le vison perdirent de leur valeur au profit des animaux aux fourrures plus longues, comme le castor et le lynx.

À la fin des années 1880, l'ancien système institué par la compagnie de la Baie d'Hudson persistait néanmoins dans le nord. La période fut marquée par la famine. Les trappeurs devaient chasser pour subvenir à leurs besoins et à ceux de leur famille, au détriment de la trappe commerciale. C'est pourquoi la compagnie – ainsi que les missionnaires – encouragèrent-ils l'établissement d'une économie agricole stable, centrée autour de Fort Vermilion, en aval de la rivière de la Paix. Le centre approvisionnait les postes plus reculés du nord.

Dans les forêts du nord, les missionnaires poursuivaient leur travail d'évangélisation et d'aide matérielle aux populations autochtones. Ils devinrent peu à peu les intermédiaires entre les Indiens et les autorités gouvernementales.

L'évangélisation des Indiens : missionnaires anglicans et catholiques

Les Presbytériens et les Méthodistes concentraient leurs activités dans les Prairies et en Colombie-Britannique, où les Indiens menaient une vie plus sédentaire. Pour des raisons financières, ces Églises fonctionnaient en paroisses largement autonomes et les pasteurs ne demeuraient pas longtemps en poste.

Ils pouvaient donc difficilement mener des campagnes d'évangélisation chez les Indiens nomades des forêts, car elles exigeaient des sommes considérables et un investissement à long terme. Le nord était donc le fief des catholiques et des anglicans.

En 1870, il n'y avait encore que deux diocèses anglicans dans tout l'ouest canadien : le diocèse de la Terre de Rupert, qui couvrait pratiquement toute la région – de la Baie James au Delta du Mackenzie – et le diocèse de Colombie en Colombie-Britannique. Le diocèse d'Athabasca fut créé en 1874. Il s'étendait du Portage Méthye, au nord-ouest du Saskatchewan, jusqu'en Alaska. Dix ans plus tard, le diocèse d'Athabasca fut réaménagé : on créa le diocèse du Mackenzie au nord du soixantième parallèle et le diocèse d'Athabasca, au sud[73].

L'implantation de l'Église catholique suivit à peu près le même processus. Le vicariat apostolique d'Athabaska-Mackenzie fut créé en 1862 puis réaménagé avec, en 1901, la création du vicariat d'Athabaska, au sud du soixantième parallèle, et celui du Mackenzie, au nord. L'évêque Gabriel Breynat, Oblat de Marie l'Immaculée, fut nommé vicaire du Mackenzie[74].

Les Sœurs grises, ou Sœurs de la charité, dirigeaient plusieurs écoles et orphelinats dans le nord, à Fort Chippewyan, à Fort Providence et au Petit Lac des Esclaves. Les missionnaires Oblats étaient également assistés dans leurs tâches par les frères laïcs – chasseurs, pêcheurs, agriculteurs, bûcherons, menuisiers, canotiers et conducteurs de traîneaux. Le diocèse d'Athabaska-Mackenzie comptait vingt-neuf frères laïcs en 1890.

Les Églises anglicane et catholique rivalisaient surtout dans le nord, le long des rivières Athabasca, Paix, Esclaves et Mackenzie. Dès les années 1860, les deux Églises luttaient pour avoir le dessus dans les régions les plus isolées. Cette compétition

---

[73]Sur les Anglicans, voir notamment Bruce FERGUSSON (ed.), *The Anglican Church and the World of Western Canada, 1820-1970*, Regina : Canadian Plains Research Centre, University of Regina, 1991.

[74] Sur les Oblats de Marie l'Immaculée, voir notamment Robert CHOQUETTE, *The Oblate Assault on Canada's Northwest*, Ottawa : University of Ottawa Press, 1995.

créa des divisions au sein des bandes et mina l'équilibre du système politique traditionnel.

Les Oblats prirent peu à peu le contrôle du Mackenzie. Moins nombreux, les Anglicans ne se maintenaient dans la région qu'à deux endroits, à Fort Simpson, sur le fleuve Mackenzie, et à Hay River, au nord de l'Alberta. L'Église d'Angleterre avait donc très peu d'influence dans le district d'Athabasca, malgré ses efforts pour s'implanter près de Fort Chipewyan et dans le district de la rivière de la Paix. Les missions anglicanes de Fort Vermilion et de Fort Dunvegan, essentiellement agricoles, furent établies en 1876 et 1878. Les Oblats, en revanche, avaient créé d'importants centres missionnaires à Fort Chipewyan, à Fort Vermilion et au Petit Lac des Esclaves, ainsi que de nombreuses missions de moindre importance éparpillées partout dans le nord du pays. Si bien qu'en 1896, le district d'Athabasca ne comptait que 194 Indiens anglicans, contre 3056 catholiques.

Les missionnaires s'efforçaient, dans la mesure de leurs moyens, de soigner les malades et de prévenir les épidémies, comme la variole et la tuberculose. La plupart des missions avaient un centre médical, parfois même un hôpital. Les missionnaires étaient également enseignants. Mais le gouvernement fédéral ne s'était engagé à financer que les écoles indiennes situées à l'intérieur des régions couvertes par les traités. Pourtant les missionnaires qui travaillaient au-delà de ces limites sollicitèrent avec succès une aide gouvernementale. Le gouvernement accepta de les financer comme les autres, à raison de 150 à 300 dollars par an pour les externats et de 72 dollars par an et par élève pour les internats[75].

L'œuvre missionnaire ne se limitait donc pas à « sauver les âmes ». Les programmes de développement économique, agricole et social étaient prioritaires. Les premiers missionnaires étaient aussi explorateurs, comme le Père Émile Petitot qui parcourut le

[75] Sur les écoles missionnaires du Nord-Ouest, voir notamment : Jean BARMAN, Yvonne HEBERT et Don McCASKILL, (ed.), *Indian Education in Canada*, Vancouver : University of British Columbia Press, 1986-1987, 2 vol., vol. 1 : *The Legacy*.

grand nord canadien de 1860 à 1880, du Grand Lac des Esclaves jusqu'à l'Arctique.

Le succès de leur travail dépendait essentiellement de leur connaissance des langues et des coutumes des Indiens. Aussi, les missionnaires furent-ils également ethnologues et linguistes. En publiant leurs écrits, ils firent connaître le nord canadien au-delà des frontières du pays, aux États-Unis et même en Europe. Les richesses potentielles de la région suscitèrent la curiosité et l'intérêt du public.

Or, à la fin des années 1870, les régions forestières du nord intéressaient peu l'État fédéral. Les aventuriers y partaient faire fortune et trapper le gibier à fourrure. Les populations autochtones ne subirent par conséquent que peu de changements dans ces régions. Pourtant, les marchands de fourrure introduisirent peu à peu une économie de marché. Les missionnaires, quant à eux, s'efforçaient d'évangéliser les Indiens. Ainsi, on peut dire que marchands et missionnaires furent, parfois à leur insu, les agents des futurs développements économiques. À la fin du siècle, ce fut l'attrait du pétrole, puis de l'or, qui attira les colons vers le nord, ce qui incita le gouvernement fédéral à signer les derniers « traités numérotés » avec les autochtones de la région.

L'intérêt d'un huitième traité

Une région sans traité jusqu'en 1899

Une fois achevé le chemin de fer Canadien pacifique en 1885, le gouvernement entreprit de développer la région des Prairies et d'y favoriser l'exploitation des terres agricoles et du charbon. Les régions forestières du nord demeuraient presque exclusivement sous juridiction autochtone. Le Canada laissait aux quelques missionnaires et marchands de fourrures le soin de préparer les Indiens à la colonisation.

Ainsi, trappeurs et colons blancs s'installèrent-ils peu à peu dans le nord. L'amélioration des transports le permit et l'avancée coloniale prépara les conditions de la signature du Traité N° 8. Mais pendant les années qui précédèrent la signature de ce traité, les conditions de vie des Indiens dans le nord étaient particulièrement difficiles. Les années 1870 et 1880 furent en effet marquées par la famine et les épidémies de variole et de rougeole. Pourtant, le département des Affaires indiennes refusait de venir en aide aux Indiens qui n'avaient pas conclu de traité. Pensant que le gouvernement leur viendrait en aide, les Indiens des régions situées au nord du Traité N° 6 demandèrent à plusieurs reprises de signer un traité.

Avant qu'elle n'eût cédé les Territoires du Nord-Ouest au gouvernement canadien, c'est la compagnie de la Baie d'Hudson qui était chargée de porter secours aux Indiens. Nous avons vu qu'après 1870, cette responsabilité incomba au gouvernement fédéral. Mais comme le Canada refusait de se substituer à la compagnie, celle-ci dut à plusieurs reprises procéder à des distributions de nourriture.

Les missionnaires, pourtant, exhortaient le gouvernement à venir en aide aux Indiens. Vital Grandin, oblat de Marie l'Immaculée et évêque de Saint-Albert, prit la défense des Indiens pendant plus de vingt ans. Il adressa plusieurs lettres au Premier Ministre John A. Macdonald et au Lieutenant gouverneur des Territoires du Nord-Ouest. Les rapports des missionnaires, catholiques et anglicans, faisaient état des conditions de vie extrêmement difficiles des Indiens. Plusieurs mouraient même de faim.

L'hiver 1887-1888 fut particulièrement rude. En 1888, Monseigneur Isidore Clut, missionnaire oblat évêque du diocèse d'Athabaska-Mackenzie, informa le Premier ministre John A. Macdonald que « sur une bande de trente Sauvages, vingt-sept [étaient] morts de faim sur les rives de la rivière de la Paix »[76]. Par ailleurs, le pasteur Gough Brick de la Société Anglicane de l'Église Missionnaire (*Church Missionary Society*), avisa Macdonald – par personne interposée – que les Indiens de la rivière de la Paix avaient « déjà tué leurs chevaux pour se nourrir et qu'ils avaient même été réduits, [l'hiver précédent], à manger de vieux mocassins

---

[76] ARCHIVES PUBLIQUES DU CANADA, Record Group 10-Indian Affairs, Black Series, vol. 4006, dossier 19.502-1, Isidore Clut, missionnaire oblat évêque d'Athabaska-Mackenzie, à John A. Macdonald, premier ministre, 18 mai 1888.

et des peaux ».[77] La presse parlait de plusieurs décès dus à la famine et s'indignait de l'indifférence du gouvernement. Les journaux indiquaient également l'intérêt que l'État fédéral pouvait tirer de cette aide car « tôt ou tard, il faudra conclure un traité avec ces Indiens pour mettre en valeur leur magnifique pays ».[78]

C'est à l'occasion de la grande famine de l'hiver 1887-1888 que le gouvernement entreprit de financer la compagnie de la Baie d'Hudson. Mais les fonds, souvent insuffisants, ne permettaient pas de lutter efficacement contre la famine. En 1884, Roderick Macfarlane, facteur de la compagnie de la Baie d'Hudson, avait recensé pour le gouvernement fédéral les populations indiennes et métisses des quatre principaux postes situés au sud du Grand Lac des Esclaves, dans les districts d'Athabasca et de Mackenzie. Dans son rapport, Macfarlane conseillait au gouvernement de signer un traité avec les Indiens habitant le sud du Grand Lac des Esclaves, car les autorités envisageaient « une colonisation rapide de la région de la rivière de la Paix, et sa liaison future avec l'Europe via le Lac Athabasca et Churchill »[79].

En 1883 et en 1887, Lawrence Vankoughnet, responsable adjoint des Affaires indiennes, conseilla lui aussi de signer un traité d'entente avec les Indiens, puisque le gouvernement prévoyait de construire un chemin de fer sur leurs territoires. Bien que peu nombreux, les Indiens risquaient « de causer des dommages importants [...] si une entente n'était pas conclue avec le gouvernement ». [80] John A. Macdonald refusait néanmoins de signer un traité tant que la région ne se prêterait pas immédiatement à la colonisation.

---

77 ARCHIVES PUBLIQUES DU CANADA, Record Group 10-Indian Affairs, Black Series, vol. 4006, dossier 19.502-1, Lawrence Vankoughnet, surintendant général adjoint aux affaires des sauvages, à John A. Macdonald, Premier ministre, 19 mai 1888.

78 *Calgary Tribune*, 5 février 1889.

79 ARCHIVES PUBLIQUES DU CANADA, Macfarlane à Clarke, 28 mai 1884, Record Group 10-Indian Affairs, Black Series, dossier 241.209-1.

80 *Ibid*, L. Vankoughnet à John A. Macdonald, 19 janvier 1887.

Le pétrole

Cette politique – ou son absence – fut maintenue jusqu'à la fin des années 1880, malgré les rapports alarmants des missionnaires et les protestations de la compagnie de la Baie d'Hudson. C'est à cette époque que l'on confirma l'existence d'importants gisements de pétrole dans le nord. Dès lors, la région devint intéressante à exploiter et le financement d'un éventuel traité avec les Indiens n'apparaissait plus comme une dépense inutile. Il fallait désormais « conclure avec les Indiens, qui considèrent ces régions comme leurs territoires de chasse, un ou plusieurs traités qui viseraient à abolir leurs titres sur les terres que l'on envisage d'ouvrir à la colonisation dans l'intérêt public »[81].

Dès les années 1870, la région située au-delà de la branche nord de la rivière Saskatchewan avait été étudiée. Plusieurs missions cartographiques avaient exploré les possibilités d'un développement économique. La commission de géologie et la commission topographique du Canada avaient participé à ces recherches.

En 1877, la commission de géologie avait été également chargée de décrire et de classifier la faune et la flore, ainsi que les autochtones du Nord-Ouest canadien. Outre les cartes et les relevés topographiques, elle devait collecter des spécimens et établir des rapports sur le sol et le sous-sol, la végétation, les poissons et le gibier, les conditions de vie des Indiens et les problèmes d'ingénierie. Les premières études sur le bassin de l'Athabasca révélèrent d'importants gisements pétrolifères.

En 1888, John C. Schultz, sénateur du Manitoba, décida qu'il était temps d'évaluer précisément les ressources des territoires situés au nord des Prairies, entre la Baie d'Hudson et les Montagnes Rocheuses. Il obtint du Sénat la création d'un comité chargé d'étudier les routes navigables et la possibilité de développer l'agriculture, l'élevage, la pêche et l'exploitation forestière et minière.

La décision fut adoptée par le Sénat en mars 1888. En mai, le comité avait déjà réuni de nombreux témoignages de responsables gouvernementaux (spécialistes en agriculture, en

---

81 CANADA, CONSEIL PRIVE, *Arrêté en Conseil* 52, 26 janvier 1891.

météorologie et en géologie), de missionnaires catholiques et anglicans, de dirigeants de la compagnie de la Baie d'Hudson, d'hommes d'affaires et d'étudiants.

Le rapport final du comité était enthousiaste : la région constituait « la dernière grande réserve mondiale de fourrures » ; le pays offrait « des possibilités exceptionnelles : la navigation, l'élevage et l'agriculture, la pêche en eau douce, l'exploitation forestière et minière, et la possibilité de subvenir aux besoins de la population ».[82]

Le rapport proposait de placer la région sous autorité gouvernementale afin de garantir les intérêts nationaux. Le gouvernement pourrait, entre autres, profiter de la pêche à la baleine et de la trappe des animaux à fourrure, deux domaines où la concurrence des États-Unis représentait un risque. La chasse et la pêche des espèces en voie d'extinction seraient réglementées et la Couronne disposerait des champs pétrolifères situés entre la rivière Athabasca et la rivière de la Paix, sur une superficie de près de 103 600 km. Le rapport signalait « l'existence, dans les vallées de l'Athabaska et du Mackenzie, des terrains pétrolifères les plus importants d'Amérique, sinon du monde entier. [...] dans un avenir proche, ces immenses dépôts auront probablement une valeur inestimable et seront comptés parmi les principales richesses du domaine fédéral ».[83]

Dès lors que la région s'avérait économiquement viable, le gouvernement fédéral convenait qu'il avait des responsabilités à l'égard des Indiens. En 1891, un rapport du Conseil privé du gouvernement fédéral suggérait de conclure un traité avec les Indiens des districts d'Athabasca et du Mackenzie, sur une superficie de plus de 825 000 km. Le département des Affaires indiennes mit en place les dispositifs nécessaires à la préparation du traité. On tenta de recenser la population indienne, on établit la

---

[82] CANADA, SENAT, *Journeaux du Sénat*, 2 mai 1888, Annexe I, « Report of the Select Committee of the Senate appointed to Enquire into the Resources of the Great Mackenzie Basin », pp. 11 et 14.

[83] CANADA, SENAT, *Journeaux du Sénat*, 2 mai 1888, Annexe I, « Report of the Select Committee of the Senate appointed to Enquire into the Resources of the Great Mackenzie Basin », pp. 11et 163.

liste des postes de traite où le traité serait signé, et on évalua la quantité de provisions qui seraient distribuées à cette occasion. Mais ces démarches furent longues et l'intérêt pour le développement économique du nord canadien ne se ralluma que lorsque l'on découvrit de l'or dans le Yukon.

L'or du Klondike

La découverte d'or dans la rivière Klondike fut sans doute l'événement le plus marquant de toute l'histoire du nord canadien. En août 1896, l'Américain George Washington Carmack ainsi que deux Indiens, Skookum Jim et Tagish Charlie, découvrirent de l'or dans le Tron-dec, ou Klondike, affluent septentrional du Yukon. Dans les quinze jours qui suivirent la découverte, les prospecteurs affluèrent dans la région et plus de deux cents concessions furent vendues. La nouvelle se répandit très vite. Pendant l'hiver 1896-1897, les colons se précipitèrent vers le Klondike.

La ruée vers l'or eut lieu à proprement parler pendant l'été 1897. La nouvelle avait éclaté dans les ports de San Francisco et de Seattle, et au printemps 1898, arriva une troisième vague de prospecteurs beaucoup plus importante que les précédentes. La route la plus facile et la moins longue était celle qui remontait le Yukon en partant de l'Alaska. Or, l'Alaska appartenait depuis 1867 aux États-Unis. Pour limiter les bénéfices commerciaux des Américains, le Canada s'efforça de développer les routes qui traversaient le territoire national. Le gouvernement canadien entendait être le principal bénéficiaire des richesses du Yukon et des territoires situés plus au sud, qui devaient profiter de l'avancée des prospecteurs.

Plusieurs routes partaient de l'est des Montagnes Rocheuses. Cette région était particulièrement appréciée depuis la publication du rapport du Sénat en 1888, qui vantait ses richesses minières. Des routes intérieures partaient de la tête de chemin de fer, à Edmonton. Les prospecteurs utilisaient les voies navigables vers le nord, le long de la rivière Athabasca, ou vers le nord-ouest, en passant par le district de la rivière de la Paix, puis ils traversaient les Montagnes Rocheuses.

Les « traités du développement » (1899-1921)

Jusqu'en 1897, le gouvernement prévoyait de n'adopter qu'un seul traité pour l'ensemble des territoires qui s'étendaient au nord du Traité N° 6. Il fallut finalement trois traités, le Traité N° 8 en 1899-1900, le Traité N° 10 en 1906-1907 et le Traité N° 11 en 1921 pour englober la région dans la politique territoriale fédérale. Le Traité N° 9, qui fut signé en 1905 et 1906, concernait une région éloignée, au nord de l'Ontario. C'est donc finalement la ruée vers l'or qui provoqua la signature du Traité N° 8. Ce traité est le premier traité « du développement des ressources du Nord ». Il fut négocié pendant l'été 1899 avec des bandes Cri, Castor, Chipewyan et quelques groupes Dènè en divers points : au Petit Lac des Esclaves, à Dunvegan sur la rivière de la Paix, à Fort Smith sur la rivière des Esclaves, à Fond-du-Lac sur le Lac Athabasca, ainsi qu'en d'autres lieux relativement faciles d'accès.

Or, au nord du « croissant fertile » de l'ouest canadien, la région ne convenait pas à l'agriculture. Jusqu'à l'époque de la ruée vers l'or, les Indiens (Dènè au nord, Kaska et Sékani à l'ouest et Castor et Cri au sud) y avaient vécu isolés de manière tout à fait autonome. La colonisation du nord de l'Alberta menaçait leur mode de vie. Le gibier, le poisson et les animaux à fourrure furent exploités à outrance. Bien que la région fût encore difficile d'accès, la pêche commerciale menaçait d'épuisement les ressources du Petit Lac des Esclaves et du Lac Athabasca. C'est à cause de l'avancée des colons vers le nord que le gouvernement se décida à signer le Traité N° 8 avec les Indiens des districts d'Athabasca et de la rivière de la Paix, au nord de la région couverte par le Traité N° 6.

Les termes du traité concernaient une superficie de près de 841 500 km, soit la région qui s'étendait au nord jusqu'au Tucho (dit aussi Grand Lac des Esclaves) et qui comprenait la région de la rivière de la Paix – au nord-est de la Colombie-Britannique – le nord de l'Alberta, le nord-ouest du Saskatchewan et le sud-ouest des Territoires du Nord-Ouest. Le traité fut signé de juin à août 1899 et de juin à juillet 1900. 2217 Indiens signèrent le traité en 1899 ; 1106 autres y adhérèrent l'année suivante.

La construction de nouvelles voies ferrées et l'extension de la colonisation au nord du Lac Huron et du Lac Supérieur entraînèrent la signature, en 1905 et 1906, du Traité N° 9, dit « Traité de la Baie James », au nord de l'Ontario. À la fin de 1906, 2962 Indiens avaient adhéré au Traité N° 9.

Le Traité N° 10 fut élaboré un peu moins d'un an plus tard et fut signé en 1906 et en 1907 avec des bandes Cri et Chipewyan habitant le nord-est du Saskatchewan et l'est du Lac Labiche, au centre de l'Alberta. Le traité couvrait une superficie totale de 220 150 km. En 1908, 724 Indiens avaient signé ce traité.

Le Traité N° 11, qui concernait le bassin du Mackenzie dans les Territoires du Nord-Ouest, fut signé en 1921. On estimait en 1920 que 3500 Dènè habitaient alors la vallée du Mackenzie. Lorsqu'on découvrit du pétrole à Fort Norman en août 1920, l'événement eut un retentissement économique considérable. En 1921, le gouvernement fédéral réorganisa l'administration des Territoires du Nord-Ouest pour mieux contrôler la nouvelle vague de prospecteurs dans la région, et divisa la région en deux territoires dépendant du ministère de l'Intérieur – les Territoires du Nord-Ouest et le Yukon. Cette décision fut adoptée sans l'accord des Indiens, avant même qu'ils n'aient cédé leurs territoires. Le Traité N° 11 fut signé de juillet à août 1921. Il englobait 963 480 km. Un total de 1934 Indiens signèrent le traité en 1921 ; 150 y adhérèrent en 1922.

Les autochtones n'ayant pas tous été recensés, on ne peut pas dire combien d'Indiens signèrent la deuxième série de traités numérotés, ni combien restèrent à l'écart.

La signature des « traités numérotés » s'inscrit dans l'histoire du Nord-Ouest canadien, entre la fin du dix-neuvième et le début du vingtième siècles. C'est une période de transition pour cette région, dont l'économie – originellement fondée sur la propriété commune des ressources – évolua vers une économie de marché reposant sur la propriété privée.

La compagnie de la Baie d'Hudson qui dominait jusque-là la région avait su tirer profit de l'occupation territoriale indienne. Mais dès lors que le territoire fut administré par le gouvernement canadien, les Indiens, qui avaient jusque-là été des alliés commerciaux, constituèrent un obstacle à la colonisation. En 1870, avant la signature des premiers traités numérotés, la plupart des habitants – Indiens et métis – étaient nomades. Les quelques communautés blanches sédentaires – postes de traite, missions et colons de Rivière Rouge – disséminées sur tout le territoire et peu nombreuses n'inquiétaient pas les autochtones. Les colons et quelques missionnaires, chassaient le bison. Certains travaillaient également au transport des marchandises et des fourrures. Tous tiraient l'essentiel de leur subsistance de la chasse et de la trappe.

Or, dès la signature des premiers traités numérotés, l'arrivée de nouveaux colons menaça de troubler l'ordre établi. Les Indiens empêchaient ceux-ci de couper du bois et, s'ils toléraient leur présence intermittente, ils ne leur permettaient que rarement de résider sur leurs territoires. Les nations indiennes qui n'avaient signé aucun traité envoyèrent des représentants auprès des autorités gouvernementales pour se plaindre de ces intrusions. Ainsi s'annonçait la fin du monopole de la compagnie de la Baie d'Hudson dans le Nord-Ouest canadien. L'ère de la traite des fourrures était à son déclin et les activités traditionnelles n'étaient plus protégées par la compagnie. L'immigration s'intensifiait et les colons recherchaient des terres à exploiter.

La compagnie avait su ménager les Indiens sans troubler leur économie. Surtout, elle n'avait pas empiété sur la souveraineté autochtone. On peut dire que l'intervention et la mainmise du gouvernement canadien sur les territoires autochtones produisirent une rupture brutale entre l'ancien ordre et le nouveau.

CHAPITRE 5

LE TRAITÉ N° 8 : SON ÉLABORATION ET LES DÉLÉGATIONS GOUVERNEMENTALES

Le Traité N° 8 fut signé par les Indiens du territoire situé entre le Petit Lac des Esclaves et le Grand Lac des Esclaves. Certains Indiens, habitant pourtant la région, n'y ont pas adhéré. Aujourd'hui, le gouvernement canadien considère néanmoins l'ensemble de ce vaste territoire comme propriété de l'État. Dans ce chapitre, nous examinerons d'abord l'histoire de l'élaboration du Traité N° 8 et nous étudierons en détail le document, puis nous tenterons de reconstituer le déroulement des délégations gouvernementales de 1899 et de 1900[84].

Élaboration du traité

Le Canada avait décidé d'abolir le titre autochtone sur le territoire qui sera couvert par le Traité N° 8 pour des raisons essentiellement politiques et économiques. La ruée vers l'or du Klondike en 1896-1898 l'obligea en effet à étendre son autorité au nord des limites du Traité N° 6. La Police montée prit en charge l'administration du district de l'Athabasca-Mackenzie, qu'elle patrouilla dès lors régulièrement. Son intervention était rendue nécessaire par le comportement des orpailleurs irrespectueux des coutumes des Indiens. Le document dit « Traité N° 8 » sera présenté en deux étapes : pendant l'été 1899 à une partie des Indiens de la région et pendant l'été 1900 aux autres.

Les orpailleurs du Klondike et la Police montée

Jusqu'à cette époque, le gouvernement du Canada ne s'était pas occupé des territoires de l'Athabasca et du Mackenzie, pas même pour y établir un bureau de poste. Mais la nouvelle de la

---

[84] René FUMOLEAU, *Aussi longtemps que le Fleuve coulera : La Nation Dènèe et le Canada*, trad. de l'anglais [*As Long as this Land Shall Last : A History of Treaty 8 and Treaty 11, 1870-1939*. Toronto : McClelland & Stewart, 1975]] par A. Moreau, éd. rev. et augm. Sillery, Québec : Septentrion, 1994, pp. 67-140.

découverte de mines d'or au Klondyke et l'afflux d'étrangers dans ces régions changea complètement la situation. Les orpailleurs qui avaient choisi de passer par l'Est des Rocheuses étaient nombreux. Près de 1500 d'entre eux avaient traversé le nord de l'Alberta à la fin 1899. Certains s'installèrent sur les rives du Grand Lac des Esclaves, car il y avait là des gisements d'or, de plomb, de zinc et autres minerais, ainsi que du quartz. Leur attitude souvent méprisante à l'endroit des Indiens aurait pu causer une guerre si le gouvernement n'était intervenu. Les prospecteurs abattaient délibérément les chevaux et les chiens appartenant aux Indiens et détruisaient leurs pièges. Déjà, certains Indiens refusaient le passage aux mineurs et à la police. La vente d'alcool, favorisée par l'afflux des mineurs et des marchands venus profiter de l'occasion, inquiétait les missionnaires qui craignaient son influence néfaste sur les Indiens. La situation inquiétait également le gouvernement, qui souhaitait une colonisation pacifique du nord. Pour cela, il lui fallait établir un système administratif fort qui permette de contrôler les populations autochtones et de protéger les colons d'éventuelles représailles.

La première patrouille de police qui pénétra jusqu'au sud du Grand Lac des Esclaves dans l'Athabasca-Mackenzie était dirigée par l'inspecteur Arthur Murray Jarvis. Le voyage se déroula pendant l'hiver 1896-1897. La patrouille parcourut plus de 3000 kilomètres. L'inspecteur W. R. Routledge dirigea les deux autres patrouilles qui inspectèrent la région pendant l'hiver 1897-1898. C'est ainsi que la Police montée traça la route que devait prendre, l'été suivant, la commission gouvernementale. Les patrouilles furent menées en traîneaux à chiens, seul moyen de locomotion qui fût praticable en hiver. La commission, elle, emprunta les voies navigables. Cela explique en partie pourquoi elle n'a pas pu contacter tous les Indiens. Les marais, qui occupent une grande partie du territoire, sont infranchissables l'été. En hiver, ils sont couverts d'une épaisse couche de glace qui permet de les traverser aisément en traîneau. Aussi la commission ne rencontra-t-elle pas tous les Indiens que la Police montée avait joints l'hiver précédent.

Les patrouilles de police étaient chargées de maîtriser les incendies de forêts et de faire appliquer l'interdiction de vendre de l'alcool aux Indiens et d'utiliser de la strychnine pour trapper les animaux à fourrure. L'emploi de poison, nouvelle méthode de trappe introduite par les colons, entraînait en effet une baisse dans la production des fourrures. En effet, lorsque les animaux empoisonnés parvenaient à se dégager de leur piège pour s'enfuir, ils étaient dévorés par d'autres animaux qui à leur tour étaient empoisonnés. Par ailleurs, les Indiens de la région se nourrissaient parfois des carcasses, au risque d'être empoisonnés, et les appâts tuaient leurs chiens de chasse. Ils dénoncèrent ces pratiques, accusant le gouvernement de ne pas intervenir. Ils étaient, affirmaient-ils, maîtres de leur territoire et n'acceptaient pas la concurrence des colons.

Ainsi, aucun traité n'avait-il encore été signé entre la Couronne et les autochtones, que le gouvernement canadien promulguait déjà une loi sur la conservation du gibier s'appliquant aux territoires non organisés du Nord-Ouest. La loi entra en vigueur en 1896. Elle interdisait la chasse au bison des bois et autres animaux – le bœuf musqué, l'orignal, le vison, la loutre, le castor, le rat musqué, ainsi que le cygne, le canard et l'oie sauvages. Les premières années, la police tenta surtout de protéger le bison des bois. Mais les Indiens refusaient de se soumettre aux lois d'un gouvernement qu'ils ne reconnaissaient pas.

Beaucoup d'Indiens souffraient de la faim et la police fermait parfois les yeux sur les hors-la-loi. L'hiver 1898-1899 fut particulièrement rude.

La Police montée parvint à gagner la confiance des Indiens en faisant respecter la loi interdisant l'utilisation de poison pour trapper les animaux à fourrure, méthode employée essentiellement par les colons « avec lesquels [les Indiens étaient] incapables d'entrer en concurrence ». C'est pourquoi « les Indiens étaient très contents de la visite de la police et de son action »[85]. Aussi les Indiens avaient-ils confiance en la Police montée. Ils niaient pourtant tout droit de juridiction du gouvernement canadien sur leurs territoires. Plus tard, le gouvernement tira profit de cette situation paradoxale en engageant la Police montée à participer aux négociations du Traité N° 8 avec les Indiens.

---

85 CANADA, *Documents de la session*, Gendarmerie Royale du Canada, Rapport annuel de l'inspecteur Jarvis, 1898, pp. 108 et 167.

L'élaboration du texte : la question des terres et des indemnités

À partir de 1897, Clifford Sifton, ministre de l'Intérieur et surintendant des Affaires indiennes, prépara les négociations avec les Indiens de l'Athabasca. Le gouvernement préférait négocier avant la découverte de gisements minéraux et pétroliers sur les territoires concernés : il estimait qu'il serait plus facile de traiter avec eux avant la découverte de gisements précieux car ils attacheraient moins de valeur à leurs droits et s'opposeraient à la venue de prospecteurs dans le pays tant que la question de leurs droits ne serait pas réglée.

Les Indiens et les métis, habitant les régions déjà partiellement colonisées du Petit Lac des Esclaves et du cours supérieur de la rivière de la Paix, s'organisaient déjà pour lutter contre l'invasion des orpailleurs. Il fallut pourtant attendre l'année suivante pour que les autorités se décident à traiter avec eux. En juin 1898, le gouvernement était enfin prêt, mais il était déjà trop tard pour envoyer une délégation cet été-là.

Pourtant, le temps pressait. Les Cri signataires du Traité N° 6 au sud de la région accusaient le gouvernement de ne pas tenir ses promesses. Or, ils entretenaient de bonnes relations avec les Cri des Bois et les métis du Petit Lac des Esclaves, qui n'avaient pas encore cédé leurs territoires. Cri et métis se rencontraient régulièrement à Edmonton, où ils se rendaient pour vendre leurs fourrures et échanger des nouvelles. Aussi, les agents des Affaires indiennes avaient-ils hâte de passer un accord avec les autochtones du nord, car ceux-ci pourraient exiger ce que les Cri du Traité N° 6 revendiquaient et qui n'avait pas été incorporé au traité.

La plupart des orpailleurs passaient par l'Alaska pour se rendre dans le Yukon. Politiciens et hommes d'affaires de l'ouest canadien firent pression sur le gouvernement fédéral afin qu'il construise une route sûre et praticable traversant le territoire canadien plutôt que les États-Unis. À cette époque, un politicien d'Edmonton, Frank Olivier, membre du parti libéral au pouvoir, était très influent dans le milieu des affaires et le monde politique. En 1905, c'est lui qui remplaça Clifford Sifton à la tête du ministère de l'Intérieur et il réussit à convaincre le gouvernement fédéral de traiter avec les Indiens. Au même moment, en 1899, la route qui reliait Peace River à Fort Saint-John, au nord-est de la Colombie-Britannique, était achevée.

Le gouvernement avait d'abord souhaité élaborer plusieurs traités établis en fonction des limites territoriales des différentes nations indiennes signataires. Or, en 1899, les commissaires avaient déjà pris du retard sur le calendrier. Le gouvernement décida donc qu'un seul et même “ traité couvr[irait] tout le territoire cédé. [Les commissaires recueilleraient plus tard] les adhésions des Indiens”[86] qu'ils rencontreraient par la suite.

Les limites territoriales dessinées par le Traité N° 8 se modelèrent sur le trajet des orpailleurs vers le Yukon et les activités minières. Le gouvernement jugea qu'il n'était pas nécessaire de traiter avec les Indiens habitant plus au nord car cela entraînerait de trop lourdes dépenses.

Sur les conseils de son ministère, c'est-à-dire le ministère de l'Intérieur, le gouvernement remit donc à plus tard les négociations d'un traité avec les Indiens résidant au nord du Grand Lac des Esclaves. Ce territoire, que le gouvernement fédéral jugeait sans grande valeur, était très peu colonisé. Aucun groupe d'intérêt économique ou politique immédiat ne fit pression pour que l'on cherche à en acquérir le titre. En revanche, le gouvernement avait déjà émis de nombreux permis miniers sur la rive sud du Grand Lac des Esclaves. La région fut donc incluse dans le traité.

Il était également question d'inclure dans le traité les districts de Fort Saint-John, Fort Nelson, Fort Halkett et Hudson's Hope, au nord-est de la Colombie-Britannique, car les Indiens exigeaient que les limites qui seraient tracées fussent déplacées jusqu'au versant oriental des Montagnes Rocheuses, frontières naturelles d'une région déjà très empruntée par les orpailleurs.

Or, la province de Colombie-Britannique avait un statut privilégié. Elle avait passé un accord en 1876 avec le gouvernement fédéral, selon lequel seule la province était à même de négocier des traités avec les Indiens. Il fut néanmoins convenu que le nord-est de la Colombie-Britannique entrerait dans les

---

86 CANADA, *Treaty Number Eight Made June 21, 1899 and Adhesions and Reports*, Ottawa, Ont.: Queen's Printer, 1964-1966.

limites du Traité N° 8, négocié exclusivement par des représentants du gouvernement fédéral.

Pour ce huitième traité, les négociations achoppèrent sur les réserves ; le modèle de celles des Prairies où avaient été signés les traités précédents était difficilement applicable à cette région forestière. Du point de vue du gouvernement, les réserves créées dans les Prairies, outre qu'elles facilitaient le contrôle des Indiens, ouvraient peut-être la voie à leur sédentarisation par l'agriculture. Les Indiens, de leur côté, y virent au moins l'avantage de pouvoir y préserver leurs communautés. Dans la région concernée par le nouveau traité, la terre se prêtait peu à l'agriculture ; les colons ne s'y installaient que pour exploiter les richesses non renouvelables du sous-sol. D'autre part, la superficie des concessions minières était bien moins importante que celle des lots de terres cédées aux colons dans les Prairies pour l'élevage et l'agriculture. En 1899, James Andrew Joseph McKenna, agent des Affaires indiennes, convenait que le système des réserves ne favorisait guère les Indiens des forêts.

Le gouvernement envisagea donc la possibilité, pour les Indiens qui refuseraient de s'établir sur une réserve, de leur accorder un titre individuel de propriété sur des lots de terres à raison de 64 hectares par famille. Clifford Sifton, le ministre de l'Intérieur, en accord avec les agents des Affaires indiennes, pensait que cette solution répondrait mieux aux vœux des Indiens.

Les Indiens n'avaient-ils pourtant pas intérêt à conserver un territoire contigu ? L'idée de propriété individuelle de la terre leur était étrangère, mais le gouvernement entendait la leur inculquer progressivement pour mieux les assimiler. Cependant, les Indiens n'étaient pas autorisés à vendre leurs terres sans le consentement du département des Affaires indiennes. Cette clause, restreignant l'aliénabilité des « réserves » et des « terres en particulier », fut établie par souci de protéger les Indiens contre les spéculateurs fonciers. Peu à peu, lorsqu'il jugerait que les Indiens seraient capables de se libérer de sa tutelle, le gouvernement fédéral comptait se dégager de ses responsabilités.

Les avis étaient partagés sur la question des indemnités financières qu'il convenait de verser en échange des terres cédées par les Indiens. Le gouvernement hésitait entre le versement d'annuités et l'octroi d'une somme totale et définitive. Pour James Ansdell Macrae, secrétaire au ministère des Affaires indiennes, il était plus avantageux d'envisager un versement unique. Il fallait régler la dette tout de suite pour ainsi éviter de verser des indemnités à perpétuité. Son argument était fondé sur l'hypothèse d'une croissance démographique des Indiens.[87]

James A. J. McKenna et James Hamilton Ross, tous deux chargés de traiter avec les Indiens, étaient de son avis. Pour eux, les conditions de transport dans le nord étaient telles qu'un paiement annuel impliquerait un investissement à long terme. De plus, puisque la région n'était pas propice à l'agriculture, le gouvernement ne prévoyait pas d'améliorer les voies de communication ni d'entreprendre de grandes constructions d'utilité publique. Les concessions minières étaient l'objet d'une colonisation ponctuelle, qui ne devait pas affecter le mode de vie des Indiens. Ceux-ci subviendraient à leurs propres besoins, sans aide du gouvernement[88].

David Laird, ancien Gouverneur-général des Territoires du Nord-Ouest, puis surintendant des Affaires indiennes et commissaire aux Affaires indiennes pour les Territoires du Nord-Ouest était pour sa part favorable au système d'annuités. Le Parlement refuserait sans doute de voter les crédits nécessaires au versement d'une somme totale. Par ailleurs, Laird jugeait injuste le principe du versement unique car les descendants des signataires n'en bénéficieraient pas.[89]

---

[87] ARCHIVES PUBLIQUES DU CANADA, Record Group 10-Indian Affairs, Black Series, vol. 3848-3849, dossier 75.236-1, James A. Macrae, agent des Affaires indiennes, à James A. J. McKenna, agent des Affaires indiennes, 3 décembre 1898.

[88] ARCHIVES PUBLIQUES DU CANADA, Record Group 10-Indian Affairs, Black Series, vol. 3848-3849, dossier 75.236-1, James A. J. McKenna, agent des Affaires indiennes, à Clifford Sifton, ministre de l'Intérieur, 17 avril 1899.

[89] ARCHIVES PUBLIQUES DU CANADA, Record Group 10-Indian Affairs, Black Series, vol. 3848-3849, dossier 75.236-1, Laird, agent des Affaires indiennes, Memorandum respecting Proposed Treaty No. 8 and Halfbreed Claims, 7 janvier 1899, cité *in* : R. FUMOLEAU, *op. cit.*, p. 87.

L'argumentation était discutable, car le montant des annuités était dérisoire et ne pourrait de toute façon pas suffire à subvenir aux besoins des Indiens. Clifford Sifton choisit pourtant le système des annuités, comme pour les autres traités. Leur montant fut fixé de la même manière que le Traité N° 6.

Il est important de noter que les populations indiennes faisant l'objet du Traité N° 8 ne furent jamais consultées à ce sujet. À la lecture du traité, le déséquilibre entre les parties contractantes est d'ailleurs manifeste.

Les parties contractantes et les motifs invoqués par le gouvernement

Selon les termes du traité, le Canada se pose en État souverain ayant des droits sur les Indiens et sur leurs terres, mais sans en exposer les raisons. Paradoxalement, en même temps que les Indiens sont sommés de céder leurs terres et de se conformer aux lois de la Confédération, le territoire est qualifié de « propriété de la Couronne » et les Indiens de « sujets de la Reine ». Le traité laisse entendre, sans toutefois le signifier explicitement, que le Canada s'est approprié le territoire par « droit de découverte ».

Pour mieux comprendre les tenants et les aboutissants du Traité N° 8, nous consacrerons ici quelques pages à l'étude de sa version officielle, composée de vingt alinéas. Les quatre premiers alinéas et le début du cinquième introduisent les parties contractantes et présentent les motifs qui ont incité le gouvernement canadien à rédiger ce traité. Les seize alinéas suivants sont consacrés aux clauses et obligations des parties : huit traitent spécifiquement des territoires « cédés » et de leur statut, et deux autres de leur exploitation. Ce qui montre bien que la question de la terre constitue la problématique centrale de ce traité.

Dès les premiers alinéas du traité, le déséquilibre des parties apparaît. Les signataires Indiens sont définis par opposition au « monde civilisé ». Le Canada en revanche est représenté par « Sa Très Gracieuse Majesté » et ses « honorable[s] commissaire[s] ». Le terme « Indien » est défini par son contexte. Est « Indien » tout sujet de la Reine qui n'est ni « métis », ni « Blanc » et habite les contrées définies à l'alinéa six.

Le statut des Indiens est clairement énoncé. Ils sont « sujets » de la Reine et leurs « chef[s] », « sous-chefs » ou « conseiller[s] » lui sont subordonnés avant même d'avoir signé le traité qu'elle leur propose. Le rôle des chefs est de

> conduire [les] négociations [et de] signer un traité [...]. [Ils sont] responsables envers Sa Majesté du fidèle accomplissement [...] des obligations [que leur bande] contracteront[90].

Le mode d'élection des « chefs » et de leurs « conseillers » est imposé aux Indiens :

> [les conseillers ne doivent] pas dépasser quatre pour chaque grande bande et deux pour une petite bande[91].

Ce système est imprécis et donc aléatoire puisque aucune indication n'est donnée quant au nombre de personnes nécessaire à la formation d'une « grande » et d'une « petite » bande. Par ailleurs, cette phrase, au lieu d'être mise en valeur à l'intérieur d'un alinéa traitant spécifiquement de l'organisation politique des Indiens, fait partie d'un alinéa concernant les annuités.

La Reine est présentée comme un souverain libéral qui demande « le consentement » « de ses sujets Indiens ». Le ton est paternaliste. La Reine agit avec « générosité [et] bienveillance » envers les Indiens, et les récompenses pour leur « bonne conduite [et le] plaisir [qu'ils lui ont] causé ».

C'est « le désir de Sa Majesté » de traiter avec les « Indiens ». Le texte n'indique pas si les Indiens souhaitent traiter avec la Reine ; ils ont été simplement « notifiés et informés » du bon vouloir du souverain. La Reine concède des « octrois » à titre de faveur, que les Indiens « peuvent espérer recevoir ». Les Indiens, en revanche, contractent des « obligations ». La Reine « convient » plus qu'elle ne « s'oblige ». Si elle « s'engage », les Indiens, eux, « déclarent solennellement », « s'engagent et promettent » (et les termes sont inscrits en majuscules) « d'observer strictement ce traité ». La Reine, quant à elle, ne promet rien et ne contracte aucune obligation solennelle. Elle est l'unique garante du traité.

Le gouvernement fédéral expose aussi ses motifs. Le texte indique en effet que le Canada souhaite ouvrir le nord-ouest

---

90 *Treaty Number Eight*, alinéa 4.

91 *Ibid*, alinéa 14.

canadien « à la colonisation, à l'immigration, au commerce, aux opérations minières et forestières ». Vaste programme, et même illimité puisqu'il s'agit d'ouvrir le pays « à telles [...] fins que Sa Majesté pourra trouver convenables ». En revanche, les motifs qui doivent inciter les Indiens à signer le traité ne sont mentionnés nulle part. Il est bien suggéré, à l'alinéa treize, qu'ils ont des « réclamations », mais elles ne sont pas formulées.

Si l'on veut comprendre les motifs réels qui ont poussé le gouvernement à rédiger ce traité, il est nécessaire d'adopter un second niveau de lecture, pour les alinéas trois et vingt notamment. Il apparaît alors que l'objet du traité n'est pas tant de préparer le terrain à une éventuelle colonisation, que de justifier une colonisation de fait. Pour ce faire, le gouvernement doit préserver la « paix et la bonne harmonie » entre les Indiens et les colons « habitant maintenant ou devant habiter par la suite » le pays. En d'autres termes, le souci principal du gouvernement est d'assurer l'ordre à l'intérieur de ses frontières. Ce motif, réitéré en deux endroits stratégiques du texte, au début et au tout dernier alinéa, résulte d'une réalité politique qui n'est pourtant pas énoncée dans le texte. Les Indiens se plaignaient en effet de l'invasion de leur territoire et commençaient à organiser la résistance avec le concours des métis. Le gouvernement craignait une nouvelle révolte comme celle qui avait éclaté en 1885.

Le Traité N° 8 : quel échange ?

En échange d'un territoire d'une superficie de près de 841 490 km, les Indiens conservent un certain nombre de droits que le traité énumère. L'ambiguïté du traité découle des termes qui laissent dans le flou la nature et la valeur de ces droits. Les Indiens « peuvent avoir », ou « peuvent posséder » des « droits, titres et privilèges », mais le doute demeure. Ainsi, si le traité laisse entendre que les Indiens ont un droit de propriété sur les terres en question, ce droit n'est pas reconnu officiellement. Ce que l'on demande aux Indiens de céder n'est pas défini. Une série de quatre verbes synonymes, en lettres capitales, désigne avec redondance la cession de titre :

> lesdits Indiens par le présent [traité] CÈDENT, ABANDONNENT, REMETTENT ET RENDENT... tous droits, titres et privilèges quelconques[92].

Mais que cèdent les Indiens ? Des termes aussi forts appellent des réponses rigoureuses. Deux interprétations sont envisageables. Soit les Indiens ne possèdent rien, soit au contraire ils sont souverains sur leur territoire. S'ils ne possèdent rien, pourquoi alors le gouvernement leur demande-t-il de signer un traité ? Et s'ils sont souverains, comment peuvent-ils être également « sujets » de la Reine et pourquoi la Reine ne contracte-t-elle aucune obligation ?

La définition des limites territoriales est tout aussi ambiguë. Le territoire couvert par le Traité N° 8, inscrit à l'alinéa six, ne correspond pas à l'idée, tant géographique que toponymique, que les Indiens se font de leur propre pays. Le territoire situé au sud du Grand Lac des Esclaves, par exemple, ne représente en fait qu'un huitième du territoire Dènè. Le restant ne sera « cédé » que bien plus tard, en 1921, au terme du Traité N° 11. En outre, les noms désignant les limites territoriales sont ceux qui sont employés par les Européens, non par les Indiens.

Ainsi, les limites territoriales du Traité N° 8 renvoient aux motifs qui ont incité le gouvernement à rédiger ce traité, à savoir la colonisation, le commerce et l'exploitation minière du territoire. Pourtant, le texte est ambigu, car l'alinéa qui suit la description très détaillée du territoire en question élargit la cession de titre à tout le Canada :

> [...] lesdits Indiens par le présent CÈDENT [...] toutes [...] terres situées [...] partout au Canada[93].

Enfin, si le Canada obtient des droits illimités, car non précisés, les Indiens, eux, n'ont que des droits très succincts. Ils cèdent « pour toujours » des droits indéterminés tout en en préservant certains soumis à des lois et des restrictions hypothétiques dont le flou juridique est significatif[94].

---

92 *Ibid*, alinéa 5.

93 *Ibid*, alinéa 7.

94 *Ibid*, alinéas 9 et 12 (c'est nous qui soulignons).

Outre les terres allouées aux Indiens et dont le statut sera analysé plus loin, le gouvernement s'engage à fournir annuellement « des munitions [pour chasser] et de la ficelle pour confectionner des filets [de pêche] » aux Indiens qui choisissent de poursuivre leur mode de vie traditionnel. Pour ceux qui souhaitent vivre sur une réserve, le gouvernement « encourage la pratique de l'agriculture et de l'élevage ». Ainsi, malgré ses propres réticences mentionnées plus haut, le gouvernement incite les signataires du Traité N° 8 à se regrouper sur des réserves.

Ce retournement s'explique par la volonté du gouvernement d'assimiler les Indiens. Ceci apparaît également dans la mise en place d'un programme d'éducation sur les réserves. Ce programme est mentionné sommairement dans le traité, sans véritable engagement de la part du gouvernement. Aucune somme n'est indiquée, pas plus que le nombre de maîtres ni les contenus de l'enseignement[95].

Par ailleurs, l'État souhaite que les Indiens parviennent à une indépendance économique par le biais de l'agriculture et de l'élevage, qui amèneront les Indiens à s'intégrer à la société dominante, ce qui n'est rendu possible que si les Indiens acceptent de vivre sur des réserves. Pour ce, le gouvernement promet de fournir aux Indiens agriculteurs et éleveurs des instruments aratoires, des semences et du bétail qui, contrairement aux articles de chasse et de pêche, seront distribués une fois pour toute.

Il faut souligner que, dans une société dont l'expansion économique repose presque exclusivement sur l'agriculture et l'élevage, l'indépendance économique s'acquiert par le travail de la terre. C'est pourquoi la chasse et la pêche sont regardées comme des activités secondaires pour les Indiens, car ce sont des loisirs pour les colons.

Le gouvernement canadien avait jugé à propos d'établir « trois moyens de venir en aide aux Indiens » en fonction des ressources du pays, grâce au développement agricole, à l'élevage et aux activités traditionnelles de chasse, de trappe et de pêche. Les mesures concernant l'agriculture et l'élevage ne devaient être mises en place que lorsque les agents du gouvernement jugeraient les

---

95 *Ibid*, alinéa 16.

Indiens capables de se livrer à de telles activités. Pour lors, les commissaires avaient décidé que seuls les Indiens habitant les régions du Petit Lac des Esclaves et l'aval de la rivière de la Paix répondaient à ces exigences.

Les commissaires prévoyaient que la plupart des Indiens continueraient encore longtemps à vivre de leurs activités traditionnelles, notamment dans la région de la rivière Athabasca et du Lac Athabasca, ainsi que dans celle de la rivière des Esclaves. Comme le troisième « moyen de venir en aide aux Indiens » consistait à distribuer quelques munitions et quelques mètres de ficelle une fois l'an, ils conclurent ainsi leur rapport : « il est peu probable que d'ici plusieurs années on soit appelé à faire des dépenses considérables ».

Mais cet aspect du Traité N° 8 sur la possibilité pour les Indiens de poursuivre leurs activités traditionnelles suscite également des questions d'ordre juridique concernant l'usufruit et la nue-propriété. Le traité stipule que les Indiens ont la jouissance de leurs territoires traditionnels – ils ont « le droit de se livrer à leurs occupations ordinaires de la chasse au fusil, de la chasse au piège et de la pêche sur toute l'étendue du pays cédée » – et qu'ils ont l'usufruit des réserves qui leur sont allouées ou des « terre[s] en particulier », selon qu'ils auront choisi de vivre en communauté ou en famille.

La Couronne, en revanche, détient la nue-propriété des terres[96]. « L'étendue du pays cédé » est « terre de la Couronne », l'État en a la nue-propriété. Quel est alors le statut respectif des trois modèles de territoires qui se dégagent à la lecture du traité ? Certaines parties peuvent être « réservées » à l'usage exclusif d'une bande qui en détiendra l'usufruit, d'autres peuvent être accordées à des familles indiennes à titre de « terre en particulier ». « Réserves » et « terres en particulier » ont des statuts différents. Un troisième type de « terre de la Couronne » apparaît alors, ni

[96] Le terme « nue-propriété » n'est pas employé dans le Traité N° 8. Nous l'utilisons néanmoins par opposition au terme « usufruit », qui traduit la promesse faite par les représentants du gouvernement aux Indiens selon laquelle ils conserveraient le droit d'exploiter leur territoire (ou droit d'usufruit).

« réserve », ni « terre en particulier », mais sur laquelle les Indiens détiennent néanmoins, en commun, un droit d'usufruit.

Les « réserves » et les « terres en particulier » sont aliénables, mais pas au même titre. Les « terres en particulier » peuvent être cédées par les Indiens à condition qu'ils aient obtenu au préalable « le consentement du gouvernement fédéral ». Les « réserves », en revanche, peuvent

> être vendu[e]s et adjugé[e]s par le gouvernement de Sa Majesté pour le bénéfice et avantage des Indiens qui y auront droit, après qu'on aura au préalable obtenu leur consentement[97].

Ainsi, l'État s'attribue le droit de vendre des parcelles au profit des Indiens, sur les réserves dont il a la nue-propriété. Dans un cas comme dans l'autre, les Indiens sont bénéficiaires de la vente des terres, mais quelle que soit l'alternative, les Indiens sont sous la tutelle de l'État. S'il s'agit de vendre des « réserves » lorsque l'État est demandeur, les Indiens doivent donner leur accord ; si les Indiens sollicitent la vente de « terres en particulier », l'État doit donner son aval. Ces clauses réduisent considérablement l'autonomie économique et la souveraineté des autochtones.

Restent les terres de la Couronne qui ne sont qualifiées ni de « réserves » ni de « terres en particulier ». Ce sont les territoires traditionnels des Indiens. Ces terres ne sont pas désignées à proprement parler dans le traité. Le lecteur déduit leur existence du rapport entre le nombre d'Indiens signataires et la superficie qui leur est allouée en « réserves » et « terres en particulier », ainsi que de l'imprécision juridique qui entoure l'alinéa neuf. Cet alinéa traite des « occupations ordinaires » des Indiens « dans l'étendue du pays cédée ». Les terres de la Couronne peuvent « être requises ou prises pour des fins d'établissement, de mine, de commerce de bois *ou autres fins* »[98], sans que les Indiens puissent intervenir et sans qu'ils soient compensés. L'alinéa neuf du Traité N° 8 évoque, sans l'exprimer, le droit naturel des Indiens sur leur territoire, sur lequel nous reviendrons plus loin.

L'État s'arroge également le droit d'abroger le droit d'usufruit des Indiens sur leurs « réserves » sans leur accord, mais

---

97 *Treaty Number Eight*, alinéas 10 et 11.

98 *Ibid*, alinéa 9, (c'est nous qui soulignons).

il doit alors les indemniser. Il peut exproprier les Indiens, en vertu de son titre de nu-propriétaire, pour entreprendre « des travaux publics, des édifices, des chemins de fer, ou des routes *de quelque nature que ce soit* »[99]. L'État, en tant que puissance publique, affirme son autorité et décide des « améliorations » à apporter sur les réserves. Les Indiens doivent être dédommagés par « un équivalent en terre, en argent *ou autre forme d'indemnité* »[100], dont la valeur est décidée unilatéralement par l'État. Ce procédé est le système habituel adopté en cas d'expropriation.

En échange de leurs terres, les Indiens reçoivent une certaine somme d'argent comptant : trente-deux dollars pour « chaque chef », vingt-deux dollars pour « chaque conseiller » et douze dollars pour « chaque autre Indien » présent lors de la signature du traité. Par ailleurs, la Reine s'engage à verser des annuités à raison de vingt-cinq dollars par « chef », quinze dollars par « conseiller » et cinq dollars pour tout « autre Indien ». L'argent comptant est qualifié de « présent », contrairement aux annuités. Les annuités constituent-elles donc une reconnaissance de la souveraineté des Indiens sur leur territoire ? Le Canada, en négociant avec les Indiens, leur reconnaît *de facto* des droits, mais de quelle nature ?

C'est par l'intégration des Indiens au sein du Canada que le gouvernement fédéral entend régler ces questions. Le Traité N° 8 vise à "civiliser" les Indiens par le moyen du travail de la terre et par l'éducation. Le gouvernement canadien est le tuteur des Indiens, comme l'est d'ailleurs le gouvernement fédéral aux États-Unis. Il est chargé de les protéger les uns contre les autres, dans le souci de les conduire, à longue échéance, à l'état de citoyens. L'Indien doit adopter l'apparence de l'homme « civilisé ». Tous les trois ans, « chaque chef et conseiller recevra un habillement complet ». En outre, chaque « chef » doit recevoir « un drapeau », ultime symbole de la citoyenneté.

Ainsi, le gouvernement souhaite-t-il faire des Indiens des citoyens indépendants économiquement, soumis aux lois et à la justice de l'État souverain. Il souhaite la métamorphose et

---

99 *Ibid*, alinéa 12, (c'est nous qui soulignons).

100 *Ibid*, alinéa 12, (c'est nous qui soulignons).

l'assimilation totale des Indiens, l'oubli de leur identité particulière et de leurs droits inhérents. Les Indiens une fois assimilés, le Canada sera débarrassé de la relation ambiguë entre l'État-nation et le problème de la propriété territoriale soulevé par la question autochtone.

Le Traité N° 8 a fait l'objet de longues négociations sur lesquelles nous reviendrons plus loin. Nous retracerons dans un premier temps le voyage des délégations gouvernementales. Afin de rencontrer les Indiens sur leurs territoires, le gouvernement dut envoyer des délégations à deux reprises, en 1899 et en 1900.

Les délégations signataires

Le 29 mai 1899, une première délégation partit d'Edmonton dans des chariots tirés par des chevaux pour négocier dans le nord le Traité N° 8. Le territoire était tellement étendu et si peu exploré que les commissaires chargés de la signature organisèrent deux expéditions pour contacter les habitants. Au cours de la première, la commission gouvernementale ne visita pas les postes de Fort Saint-Jean et de Fort Résolution. En outre, plusieurs Indiens, habitant les régions qui, elles, avaient été contactées, n'avaient pas participé à la signature du traité. La première délégation n'ayant pas réussi à faire adhérer tous les Indiens de la région, une seconde délégation fut envoyée à l'été 1900, qui emprunta à peu près la même route. Cependant, nombre des personnes qui auraient dû être amenées ensuite à signer le traité furent oubliées, ou ignorées par les délégués chargés de les contacter. De cette lacune, en particulier, résulta le grave échec auquel conduisit le Traité N° 8.

Les populations autochtones contactées

Il n'existait en effet aucune carte précise de la région. La commission ne s'était pas éloignée des voies fluviales. Elle avait emprunté la route de la traite des fourrures, le long de la rivière de la Paix, de la rivière Athabasca et du Lac Athabasca. Cependant, selon James Macrae, on n'avait pas négligé plus de 500 Indiens[101].

---

[101] *Ibid*, p. 21.

Ignorant les habitudes indépendantes et nomades des Indiens, les commissaires pensèrent avoir rencontré la plupart d'entre eux. Or, de nombreux autochtones n'accordaient aucune importance au traité et ne le signèrent pas. D'autres encore ignoraient jusqu'à son existence. À titre d'exemple, on estime aujourd'hui que 2 500 à 3 000 Indiens Cri du Lac Lubicon – soit presque autant que le nombre total d'Indiens signataires du traité en décembre 1900, qui habitaient un territoire s'étendant sur près de 6 400 kilomètres carrés au nord de l'actuel Alberta, faisaient partie de ces communautés isolées qui ne signèrent pas le traité. Leur cas fera l'objet du troisième volet de cet ouvrage.

Entre l'été 1899 et l'été 1900, les commissaires du gouvernement chargés de faire signer le Traité N° 8 ne réussirent, comme en témoigne le rapport de James Macrae, à faire adhérer en tout que 3 300 Indiens. On voit l'écart entre le but visé – 5700 Indiens, selon les calculs du commissaire Forget en 1896 – et les chiffres atteints par les deux expéditions successives, sans oublier le grand nombre d'Indiens qui n'avaient même pas été recensés.

Le département des Affaires indiennes avait prévu son budget de compensations en fonction uniquement du nombre d'Indiens qu'il pensait toucher. Or, les chiffres ont été doublement brouillés puisque la commission prit la liberté de traiter avec certains Indiens qui n'avaient pas été inscrits mais étaient venus cependant à sa rencontre. Pendant l'été 1900, la commission pourvut à une première distribution d'annuités promises l'année précédente aux bandes qui avaient déjà signé le traité.

Les autochtones qui signeront le Traité N° 8 se divisent en trois grands groupes : les Cri des Bois qui sont de langue algonquine, les Castor et les Dènè (Chipewyan, Flancs-de-Chien et Couteau-Jaune) tous Athapascan, et les métis [102]. Les Castor

---

[102] Les Athapascan appartiennent à l'un des principaux groupes linguistiques du Canada. Ils occupent un territoire qui s'étend des Montagnes Rocheuses jusqu'à la Baie d'Hudson et utilisent le terme « Dènè » pour se désigner, terme qui signifie « être humain », ou « peuple ». Aujourd'hui, le terme désigne les nations indiennes habitant le « Denendeh » - « terre du peuple » - qui s'étend sur tout le bassin du Mackenzie. Pourtant le terme n'apparaît pas dans le Traité N° 8. Les différentes nations signataires sont inscrites sous les noms de « Chipewyan »,

habitaient l'ouest de la rivière de la Paix, les Chipewyan le nord du Lac Athabasca, les Esclave au sud-ouest de ce lac, les Flancs-de-Chien et Couteau-Jaune au nord du lac et les Cri occupaient la région bordée à l'ouest par la rivière de la Paix et au nord par le Lac Athabasca. Les Indiens qui signeront le traité en 1900 étaient, en très grande majorité, Athapascan, car les régions que la commission visita alors s'étendaient à l'ouest de la rivière de la Paix, en territoire Castor, et au nord du Lac Athabasca, avec pour limite nord le Grand Lac des Esclaves.

Les métis, trappeurs pour la plupart, résidaient dans l'Athabasca-Mackenzie, autour du Petit Lac des Esclaves et le long de la rivière de la Paix[103]. Comme les Indiens, ils revendiquaient un droit sur le territoire qu'ils occupaient. Or, nous avons vu que dans les Prairies, le gouvernement n'avait pas tenu les promesses qu'il leur avait faites. Les métis étaient devenus des citoyens de seconde zone qui ne bénéficiaient pas même de la faible protection accordée par le gouvernement fédéral aux Indiens.

Dans l'Athabasca-Mackenzie, Cri des bois et métis, instruits de la situation dans laquelle se trouvaient les autochtones du sud, s'étaient réunis à plusieurs reprises au Petit Lac des Esclaves, à la fin des années 1890, lorsqu'ils apprirent que le gouvernement s'apprêtait à négocier un traité. Ils étaient déterminés à s'opposer à la colonisation du pays par les Euro-Canadiens.

Ainsi, les « métis du nord » posaient un problème à la commission gouvernementale. Fallait-il les inclure dans les négociations du Traité N° 8 ? Laurence William Herchmer, inspecteur de la Police montée à Regina, Amédée Forget, commissaire pour les Affaires indiennes des Territoires du Nord-Ouest et James A. J. McKenna, commissaire chargé des négociations avec les Indiens, redoutaient tous l'ascendant des métis sur les Indiens. Pour Amédée Forget, « il n'[était] pas possible que les négociations avec les Indiens aboutissent si l'on ne

---

« Esclave » (*Slave*), « Flancs-de-Chien » (*Dogrib*) et « Couteaux-Jaune » (*Yellowknife*).

103 Certains Métis, après les événements de 1885, se réfugièrent plus au nord et grossirent les rangs de la communauté métisse de l'Athabasca-Mackenzie, établie dans la région depuis la fin du XVIIIe siècle et le début du XIXe siècle.

prenait pas en compte les revendications des métis [du nord] »[104]. Forget proposait de négocier avec les métis et, dans la mesure du possible, de les inclure dans le traité au même titre que les Indiens.

La suggestion de Forget fut retenue. Ainsi les métis pourraient, s'ils le désiraient, adhérer au Traité N° 8, à la discrétion des commissaires qui jugeraient lesquels d'entre eux seraient traités en Indiens. En outre, le gouvernement institua une commission spéciale pour les métis qui refuseraient d'adhérer au traité. Au lieu de la réserve, des annuités et des autres compensations offertes aux Indiens, la commission proposerait aux métis des certificats, ou « scrips ». Les métis auraient le choix entre deux types de « scrips » : soit des « scrips » d'une valeur monétaire de 240 dollars, soit des « scrips » d'une valeur foncière de 96 hectares.

Le Traité N° 8 entraîna donc un clivage officiel entre les « Indiens du traité » et les métis. En juin 1899, les discussions furent vives au Petit Lac des Esclaves entre les métis et la commission gouvernementale chargée de leur délivrer des « scrips ». Le gouvernement proposait des « scrips » nominatifs aux adultes, et à leurs enfants des « scrips » dont ils ne pourraient bénéficier qu'à leur majorité. Afin de protéger les métis contre les spéculateurs et les abus dont les métis avaient été les victimes dans les Prairies, le gouvernement avait émis des « scrips » que les métis ne pouvaient pas échanger contre de l'argent.

Au Petit Lac des Esclaves, le Père Lacombe avait adjuré les métis d'accepter cette proposition. La presse également conseillait à ses lecteurs métis « de ne pas se laisser déposséder de [leur] héritage ».[105]

Mais les métis exigeaient des « scrips » payables au porteur, pour eux comme pour leurs enfants. Les membres des deux commissions convinrent qu'ils devaient accéder à la demande des métis pour que les négociations se déroulent convenablement. Le Père Lacombe lui-même revint sur ses positions, soulignant que

---

[104] ARCHIVES PUBLIQUES DU CANADA, Record Group 10-Indian Affairs, Black Series, vol. 3848-3849, dossier 75.236-1, Amédée Forget, au secrétaire des Affaires indiennes, 12 janvier 1898.

[105] *L'Ouest canadien*, 15 juin 1899.

des troubles risquaient de se produire si les parents ne pouvaient utiliser le scrip de leurs enfants et disposer du leur à leur gré, car les Indiens, influencés par les métis, refuseraient alors de signer le traité.

Les « scrips », déjà imprimés, furent modifiés à la main par les commissaires et rendus payables au porteur. La décision fut désastreuse. En effet, le premier « scrip », remis à un métis du Petit Lac des Esclaves, d'une valeur de 240 dollars, fut racheté par deux banquiers venus de Winnipeg pour soixante-quinze dollars. Les spéculateurs suivaient la commission et rachetaient aux métis leurs « scrips » à des prix dérisoires.

Or, le terme « métis » n'était pas clairement défini par le gouvernement canadien, pour qui un « métis » était soit une personne d'ascendance à la fois européenne et indienne, soit un Indien n'ayant pas signé de traité. Les Indiens eux-mêmes ne distinguaient pas toujours les « métis » des « Indiens ». Nombre d'Indiens abandonnèrent donc sans le savoir leur statut pour quelques dollars. Ainsi par exemple deux frères d'une même union étaient l'un métis et l'autre Indien, et le père d'un Indien était métis. Les missionnaires réprouvaient cette pratique qu'ils jugeaient arbitraire. En effet, les Indiens étaient libres de choisir entre le traité et les « scrips ». Ceux qui avaient choisi le traité devenaient pupilles du gouvernement, ceux qui avaient choisi un « scrip » devenaient citoyens canadiens. En outre, le gouvernement ne protégea pas les Indiens contre les chasseurs de « scrips » qui accompagnaient la commission gouvernementale et exhortaient les Indiens à accepter des « scrips » pour ensuite les leur extorquer à vil prix et faire fortune à leurs dépens.

Les agents des Affaires indiennes, fonctionnaires du gouvernement au niveau local, étaient du même avis que les missionnaires. Aussi le gouvernement suivit-il leurs conseils. Après 1900, les « métis du nord » furent invités à signer le traité au titre d'Indiens. Mais un total de 1 243 « scrips » avait déjà été alloué dans la région du Traité N° 8, dont plus de la moitié au Petit Lac des Esclaves. 95 % des « métis » avaient choisi des « scrips » convertibles en dollars. Pour mener à bien les négociations, le gouvernement avait donc mis en place deux commissions, une pour les Indiens et une autre pour les métis.

Les commissions gouvernementales

En 1899, David Laird, secondé par deux autres commissaires aux Affaires indiennes, James A. J. McKenna – secrétaire du ministre de l'intérieur à Ottawa – et James Hamilton Ross – ministre des travaux publics des Territoires du Nord-Ouest – fut chargé de la commission gouvernementale pour les Indiens. Charles Mair et James Walker, commissaires aux Affaires indiennes, étaient en charge de la commission des « métis ». Charles Mair – poète, écrivain et journaliste chargé de rendre compte à la presse des progrès de la commission – dirigeait celle-ci ; le Major James Walker, ex-officier de la police montée le secondait. Le docteur West, médecin qui devait soigner les Indiens pour le compte du gouvernement, Arthur Côté et le juge Prud'homme, commissaires aux Affaires indiennes, ainsi que plusieurs guides métis accompagnaient les commissions. L'expédition était escortée par un détachement de dix membres de la Police montée, commandés par l'inspecteur Snyder.

En 1900, la nouvelle commission gouvernementale était dirigée par James Ansdell Macrae, secrétaire au ministère des Affaires indiennes. Mais ce dernier n'accorda que peu d'importance à la rédaction du récit de l'expédition qu'il dirigea. Il semble que, pour les commissaires gouvernementaux, la signature du traité opérée en 1899 avait constitué l'essentiel de leur tâche et que l'expédition de 1900 ne méritait pas de s'y attarder. Aussi avons-nous peu d'informations sur cette nouvelle commission.

Les missionnaires catholiques et protestants

En mai 1899, le département des Affaires indiennes, jugeait que les commissaires seraient dès le début handicapés dans leurs négociations par le fait que le département ne pourrait pas leur fournir d'informations fiables concernant les us et coutumes et les caractéristiques des Indiens du Nord. C'est pourquoi Clifford Sifton, le ministre de l'Intérieur, recommanda à la commission gouvernementale de s'assurer « le concours et le soutien » de missionnaires comme le Père Lacombe qui vivait depuis longtemps dans le pays, connaissait intimement les Indiens et les métis, et jouissait de leur confiance[106].

Ainsi, les commissions gouvernementales furent-elles accompagnées par des hommes d'Église connaissant le pays et donc susceptibles de gagner la confiance des habitants. On s'adressa au Père Albert Lacombe parce qu'il avait œuvré dans la région d'Edmonton depuis 1852. Il avait déjà été sollicité pour participer aux négociations du Traité N° 7 (qui concernait le sud de l'Alberta) auxquelles il n'avait pu assister car il était tombé gravement malade. Sifton lui-même convia Lacombe aux négociations du Traité N° 8. Lacombe, malgré son grand âge (il avait alors 72 ans), accepta la proposition.

Le Père Lacombe accompagna donc la commission en 1899, mais pas l'année suivante. Il était présent lors des négociations qui se tinrent au Petit Lac des Esclaves, au Débarcadère de la Paix, à Fort Vermilion et à Fort McMurray.

D'autres missionnaires apportèrent aussi leur soutien à l'établissement de relations amicales entre les Indiens et le gouvernement à l'occasion de la signature du Traité N° 8. En 1899, Monseigneur Grouard, évêque d'Ibora, était présent au Petit Lac des Esclaves et accompagna la commission au Débarcadère de la Paix (l'actuelle ville de Peace River) et à Fort Vermilion. Comme pour les traités précédents, les religieux – le Père Gabriel Breynat, le Père Constant Fahler et le Père Dupire, tous missionnaires oblats, ainsi que le pasteur anglican Thomas Jabez Marsh – convainquirent les Indiens qu'il était de leur intérêt de signer le traité.

Comme en 1871, lorsque Adams G. Archibald avait averti les Chipewyan et les Cri du sud du Manitoba que leur pays serait colonisé, qu'ils acceptent ou non de signer le Traité N° 1, pendant l'été 1899, à Fond-du-Lac, le Père Gabriel Breynat avait usé des mêmes arguments pour convaincre les Chipewyan de signer le Traité N° 8. La menace n'était certes pas exposée en termes agressifs et se voulait même conciliante. Mais les Indiens devaient se résigner. Ainsi l'Église catholique, à laquelle le Père Breynat appartenait, prêta la main à l'action de l'État canadien. C'est

---

[106] CANADA, CONSEIL PRIVE, *Arrêté en Conseil* 892, 3 mai 1899.

d'ailleurs l'intervention de Breynat qui décida les Indiens. Gabriel Breynat réussit à persuader les Indiens, en leur indiquant que le gouvernement ne leur viendrait en aide que s'ils signaient le traité. Le caribou, denrée principale des Indiens Chipewyan, faisait cruellement défaut cette année-là. La peur de la famine et de la maladie l'emporta sur la crainte d'un avenir incertain.

Le Père Lacombe, qui parlait Cri, exhortait lui aussi les Indiens à signer le traité, leur promettant que leur mode de vie resterait inchangé. Laird demanda alors à ceux qui acceptaient de prendre le traité de se lever ; mais avant même que l'interprète ait eu le temps de traduire, un Indien du nom de « Jerou » se leva précipitamment, menaçant de bastonnade quiconque ne se levait pas immédiatement. « Tout le monde se leva en riant », raconta la presse, et l'assemblée fut ajournée[107].

Monseigneur Grouard, Évêque d'Ibora, conseilla également aux chefs de signer et les assura que le traité serait à leur avantage. Sur les instances de Laird, il chargea le Père Constant Fahler, missionnaire Oblat auprès des Indiens du Petit Lac des Esclaves et de ses environs, de se rendre au poste de Wabaska, à quelque 150 kilomètres par voies d'eau et portages au nord-est du poste du Petit Lac des Esclaves. A Wabasca, les Indiens s'impatientaient car le gouvernement tardait à prendre des mesures pour leur venir en aide et les protéger de l'afflux des colons sur leur territoire. C'est le Père Constant Fahler qui calma les esprits et incita les Indiens à signer le traité.

Toutefois, missionnaires catholiques et anglicans se comportaient comme des rivaux au sein des communautés indiennes. Chacun cherchait à étendre le plus possible son influence. William Okeymaw, un Indien Cri qui était présent au moment des négociations au Petit Lac des Esclaves en juin 1899, affirme que les missionnaires n'y voyaient pas uniquement l'intérêt des Indiens mais aussi ceux de leurs Églises respectives[108].

---

107 *Edmonton Bulletin*, 10 juillet 1899.

108 William Okeymaw, *in :* Richard PRICE (ed.), *The Spirit of the Alberta Indian Treaties*, réimpression [1ère éd. Montréal : Institute for Research on Public Policy, 1979], Edmonton : Pica Pica, 1987, p. 153.

L'Évêque Grouard, dans le récit qu'il fait des négociations, raconte qu'il n'approuvait pas la façon dont se déroulaient les premiers pourparlers. Puis, lorsque les Indiens indiquèrent que, s'ils avaient le choix en ce qui concernait l'Église à laquelle la future école devait appartenir, ils préféreraient l'Église catholique, Grouard n'hésita plus et encouragea sans réserve les Indiens à signer le traité[109].

Pendant l'été 1900, les rivalités religieuses entre protestants et catholiques pesèrent de nouveau sur les négociations et il semble que les missionnaires se fussent davantage souciés de rivalités religieuses que du bon déroulement des négociations. Certes, les hommes d'Église ne s'appliquaient pas à tirer personnellement profit du traité. Ils souhaitaient sans doute œuvrer pour le bien du pays et l'entente entre les peuples, comme Lacombe le fit entendre au ministre de l'Intérieur Clifford Sifton.[110]

Les missionnaires ne s'imaginaient assurément pas que le traité résoudrait tous les problèmes auxquels les Indiens étaient confrontés – famines, concurrence avec les colons pour la trappe, la chasse et la pêche, et autres conflits territoriaux dont nous avons parlé plus haut – mais ils pouvaient espérer que la situation ne s'envenimerait pas plus. Nous verrons comment certains missionnaires eurent plus tard le sentiment d'avoir été utilisés par le gouvernement. Mais d'abord, nous étudierons les étapes des deux voyages entrepris par les commissions gouvernementales en 1899 et 1900, avant d'analyser la teneur des discussions et des débats qui tinrent lieu de négociation, et d'examiner les signatures, croix et pictogrammes, qui font l'objet de controverses.

---

109 E. GROUARD, O.M.I., *Souvenirs de mes soixante ans d'apostolat dans l'Athabasca Mackenzie*, Lyon : œuvre Apostolique de Marie Immaculée, 1923, p. 370.

110 ARCHIVES DES OBLATS DE MARIE IMMACULEE, EDMONTON (transférées aux archives provinciales de l'Alberta), B-VII-22. Enveloppe 1880-1912, Lacombe à Sifton, 10 septembre 1899.

Les étapes des délégations en 1899 et 1900

Le 2 juin 1899, la commission embarquait à Athabasca pour le Petit Lac des Esclaves, à 150 kilomètres de là. Depuis 1882, des bateaux à vapeur desservaient tout le bassin de l'Athabasca, mais ils n'étaient pas disponibles et la commission fut transportée sur deux "chalands" et un « bateau d'York »[111], halés à contre-courant par plus de dix hommes. Les haleurs devaient tirer les embarcations l'une après l'autre. Les policiers furent chargés du travail.

Le voyage fut pénible et long. Le courant de la rivière était rapide et le temps peu propice. Les vents étaient contraires et la pluie ralentissait l'expédition. Le halage se faisait souvent dans l'eau, ou en remontant les rives boueuses et glissantes. Les arbres tombés entravaient la marche et il fallait éviter les bancs de sable et de galets. La commission ne couvrit que treize kilomètres les deux premiers jours. Elle arriva au poste de traite principal situé sur les rives du Petit Lac des Esclaves le 19 juin, vingt jours après son départ d'Edmonton. Les commissaires avaient pris rendez-vous avec les Indiens par l'intermédiaire des missionnaires. Ils avaient prévu de rencontrer les Indiens du Petit Lac des Esclaves le 8 juin, ils arrivèrent onze jours plus tard. Le commissaire Ross, parti par voie de terre, était arrivé à temps au rendez-vous pour faire patienter les Indiens.

Le 21 juin 1899, au surlendemain de l'arrivée de la commission, le Traité N° 8 fut signé pour la première fois, au poste de traite du Petit Lac des Esclaves. 246 Indiens Cri de la bande de Keenoostayo et Moostoos signèrent le traité. 23 autres Cri du Lac Sturgeon, représentés par le conseiller Captain, apposèrent également leur signature au bas du traité. Plus de 600 « scrips »

---

[111] Le chaland, embarcation à fond plat non pontée, était tiré par de grandes rames et pouvait tenir une quinzaine de personnes. Les bateaux d'York convenaient mieux aux transports de marchandises sur lacs que sur rivières, car il fallait une trentaine d'hommes pour transporter un seul de ces bateaux sur portage. Ils mesuraient 28 pieds de long. Ils étaient capables de transporter deux à trois tonnes de marchandises et une quinzaine de passagers. Une fois chargée, la ligne de flottaison n'excédait pas trois pieds. Ils étaient construits pour résister deux saisons.

furent remis aux métis. Une grande réception et un souper furent organisés le soir même à la mission catholique de Saint-Bernard – près du poste de traite où s'étaient tenues les négociations.

Les difficultés du voyage et les problèmes posés par les métis du Petit Lac des Esclaves dont nous avons parlé avaient différé le calendrier prévu pour la signature du traité. Il fut donc décidé que les commissions se dédoubleraient pour tenter de rattraper le retard : James Ross et James McKenna partiraient pour Fort Saint-Jean et David Laird, accompagné de la commission pour les métis, partit pour le Débarcadère de la rivière de la Paix.

Les commissaires avaient rendez-vous le 21 juin avec les Indiens Castor de Fort Saint-Jean, dans le nord-est de la Colombie-Britannique, à 300 kilomètres à l'ouest du Débarcadère de la Paix, en amont de la rivière de la Paix. Or, le Petit Lac des Esclaves était situé à quelque 170 kilomètres au sud-est du Débarcadère de la Paix, par voie d'eau et portage. La commission devait donc traverser près de 470 kilomètres pour atteindre Fort Saint-Jean. Le gouvernement tenait à y rencontrer les Indiens, car leur territoire était le passage obligé par voie de terre des orpailleurs du Klondike. L'agitation et le mécontentement des Indiens risquaient de provoquer des troubles que le gouvernement était soucieux d'éviter.

Les deux délégations ne purent quitter le Petit Lac des Esclaves qu'au lendemain de la signature du traité, le 22 juin. On avait envoyé un messager à Fort Saint-Jean pour prévenir les Indiens du retard. Les commissaires Ross et McKenna s'arrêtèrent à quelques kilomètres du fort, où le messager qui avait été envoyé à Fort Saint-Jean les avertit que les Indiens étaient partis depuis près de trois semaines déjà, faute de nourriture, et avaient rejoint leurs territoires de chasse respectifs. Les commissaires jugèrent qu'ils n'avaient ni le temps ni les moyens de contacter les Indiens. Ils renoncèrent donc, cette année-là, à traiter avec les Indiens Castor de Fort Saint-Jean. Les commissaires Ross et McKenna firent escale au Fort Dunvegan en redescendant la rivière de la Paix. Là, 34 Indiens Castor, dirigés par Natooses, leur conseiller, adhérèrent au traité le 6 juillet 1899. Puis la commission poursuivit son périple en aval de la rivière.

Le 13 juillet, à midi, James Ross et James McKenna arrivèrent au Fort Chipewyan, à l'est du Lac Athabasca. Les chefs de famille et les missionnaires furent sommés de se réunir dans la cour du fort[112] dans les trois heures qui suivaient l'arrivée de la commission. Le soir même, le traité était signé. Les allocations furent versées aux chefs et à leurs conseillers. Les autres Indiens signataires reçurent leur part le lendemain matin. La commission repartit après déjeuner, le 14 juillet. 410 Indiens Chipewyan de la bande d'Alexandre Laviolette ainsi que 126 Cri de la bande de Justin Martin-Mekitin avaient signé le traité.

David Laird, qui dirigeait la commission partie en direction du Débarcadère de la rivière de la Paix, était accompagné de Monseigneur Grouard, évêque d'Ibora, du Père Lacombe et du frère Jean-Marie Le Creff. Ils se dirigeaient en aval de la rivière de la Paix. Le premier juillet, 47 Indiens Cri et Castor signèrent le traité au Débarcadère de la rivière de la Paix. Ils furent tous inscrits comme appartenant à la même bande, celle du chef Cri Duncan Tastaoosts. A Fort Vermilion, le 8 juillet, 65 Cri de la bande Tall Cree du conseiller Kuis-kuis-kow-ca-poohoo adhérèrent au traité, ainsi que 66 Cri du Poste de la rivière Rouge, situé sur la rivière de la Paix, et 150 Castor, de la bande d'Ambrose Tête Noire, le 8 juillet.

David Laird et ses compagnons arrivèrent à Fort Chipewyan le 14 juillet au soir, quelques heures seulement après le départ de la commission dirigée par James Ross et James McKenna. Ils furent accueillis avec effusion, par des coups de fusil tirés du rivage. Les Indiens semblaient satisfaits. La commission de Monsieur Laird quitta Fort Chipewyan le 18 juillet, en direction de Fond-du-Lac. Les 379 Indiens Chipewyan de Fond-du-Lac signèrent, les 25 et 27 juillet, grâce à l'entremise du Père Breynat.

La seconde commission, dirigée par James A. J. McKenna et James Hamilton Ross, arriva au Débarcadère de Smith le 15 juillet 1899. Le 17, 283 Indiens Chipewyan du Débarcadère de

---

[112] Fort Chipewyan appartenait à la compagnie de la Baie d'Hudson. Au cours de la signature du Traité N° 8, ce fut souvent la compagnie qui accueillit les commissions gouvernementales. Les dirigeants et les commis des forts où se tenaient les négociations servaient souvent d'interprètes. En outre, les marchands de la compagnie, ainsi que les marchands indépendants, vendaient leurs marchandises aux Indiens qui payaient à l'aide de « l'argent du traité ».

Smith et de Fort Smith adhéraient au traité. Le lendemain, James McKenna partait pour Fort McMurray, au confluent de la rivière Clearwater et de la rivière Athabasca, à quelque 250 kilomètres au sud de Fort Chipewyan. Le 4 août 1899, 132 Indiens Cri et Chipewyan du Fort McMurray adhéraient au traité. James Ross se rendit quant à lui à Wabiscow (l'actuelle ville de Desmarais), sur la rive nord du Lac Wabiscow. Le 14 août 1899, il obtint l'adhésion de 196 Indiens Cri de la bande de Joseph Kapusekonew.

En 1900, la seconde expédition, dirigée par le secrétaire au ministère des Affaires indiennes James Ansdell Macrae, se rendit d'abord dans les postes de Fort Saint-Jean et de Fort Résolution que la première commission n'avait pu contacter l'année précédente, puis reprit la route qu'elle avait empruntée. Le 30 mai 1900, 46 Indiens Castor, habitant en amont de la rivière de la Paix, signèrent le traité à Fort Saint-Jean. Au Petit Lac des Esclaves, 96 Indiens Cri du Lac Sturgeon signèrent le traité et 10 Indiens Cri joignirent la bande de Kinoosayo, le 8 juin 1900. À Fort Vermilion, 178 Indiens Esclave, habitant en amont de la rivière au Foin, signèrent le traité. 43 Cri se joignirent à la bande des Tall Cri, 18 Castor à la bande de Tête Noire et 9 Cri à celle de la Rivière Rouge, le 23 juin 1900.

La commission débarqua à Fort Résolution le 23 juillet 1900, peu après le coucher du soleil. Les Indiens habitant la rive sud du Grand Lac des Esclaves ainsi que les quelque 140 Indiens Esclave habitant en aval de la rivière au Foin s'étaient rendus à Fort Résolution. Certains Indiens n'avaient encore jamais vu de chaland, et la commission fut accueillie avec enthousiasme. La commission ayant pris du retard, les Indiens avaient épuisé leurs provisions. Monsieur Macrae procéda donc d'entrée à une distribution de farine et de lard. Après avoir distribué des vivres, Macrae annonça la distribution d'argent pour le lendemain. Ainsi, le commissaire se présentait-il comme l'émissaire d'un État généreux et bienfaiteur, avant que d'aborder les questions de titres et de droits territoriaux. En outre, au lieu de dormir parmi les Indiens et de partager leur inconfort, Macrae choisit de se retirer sur son chaland, à l'écart des Indiens et à l'abri des moustiques.

Le lendemain, le commissaire et l'interprète étaient assis sur des chaises qu'ils avaient apportées, à l'intérieur de la tente dressée par Macrae pour l'occasion. Les Indiens, eux, conviés la veille par le commissaire, étaient assis à même le sol. L'assemblée, présidée par Macrae, se tint donc devant cette grande tente. Le 25 juillet 1900, 113 Chipewyan de la bande de Louison Dosnoir-Ahthay, 194 Couteau-Jaune de la bande de Snuff, 122 Flancs-de-Chien de la bande d'Andare Wetah-Dried Geese et 104 Indiens Esclave de la Rivière au Foin signèrent le Traité N° 8.

La commission se rendit ensuite au Débarcadère de la Paix, à Fort Dunvegan, à Fort Chipewyan, au Débarcadère de Smith, à Fond-du-Lac, à Wabiscow et à Fort McMurray, autant de postes qui avaient été visités l'année précédente. Au Débarcadère de la Paix, 20 Indiens Cri s'ajoutèrent à la bande de Duncan Tastaoosts-Testawit. A Fort Dunvegan, 75 Castor, dont un chef, se joignirent à la bande de Natooses[113].

À Fort Chipewyan, un Indien Chipewyan rejoignit la bande d'Alexandre Laviolette et un Cri celle de Justin Martin-Mekitin. Au Débarcadère de Smith, 36 Indiens Mangeur-de-Caribou, dont un conseiller, se joignirent à la bande Chipewyan de Pierre Squirrel. À Fond-du-Lac, 75 Chipewyan se joignirent à la bande de Maurice Piché. À Wabiscow, 39 Cri se joignirent à la bande de Joseph Kapusekonew. Enfin, à Fort McMurray, 30 Cri s'ajoutèrent à la bande de Seapotakinum, et 17 Cri “Stragglers” furent inscrits au nom de leur propre bande, sans mention de chef ni de conseiller. Deux Cri du lac Whitefish et un Cri du lac Trout adhérèrent également au traité, formant le noyau de deux nouvelles bandes. Il est probable que les Indiens du Lac Whitefish rencontrèrent James Macrae au Petit Lac des Esclaves, et le Cri du Lac Trout à Wabiscow, mais les sources n'indiquent pas l'endroit exact où ils furent contactés.

Au cours de l'été 1899, 2217 Indiens de quatorze bandes Cri, Castor et Chipewyan, représentées par sept chefs et vingt-trois conseillers, avaient signé le traité. Le gouvernement avait dépensé

---

[113] Ce qui revient à dire que cette bande se retrouvait avec deux chefs à sa tête, incohérence qu'il est difficile, sinon impossible, d'éclaircir, d'autant que le nom du chef signataire en 1900 n'apparaît nulle part.

26 974 dollars en paiement des annuités et des « gratuités »[114] accordées aux Indiens. La commission s'était arrêtée en neuf endroits, au Petit Lac des Esclaves, au Débarcadère de la rivière de la Paix, à Vermilion, à Dunvegan, à Fort Chipewyan, au Débarcadère de Smith, à Fond-du-Lac, à Fort McMurray, et à Wabiscow.

Pendant l'été 1900, 1219 Indiens – Cri, Castor, Chipewyan, Couteau-Jaune, Flancs-de-Chien, et Esclave – adhérèrent au traité. 311 se joignirent aux bandes qui avaient signé le traité en 1899, 872 autres furent inscrits au nom de dix nouvelles bandes. Les 36 Indiens Mangeur-de-Caribou furent intégrés à la bande Chipewyan du Débarcadère de Smith. Six chefs et dix conseillers signèrent le traité. Le gouvernement avait dépensé 14 858 dollars en paiement des annuités et des « gratuités » versées aux nouveaux signataires. La somme versée aux Indiens inscrits en 1899 n'apparaît pas dans le rapport de James Macrae. Théoriquement, le montant a dû s'élever à 11455 dollars[115]. James Macrae s'était arrêté aux différents postes déjà contactés en 1899, ainsi qu'à Fort Saint-Jean et Fort Résolution.

Nous avons vu que l'objectif principal du gouvernement canadien était d'étendre sa juridiction et son autorité sur la région. Ainsi, le rôle des commissaires ne se limitait pas à traiter avec les Indiens. Ils devaient également rendre compte des possibilités de colonisation qu'offrait le pays. Mais la hâte avec laquelle ils avaient effectué leur périple ne leur permit pas de donner une description détaillée des régions qu'ils avaient parcourues. Pourtant, leur rapport de 1899, que nous examinons dans ce chapitre et le chapitre suivant, fait également état de possibilités d'élevage et de culture mixte – céréales et racines – dans la région du Petit Lac des Esclaves, et du succès de la culture mixte à Fort Vermilion, entreprise par deux colons et par les missionnaires[116].

---

[114] Le terme, en anglais « *gratuity moneys* », correspond à la somme versée une fois pour toutes aux Indiens au moment de la signature du traité.

[115] Calcul fait en fonction des termes du Traité N° 8 : vingt-cinq dollars pour chacun des 7 chefs, quinze dollars pour chacun des 23 conseillers, et cinq dollars pour chacun des 2187 autres Indiens. *Treaty Number Eight*, alinéa 13.

[116] *Ibid*, pp. 7 et 8-9.

Les commissaires mirent également l'accent sur la possibilité d'exploiter le bois sur les bords des rivières de la Paix et de l'Athabasca, le pétrole sur l'Athabasca et les mines de charbon dans la région du Lac Athabasca et de la rivière des Esclaves. Pourtant, la chasse, la pêche et la trappe devaient demeurer encore longtemps la richesse principale du nord du territoire.

CHAPITRE 6
LE LEURRE DU TRAITÉ N° 8

Le Traité N° 8 n'a pas les caractères qui en feraient un document définitivement valide. Il n'engageait pas des parties égales, la souveraineté des interlocuteurs autochtones ne leur était pas clairement reconnue, les termes du traité ne découlent pas des négociations et les conditions qu'il comportait n'engageaient pas réellement le partenaire canadien. Enfin, les signatures mêmes du traité sont douteuses. Plus encore qu'équivoque, plus encore qu'arraché aux Indiens, on peut dire du Traité N° 8 qu'il fut en grande partie un leurre.

Tout d'abord, il faut remarquer que les fonctionnaires du gouvernement fédéral, qui rédigèrent les dispositions du traité, ne connaissaient guère les Indiens du nord-ouest, ni leur mode de vie. Aux yeux des commissaires, la liberté de décision et de mouvement des Indiens du nord-ouest apportait la preuve qu'ils n'avaient aucune organisation sociale et politique. Malgré le peu de temps qu'ils passèrent parmi ces Indiens des bois, ils jugèrent que leur culture n'avait « aucun trait caractéristique très distinct [et que les Indiens n'avaient] aucune tradition notable »[117].

Les durs hivers qui précédèrent la signature du traité avaient rendu les Indiens vulnérables et l'argent, ainsi que les provisions que le gouvernement leur offrait, fut pour beaucoup dans la décision des Indiens. Ceux-ci néanmoins négocièrent avec acharnement, et, on peut le dire, avec sincérité. Nous verrons que leur principal souci était de préserver leurs moyens de subsistance.

Un traité « d'entente et de paix »

Les « chefs » Indiens du Nord-Ouest canadien

La fonction d'un « chef » qui aurait un pouvoir de décision plus important que celui des Anciens et des chefs de famille, n'existait pas dans les sociétés traditionnelles du nord-ouest. Les décisions étaient prises de manière consensuelle. Les « chefs » des

---

[117] *Treaty Number Eight.*

groupes de chasseurs étaient choisis par leurs pairs pour leur habilité à la chasse et leur générosité. La décision finale ne leur appartenait pas ; elle revenait aux Anciens. Ainsi par exemple, à Fort Résolution, ce furent les Anciens qui décidèrent de l'avenir de leur nation. Même si les chefs étaient respectés, ils n'avaient pas le pouvoir de prendre seuls des décisions concernant l'ensemble du groupe[118]. L'organisation politique des Indiens des bois reflétait leur mode de vie. Ils se déplaçaient par petits groupes de familles et il n'était pas nécessaire qu'un chef de famille détienne plus d'autorité qu'un autre. Ainsi, la notion de « chef « comme l'entendaient les Indiens des Prairies – qui dépendaient essentiellement de la chasse au bison, pratiquée en bande et nécessitant l'autorité d'un chef unique – ne signifiait rien pour les Indiens du nord-ouest. Ceux que les Indiens nommaient « chefs » dans les traités dits « du développement du nord canadien » étaient respectés de tous. À la fois diplomates et fermes, ils furent choisis en qualité de porte-parole. Keenooshayo et Moostoos – « le bison » en langue Cri – avaient été choisis par les Indiens Cri du Petit Lac des Esclaves respectivement comme chef et conseiller car tous deux étaient des personnalités très influentes, non seulement auprès des leurs, mais aussi auprès des bandes avoisinantes qui suivirent leur exemple et signèrent le traité.

Maurice Piché-Moberley, « chef » des Indiens Chipewyan à Fond-du-Lac, fut choisi en 1899 pour son prestige au sein de la communauté. « Meilleur chasseur de toute la tribu », il partageait généreusement sa chasse, apportant son aide aux nécessiteux. Mais le prestige et la générosité du « chef » n'influençaient pas forcément les décisions. Les Chipewyan avaient décidé – contre l'avis de leur « chef » – de signer le traité car leur situation était précaire et ils avaient grandement besoin d'une aide gouvernementale. Ils ne suivirent donc pas les consignes d'un chef, mais répondirent à leurs besoins. Ainsi, les Indiens « les plus fortunés [...] s'étaient tout d'abord rangés du côté du chef [Maurice Piché- Moberley] ", tandis que " les misérables pauvres gueux » s'y

---

[118] Cette remarque d'ordre générale s'applique à presque tous les Indiens chasseurs-trappeurs du nord-ouest canadien, à l'exception de certaines nations habitant la côte pacifique qui sont ici hors de notre propos.

opposaient[119]. Ces derniers étaient représentés par Laurent Tzaddie-Dzieddin, conseiller de la bande, qui eut finalement gain de cause. La décision finale fut pourtant prise à l'unanimité et tous les Indiens Chipewyan, y compris Maurice Piché-Moberley, signèrent à leur tour le traité.

Nous allons voir que dans certains cas, les chefs traditionnels furent destitués par les commissaires gouvernementaux qui tirèrent parti du clivage entre Indiens et métis aux dépens des Indiens.

Des « représentants » choisis par le parti adverse

En 1900 à Fort Résolution par exemple, les Chipewyan du Grand Lac des Esclaves avaient d'abord nommé Pierre Beaulieu comme porte-parole. Ce dernier demandait avec insistance que la commission lui expliquât clairement les clauses du traité. Aussi les commissaires tentèrent-ils de destituer Pierre Beaulieu de ses fonctions de chef. Pour cela ils s'enquirent auprès du père Dupire, missionnaire catholique au Grand Lac des Esclaves, si Pierre Beaulieu était bien « Indien » et non « métis ». Le père Dupire déclara que Pierre Beaulieu était métis et ce dernier fut déchu de ses fonctions. Ainsi, les représentants du gouvernement canadien décidèrent unilatéralement de remplacer Pierre Beaulieu. Ils profitèrent, semble-t-il, de l'imprécision du terme « métis » pour se défaire de lui. Mais la distinction entre « Indiens du traité » et « Indiens sans traité » ne s'appliquait pas à la situation de Pierre Beaulieu. Ce dernier était par définition un « Indien sans traité » comme l'étaient tous les Indiens présents à Fort Résolution en 1900, puisqu'ils négociaient justement leur adhésion au Traité N° 8[120].

Peut-être Pierre Beaulieu avait-il des ancêtres européens. Mais il eût été bien difficile de le prouver car les Indiens ne tenaient pas de registres. À supposer que le père Dupire tenait un

---

[119] Gabriel BREYNAT, *Cinquante ans au pays des neiges*, Montréal : Fides, vol. I, 1945, pp. 188-190.

[120] ARCHIVES DE LA NATION DENEE, entrevue de Angus Beaulieu avec Roy Daniels, de la Compagnie des Jeunes Canadiens, février 1969, cité *in* : R. FUMOLEAU, *op. cit.*, p. 126.

registre, Pierre Beaulieu n'en était pas moins considéré par ses pairs comme un des leurs, à tel point qu'ils l'avaient choisi pour porte-parole.

Pierre Beaulieu fut donc destitué et remplacé par Louison Ahthay-Dosnoir. Les témoignages ne concordent pas sur la manière dont Louison Dosnoir fut nommé chef. Selon Angus Beaulieu, son arrière-petit-fils, ce fut la commission qui le désigna. Johnny Beaulieu, fils de Pierre Beaulieu, et Johnny Jean Marie Beaulieu, son petit-fils, affirment que ce furent les Indiens qui le choisirent. Peut-être les Indiens, jugeant qu'ils n'étaient pas en position d'argumenter, furent-ils contraints d'approuver le choix des commissaires. Mais dans certains cas, il ne fait aucun doute que les porte-parole furent directement choisis par le gouvernement canadien.

Louison Ahthay-Dosnoir démissionna le lendemain de son élection, nous verrons plus loin dans quelles circonstances. Les commissaires nommèrent à sa place Vital Lamoëlle alors qu'il était absent. Les négociations furent menées par Snuff – chef des Couteau-Jaune – et par Andare Wetah-Dried Geese – chef des Flancs-de-Chien - au nom des quatre bandes présentes à Fort Résolution. Personne ne représentait plus les Indiens Chipewyan.

Certaines bandes n'avaient pas de « chefs » signataires – tels que définis par les commissaires gouvernementaux. Elles n'étaient représentées que par des « conseillers » car leurs membres n'étaient pas suffisamment nombreux selon les termes du traité : « [les chefs et les conseillers ne doivent pas] dépasser quatre pour chaque grande bande et deux pour une petite bande »[121]. Le procédé était flou et arbitraire, les conseillers étant définis dans le traité comme subordonnés. Il importait néanmoins que chaque bande eût un chef. Aussi certaines bandes furent-elles représentées par des porte-parole choisis par le gouvernement canadien.

En 1899 à Fort Chipewyan, les Chipewyan n'avaient pas choisi de chef. Ce furent les commissaires, représentants du gouvernement canadien, qui nommèrent les porte-parole Indiens. Le cas des Indiens Cri et Castor, qui signèrent en 1899 le traité au Débarcadère de la rivière de la Paix, est encore plus déconcertant.

---

[121] *Treaty Number Eight*, alinéa 14, p. 13.

Les Indiens apparaissent tous sous le nom de la bande de Duncan Tastaoosts, conseiller Cri, alors que Cri et Castor étaient de tous temps ennemis. Manifestement, les Castor n'avaient pas choisi Tastaoosts pour les représenter. Peut-être n'avaient-ils pas eu le choix, mais les sources dont nous disposons ne permettent pas de résoudre cette énigme.

Si les Indiens Flancs-de-Chien de la rivière Yellowknife choisirent en 1900 Andare Wetah-Dried Geese comme porte-parole à Fort Résolution, ce fut le commissaire James Macrae qui le désigna comme chef principal de la bande. Macrae choisit également ses conseillers, Benaiyah et Sek'eglinan. Dans ce cas précis néanmoins, le choix de la commission, il faut le dire, n'alla pas à l'encontre de celui des Indiens.

En 1899 à Fond-du-Lac, le traité fut d'abord signé par Laurent Tzaddie-Dzieddin et Toussaint, conseillers de Maurice Piché-Moberley tous deux désignés dans le traité comme « sous-chefs », subordonnés au chef Maurice Piché-Moberley qui fut pourtant l'un des derniers à apposer sa signature au bas du document. En effet, Maurice Piché-Moberley signa le traité deux jours après ses « conseillers », le 27 juillet, quatre-vingt-quatrième sur la liste des 410 Indiens Chipewyan de sa propre bande. Pour expliquer la signature tardive de Maurice Piché-Moberley, il est affirmé, sur le document officiel du traité, que les signataires étant beaucoup plus nombreux que prévu, il fallut choisir un chef pour les Chipewyan. En fait, comme nous l'avons vu, Maurice Piché-Moberley avait d'abord refusé de signer, craignant que le traité n'entravât sa liberté. Mais ce refus, qui apparaît dans le récit du Père Breynat, ne fut pas pris en compte. Plutôt que d'avouer son échec à l'endroit de Maurice Piché-Moberley, le commissaire Laird préféra sans doute dissimuler la vérité dans son rapport.

Les techniques de négociation

Les Indiens pour leur part surent choisir des représentants qui avaient les qualités que l'on exige de négociateurs. En 1900 à Fort Résolution par exemple, les Indiens Flancs-de-Chien, craignant qu'une attitude provocatrice les empêchât de négocier, choisirent pour porte-parole Andare Wetah-Dried Geese avec l'aval des Anciens, car c'était un homme pondéré.

C'est ainsi que les chefs indiens négocièrent avec fermeté pour obtenir une entente qui fût à leur avantage. En 1899, à Fort Chipewyan, les Indiens exigèrent que James McKenna leur donne des réponses précises sur plusieurs points du traité. À Fort Résolution, Pierre Beaulieu demanda avec insistance qu'on lui explique clairement le langage des commissaires et les conséquences précises que le traité aurait sur les Indiens. Louison Dosnoir-Ahthay, porte-parole des Chipewyan, démissionna de ses fonctions car les commissaires ne lui avaient pas répondu précisément sur les questions qui le préoccupaient, notamment sur la chasse au bison. Les Indiens, méfiants, refusèrent d'abord de signer le traité. À la fin de la première journée de négociations, Andare Wetah-Dried Geese, porte-parole des Flancs-de-Chien, fut le premier à lever la séance car la commission gouvernementale refusait d'écouter ses objections. Les autres Indiens suivirent son exemple et la réunion fut ajournée.

Pourtant, les Indiens de Fort Résolution acceptèrent finalement le traité, alors qu'ils n'avaient pas obtenu de réponses concrètes à leurs questions. Comment expliquer ce revirement ? La question s'éclaircit si l'on considère que, en fait, les chefs Indiens utilisèrent différentes techniques de négociation. Si Louison Dosnoir-Ahthay exigeait des réponses claires à des questions précises, Snuff choisit de prendre le commissaire au mot. Puisque James Macrae s'engageait, dans des termes certes très larges et peu explicites, à ce que les Indiens puissent jouir pleinement de leurs territoires, alors il fallait signer le traité au plus vite afin qu'il ne revînt pas sur ses paroles.

Partout, les négociations se déroulèrent sur ce mode. Les Indiens, ne pouvant obtenir de réponses précises, étaient contraints de signer sur la seule bonne foi des agents du gouvernement canadien. C'est pourquoi ils pressaient les commissaires d'être explicites : « Ne cachez rien que je n'entende pas », ordonna Andare Wetah-Dried Geese à Macrae. « Dites-moi la vérité »[122].

---

[122] ARCHIVES DE LA NATION DENEE, entrevue de Susie Abel avec June Helm, professeur d'anthropologie, University of Iowa, 5 juillet 1971, citée *in :* R. FUMOLEAU, *op. cit.*, p. 140.

Des commissaires peu scrupuleux

Ainsi, même les négociateurs Indiens choisis par les commissaires défendirent du mieux qu'ils purent les droits des autochtones, en refusant de signer le traité sans en comprendre les termes. Acculés, les commissaires leur firent des promesses qui dépassaient leurs intentions. Ainsi, en leur promettant de leur fournir des munitions pour la chasse et de la ficelle pour la pêche, ils réussirent à persuader les Indiens que le gouvernement ne restreindrait pas leurs privilèges de chasse et de pêche, sans pour autant s'y engager formellement.

Enfin, les commissaires offrirent aux Indiens de la nourriture dont ces derniers avaient grand besoin. En effet, l'arrivée des prospecteurs sur leurs territoires avait aggravé leurs conditions de vie déjà très précaires. Les nouveaux arrivants eux aussi chassaient pour se nourrir et s'installaient parfois définitivement pour trapper. En ces temps de famine, la concurrence des colons avait contribué à envenimer les relations entre les Indiens et les colons. C'est pourquoi les commissaires promirent aux Indiens de distribuer chaque année des rations de lard et de farine. À Fort Résolution, le commissaire James Macrae expliqua aux Indiens qu'il était venu dans le but de les aider. Le gouvernement, dit-il, avait appris que les Indiens vivaient dans la pauvreté. Il leur envoyait par conséquent de l'argent et des provisions afin de les soulager de leur misère. Ainsi, à Fort Résolution, les Indiens passèrent une bonne partie de la première journée de négociations à écouter les promesses du commissaire James Macrae. Il faut rappeler que la famine avait obligé les Indiens à demander la signature d'un traité car le gouvernement refusait de les aider, arguant qu'il n'était pas obligé de secourir les Indiens qui n'avaient pas signé un traité. Néanmoins, ces promesses n'apparaissent pas dans le texte du Traité N° 8 et James Macrae ne tint pas parole.[123]

---

[123] ARCHIVES DE LA NATION DENEE, entrevues de Johnny Jean Marie Beaulieu avec Dora Unka, Chipewyan, 1969 ; avec Dave Smith, département d'anthropologie de l'Université du Minnesota, Minneapolis, juin 1969 ; avec Robert Sayine, Chipewyan, avril 1972 ; entrevue de Pierre Frisé (Freezie) avec Tom Unka, Chipewyan, 1972. Cités *in :* R. FUMOLEAU, *op. cit.*, p. 129.

Il faut souligner par ailleurs que les Indiens furent influencés par les marchands qui pratiquaient la traite des fourrures dans la région. Ceux-ci incitaient les Indiens à signer le traité, escomptant des profits sur la vente de leurs marchandises. La plupart des signataires n'avaient encore jamais vu d'argent car leur économie était fondée sur un système de troc. Les marchands, installés aux différents postes de traite où se tenaient les négociations, profitèrent de la situation et les incitèrent à dépenser leur argent. Là où plusieurs compagnies – la Baie d'Hudson, la Northern Traders et la compagnie Revillon Frères – ainsi que des marchands indépendants avaient des magasins au même endroit, la concurrence joua probablement en faveur des Indiens. Toutefois, les Indiens achetèrent des marchandises dont ils n'avaient pas l'utilité. Si le chef Maurice Piché-Moberley en vint lui aussi à signer le traité, ce fut, semble-t-il, parce qu'il fut séduit par les marchandises qu'offraient la compagnie de la Baie d'Hudson et les marchands indépendants venus tout exprès profiter de l'occasion.

Pourquoi de l'argent ? La liberté ne se vend pas

La distribution d'argent intriguait néanmoins les Indiens. N'doah, Indien Flancs-de-Chien, exprima clairement cette inquiétude à Fort Résolution : « C'est drôle, dit-il, on ne reçoit jamais d'argent sans raison »[124]. Leur mode de vie était-il menacé ? Maintes fois, le commissaire rassura les Indiens. Leur mode de vie, promit-il, resterait inchangé.

En 1899, le rapport des commissaires avait de son côté révélé d'autres menaces dont les Indiens avaient raison de s'inquiéter. Les Chipewyan notamment paraissaient « plus portés à poser des questions qu'à faire des discours ». De fait, les Indiens du nord avaient eu connaissance des traités signés par les Indiens des Plaines et « ils voulaient tous des conditions aussi libérales, sinon plus libérales, que celles accordées aux Indiens des Plaines »[125].

---

124 ARCHIVES DE LA NATION DENEE, entrevue de Susie Abel avec June Helm, professeur d'anthropologie, University of Iowa, 5 juillet 1971, citée *in :* R. FUMOLEAU, *op. cit.*, p. 140.

125 *Treaty Number Eight*, p. 5.

En réalité, les Indiens refusaient catégoriquement de vendre leur terre. L'argent du traité, disaient-ils, ne devait pas acheter leur territoire. En outre, le gouvernement devait s'engager à laisser aux Indiens entière liberté de chasse et de trappe. Ainsi, la « Loi pour la préservation du gibier dans la partie inorganisée des Territoires du Nord-Ouest du Canada » de 1894, qui interdisait la chasse de certains gibiers, notamment celle du bison, aurait dû devenir caduque ; elle continua pourtant d'être appliquée jusqu'en 1912. Or les Indiens refusaient de signer le traité tant qu'ils n'obtiendraient pas l'assurance qu'ils pourraient chasser le bison comme bon leur semblerait. Il faut souligner cette prescience des Indiens sur les conséquences du traité. Ils entendaient conserver leurs droits de chasse, de pêche et de trappe et il est clair que, si les commissaires ne les avaient pas rassurés sur ce point, ils n'auraient pas signé. Tous les chefs, sans exception, en firent une condition sans laquelle le gouvernement ne devait rien obtenir d'eux.

À Fort Chipewyan, les Indiens Chipewyan négocièrent, semble-t-il, avec plus d'ardeur que les Cri. Néanmoins, Cri et Chipewyan exigeaient tous, avec la même fermeté, de demeurer libres de chasser, de trapper et de pêcher, en bref, libres de circuler où bon leur semblerait. Il en fut de même pour tous les Indiens qui signèrent le Traité N° 8. Ils craignaient que le gouvernement canadien ne les obligeât à s'installer sur des réserves et qu'il limitât leur liberté d'accès à leurs territoires traditionnels. Les Indiens du nord canadien refusaient de subir le même sort que les Indiens des Prairies.

À Fond-du-Lac, les négociations semblaient d'abord bien engagées. Les chefs et leurs adjoints furent élus sans difficulté à la demande de David Laird, mais lorsque le traité fut lu et traduit les difficultés surgirent. Le chef des Chipewyan, Maurice Piché-Moberley, craignant que son peuple ne perde ses libertés, se retourna contre l'interprète, un certain Louis Robillard, qui tentait de le convaincre : « Le bon Robillard essaya de l'amadouer », raconte Gabriel Breynat. « Il ne fit que l'enrager davantage [...]. 'Inde irae...' et la bataille éclata ! »[126]. Puis Maurice Piché-Moberley quitta la table des négociations pour rejoindre son

---

[126] Gabriel BREYNAT, *op. cit.*, pp. 188-190.

campement. À Fort Résolution, Snuff, chef des Couteau-Jaunes, conduisit les négociations dans le même esprit. Les Indiens ne vendraient pas leurs terres et conserveraient leurs libertés de chasse, de trappe et de pêche.

Les Indiens considéraient l'usufruit de la terre comme un droit inaliénable. En outre, ils ne faisaient pas la différence entre les termes « usufruit » et « nue-propriété ». Dans le Traité N° 4, le gouvernement avait reconnu que la trappe des animaux à fourrure était un trait caractéristique du mode de vie des Indiens : « Sa Majesté déclare que Ses Indiens auront le droit de poursuivre leurs activités de chasse, de trappe et de pêche »[127]. En 1899 et en 1900, les commissaires chargés du Traité N° 8 promirent également aux Indiens que leur mode de vie demeurerait inchangé.

Le souci principal des Indiens, tel qu'il ressort des textes rédigés par les représentants du gouvernement canadien comme des témoignages des Indiens eux-mêmes, était de conserver leurs « privilèges de chasse et de pêche », qui constituaient leurs droits inhérents. Si tant est « que le traité ne mènerait à aucune intervention forcée dans leur manière de vivre », comme les commissaires l'assurèrent, alors cette « loi » à laquelle les Indiens sont « obligés [d'] obéir » n'exige d'eux que « de vivre en paix avec les Blancs [...] comme ces derniers sont obligés de le faire à l'égard des Indiens » [128] . En échange, les Indiens exigeaient du gouvernement qu'il prît soin des vieillards et des indigents, et qu'il leur vînt en aide en temps de détresse. Les commissaires engagèrent la responsabilité du gouvernement.

Les Indiens demandaient, en outre, les services d'un médecin, des écoles pour leurs enfants ainsi qu'une éducation qui « n'interviendrait pas dans leurs croyances religieuses ». Les commissaires s'engagèrent à fournir des médicaments aux Indiens, comme stipulé dans le Traité N° 6, et à assurer l'éducation de leurs enfants. En outre, ils affirmèrent que le gouvernement ne s'immiscerait pas dans les questions d'ordre religieux.

---

[127] CANADA, *Indian Treaties and Surrenders. From 1680 to 1890.- In two volumes*, réimpression [1ère éd. 1891], Toronto : Coles, 1971, vol. I, p. 315.

[128] *Treaty Number Eight*, p. 6.

Les Chipewyan de Fort Chipewyan désiraient également obtenir une liaison ferroviaire avec le sud, pour faciliter et diminuer le coût du transport des marchandises. Ainsi, les Indiens avaient-ils des exigences bien définies et entendaient-ils tirer profit des projets de modernisation du pays. Ils refusaient de vendre leur territoire, mais acceptaient – en échange de services – de vivre en bonne entente avec les colons. Ils s'efforçaient de préserver leur mode de vie traditionnel, fondé sur la chasse, la trappe et la pêche. En bref, ils étaient disposés à négocier un traité de paix et d'amitié afin de protéger leurs intérêts face à la concurrence des colons.

Un traité de paix et d'amitié

Dans son discours préliminaire à Fort Résolution, James Macrae, commissaire en chef, n'aborda pas plus que dans ses autres discours la question de cession du titre foncier des autochtones[129]. Il ne désirait rien d'autre, affirma-t-il, qu'assurer la paix entre les Indiens et les colons. Les représentants du gouvernement canadien déclarèrent solennellement qu'aucune loi ne viendrait entraver le mode de vie des Indiens. Les Indiens ne signèrent qu'à la condition qu'il s'agisse d'un traité d'entente et de paix. Entendaient-ils ne signer qu'un traité qui ne remettait pas en cause leur titre foncier ? C'est du moins ce qu'ils soutenaient.

Le Traité N° 8 : un leurre

Le traité qui fut proposé aux Indiens avait été rédigé par le gouvernement, avant les négociations. On leur offrait ainsi le choix d'accepter ou de refuser des conditions qui avaient été décidées à l'avance, par des tiers qui n'étaient pas même présents au moment de la signature du traité. C'est pourquoi les commissaires évitèrent d'aborder certains sujets auxquels ils ne pouvaient répondre, car ils n'en avaient pas l'autorité. Ainsi, à Fort Résolution (juillet 1900), Macrae avoua qu'il n'avait aucun pouvoir de décision.

Or les Indiens refusaient de signer un traité qui ne répondait pas à leurs besoins. Lorsqu'ils comprirent que les Indiens refuseraient de signer tant que les promesses orales ne seraient pas

---

[129] Voir les témoignages des Indiens, recueillis entre 1968 et 1972, et retranscrits par René Fumoleau, *in :* R. FUMOLEAU, *op. cit.*, pp. 67-140.

transcrites sur papier, les commissaires revinrent sur leurs dires. Ainsi, après leur avoir affirmé qu'ils pourraient toujours vivre de la terre, ils leur disaient à présent que la terre appartenait aux Blancs dès lors que les Indiens avaient signé le traité. Les Indiens devaient maintenant se plier aux lois canadiennes. Le commissaire revenait ainsi sur la promesse qu'il avait faite la veille. C'est pourquoi le chef Louison Ahthay-Dosnoir démissionna. Il refusait de prendre la responsabilité de signer, pour son peuple, un traité dont les clauses étaient si vite violées.

Or, les Indiens du nord-ouest canadien appartenaient à une civilisation de l'oral et attachaient une importance primordiale à ce qui était dit. Toutefois, ils savaient la valeur que les représentants du gouvernement canadien et les colons en général accordaient à l'écrit. Aussi exigèrent-ils que les promesses répétées des commissaires soient incluses dans le traité. Ils en firent même une condition préalable de leur accord.

Les commissaires refusant de coucher par écrit leurs promesses, Andare Wetah-Dried Geese et Pierre Beaulieu levèrent la séance au premier jour des négociations. Louison Dosnoir, le successeur de Pierre Beaulieu, exigeait lui aussi des preuves écrites et signées. Enfin, ce n'est qu'après avoir été assurés que le traité contenait bien tout ce qui avait été promis, que les Indiens acceptèrent de le signer.

Or, les Indiens ne parlaient ni écrivaient l'anglais. C'est pourquoi les interprètes jouèrent un rôle primordial lors des négociations. Robillard était l'interprète des Chipewyan à Fond-du-Lac. À Fort Chipewyan, Pierre Mercredi, le commis du fort pour la compagnie de la Baie d'Hudson, était l'interprète des Chipewyan du lieu, George Drever, l'officier de la compagnie en charge du fort, celui des Cri. À Fort Résolution, Michel Mandeville était l'interprète des Flancs-de-Chien. Mandeville était, aux dires des Indiens, un bon interprète. Mais il faut souligner que les interprètes, pour la plupart métis, comprenaient surtout la langue anglaise courante, très mal la langue administrative.

Or, un interprète doit donner dans une langue l'équivalent de ce qui a été dit ou écrit dans une autre. En admettant que l'interprète soit chargé de traduire des concepts de la langue de départ – à savoir l'anglais – qui n'existent pas dans la langue d'arrivée – le Cri ou bien encore les langues athapascanes des Dènè comme le Chipewyan – il peut éventuellement s'aider de paraphrases explicatives, dans le but de traduire non plus des concepts, mais le résultat concret de tels concepts grâce à des exemples pris dans la vie quotidienne.

Ainsi, pour traduire la notion de « nue-propriété » par opposition à celle d' « usufruit », les interprètes du Traité N° 8 devaient eux-mêmes comprendre les termes du traité. Or, la notion de cession de titre de nue-propriété n'est pas explicite dans le texte officiel du traité. Celui-ci, rédigé par des juristes de langue anglaise, prête déjà à plusieurs interprétations légales dans la langue de départ et suscite plusieurs questions : le titre de « nue-propriété » est-il cédé par les Indiens à la Couronne ou appartient-il au préalable à la Couronne ? S'il appartient déjà à la Couronne, pourquoi demander aux Indiens de signer un traité ? S'il s'agissait pour les commissaires d'avertir les Indiens que leurs terres appartenaient à la Couronne, on peut se demander dans quelle mesure ces derniers l'ont bien compris. Et enfin, si les Indiens, en signant le traité, ont cédé leur titre foncier, pourquoi l'ont-ils toujours nié ?

Si l'interprète devait expliquer aux Indiens qu'ils cédaient, par le traité, un titre de « nue-propriété » à la Couronne, la méthode la plus simple eût été d'exposer les conséquences de ces termes, à savoir que les Indiens, en signant le traité, se soumettaient à des lois dont ils n'avaient aucune maîtrise. Or, ces lois étaient de nature à peser sur des libertés auxquelles les Indiens étaient tant attachés lors de la signature du traité qu'ils refusaient de signer si les commissaires ne s'engageaient pas solennellement à les préserver.

Selon les termes de l'alinéa neuf du Traité N° 8, ces libertés étaient restreintes par « tels règlements qui [pourront] être faits de temps à autre par le gouvernement du pays »[130]. En d'autres termes, cette clause obligeait les Indiens à se soumettre à une éventuelle législation restreignant leurs activités traditionnelles de chasse, de trappe et de pêche. Les interprètes avaient le devoir de traduire cette clause, d'autant que les Indiens craignaient certaines lois dont ils avaient eu vent, concernant la protection du

---

[130] *Treaty Number Eight*, alinéa 9.

gibier dans les Territoires du Nord-Ouest et qui restreignaient leurs droits de chasse. Il faut remarquer que le problème de la langue ne se posait pas pour la traduction de l'alinéa neuf. La clause illustrait parfaitement le concept de « nue-propriété » qu'il était impossible de traduire. Elle abrogeait *de facto* la souveraineté des Indiens. Or, jusqu'à ce jour, l'alinéa neuf du Traité N° 8 est l'objet d'interprétations juridiques souvent contradictoires.

Si l'on admet que les concepts de « nue-propriété » de la terre et de cession de titre n'ont pas d'équivalent dans les langues des Indiens du nord-ouest canadien, alors la validité du Traité N° 8 doit être remise en cause. Pourtant, si la justice canadienne reconnaît que les Indiens n'étaient pas en mesure de comprendre pleinement la portée du traité[131], celui-ci a néanmoins toujours valeur juridique.

Mais l'impossibilité de traduire certains termes et certains concepts d'une langue à une autre ne suffit pas à expliquer les malentendus qui entourent le Traité N° 8. Trente ans après la signature du traité par les Chipewyan à Fort Résolution en 1900, Pierre Mercredi, leur interprète, affirma que le texte officiel qui avait été remis aux Indiens était un faux, car l'alinéa neuf n'existait pas à l'origine. Selon lui, cette clause du traité aurait été rajoutée par la suite à l'original que les Indiens avaient déjà signé. En d'autres termes, « le gouvernement de sa Majesté » aurait trompé les signataires.[132]

Ce témoignage concorde avec ceux de certains missionnaires qui, ayant convaincu les Indiens qu'il était de leur intérêt de signer le traité, s'aperçurent plus tard que les émissaires gouvernementaux s'étaient servis d'eux. En effet, si Lacombe s'accommoda des négociations, ce ne fut pas le cas de tous les missionnaires. Dans les années 1930, de nombreux missionnaires, qui avaient soutenu les commissaires lors de la signature du Traité N° 8, s'indignèrent de ce que le gouvernement fédéral n'avait pas

---

[131] *Re Paulette and Registrar of Land Titles (NO.2)*, 6 W.W.R. 115, Northwest Territories Supreme Court, 1973.

[132] Pierre MERCREDI, entretien dans le *Winnipeg Tribune*, 19 juillet 1939, cité *in* : R. FUMOLEAU, *op. cit.*, p. 109.

tenu ses promesses. Ces missionnaires avaient le sentiment d'avoir été utilisés par le gouvernement et lui en gardaient rigueur.

Gabriel Breynat tâcha de réparer ses torts. Il avait servi plusieurs fois d'interprète pour la commission et avait signé le traité en tant que témoin à Fort Chipewyan et à Fond-du-Lac. Quarante ans plus tard, Gabriel Breynat accusa le gouvernement de l'avoir trompé. Il affirma avoir cru que le Traité N° 8 était un traité de paix et d'amitié qui ne devait restreindre ni les libertés ni les droits des Indiens. C'est ainsi, dit-il, que les Indiens l'avaient entendu : ils n'avaient pas cédé leur titre de propriété.

En 1937, Monseigneur Breynat recueillit trente-cinq témoignages qui abondent tous dans le même sens [133]. La campagne de Monseigneur Breynat visait l'opinion publique. Aussi contacta-t-il les journalistes pour dénoncer le gouvernement canadien.

Une imposture : les conclusions de René Fumoleau

L'original du Traité N° 8 est conservé aux archives publiques du Canada, à Ottawa. René Fumoleau, un missionnaire Oblat qui vit parmi les Dènè depuis 1953, a attentivement examiné le document pour la rédaction de son ouvrage, *As Long as this Land Shall Last : A History of Treaty 8 and Treaty 11, 1870-1939*, publié en 1975[134]. Il y a relevé plusieurs anomalies. Il fonde son argumentation sur les signatures de Fort Chipewyan et de Fond-du-Lac en 1899, et sur celles de Fort Résolution obtenues en 1900. D'après lui, les croix tenant lieu de signatures sont des faux. Prenons par exemple les signatures des porte-parole Chipewyans à Fort Résolution. L'examen du document révèle des incohérences. Comme à Fort Chipewyan et à Fond-du-Lac, les croix tenant lieu de signatures à Fort Résolution sont toutes identiques et régulières. Seules deux signatures figurent en caractères syllabiques, celles de Vital Lamoëlle et de son conseiller Paulette Chandelle qui signèrent pour les Chipewyan. René Fumoleau ne conteste pas l'authenticité de ces signatures, mais leur validité. En effet, on se

---

[133] ARCHIVES DE LA NATION LUBICON, dossier : Treaty 8 - Témoignages réunis en 1937 par Gabriel Breynat.

[134] René FUMOLEAU, *op. cit.*.

rappelle que Vital Lamoëlle était absent lors des négociations. Il ne fut invité à apposer sa signature qu'après les pourparlers. En outre, deux croix, également fort régulières et donc suspectes, tiennent lieu de signature pour Louison Ahthay-Dosnoir et Olivier Ajjericon. Or, nous l'avons vu, l'un et l'autre avaient démissionné de leurs fonctions avant la conclusion des négociations. Les Chipewyan, en raison de leur faible nombre, n'avaient élu qu'un chef et un conseiller. Si Louison Ahthay-Dosnoir et Olivier Ajjericon ont réellement signé ce document, à quel titre l'ont-ils fait ?

Le document fut semble-t-il préparé à l'avance, entre le moment où Pierre Beaulieu fut déchu de ses fonctions et celui où Louison Ah Thay démissionna. Pour vérifier l'hypothèse selon laquelle l'original du Traité N° 8 est un faux, il faudrait pouvoir le comparer avec les documents qui furent remis aux Indiens le jour de la signature. Or, les Indiens de Fort Chipewyan n'en reçurent un exemplaire que l'année suivante. Selon Pierre Mercredi, l'interprète des Chipewyan à Fort Chipewyan, le document original avait été falsifié.

On peut affirmer en outre que les Indiens n'avaient pas compris la teneur du traité et les conséquences que leur signature entraînerait pour l'avenir de leurs peuples. Certains « pensaient qu'un traité signifiait simplement qu'on leur donnait une [certaine] somme d'argent » ; d'autres, en revanche, prédisaient « qu'un traité n'amènerait rien de bon »[135]. Soucieux de leur bien-être et de celui de leurs descendants, ils exigeaient seulement du gouvernement fédéral qu'il leur garantisse leurs droits inhérents et fondamentaux, le droit de circuler librement et de trapper, de chasser et de pêcher comme ils l'entendaient.

Pour les Indiens, le Traité N° 8 était un pacte de paix et d'amitié passé avec un peuple qui souhaitait partager leur territoire. Il n'était nullement question pour eux d'abandonner leurs terres et de céder leur titre foncier. C'est en cela que l'on peut dire que les Indiens ont compris qu'ils conservaient leur souveraineté, au même titre que leur droit d'usufruit sur la terre.

---

[135] ARCHIVES DE LA NATION DENEE, entrevue de René Fumoleau avec Johnny Jean Marie Beaulieu, 1969, citée *in :* R. FUMOLEAU, *op. cit.*, p. 122.

La question centrale qui entoure le Traité N° 8 est celle de la terre. Les Indiens affirment que le traité n'entrave ni leur liberté de mouvement, ni leur titre d'usufruitier, ni leur souveraineté. Le texte officiel du Traité N° 8 stipule que les Indiens ont cédé leur droit à la terre. Mais les témoignages des intéressés et ceux d'observateurs neutres précisent que les Indiens n'ont signé qu'un traité de paix et d'amitié avec les autorités canadiennes. Or, ces déclarations sont en contradiction avec le texte officiel du Traité N° 8, qui stipule que :

> [...]lesdits Sauvages par le présent CÈDENT, ABANDONNENT, REMETTENT ET RENDENT au gouvernement de la Puissance du Canada pour sa Majesté la Reine et ses successeurs pour toujours, tous droits, titres et privilèges quelconques qu'ils peuvent avoir sur les terres en question [...][136].

Il est clair que, pour le gouvernement canadien, les Indiens cédaient leur titre foncier en signant le traité. Qui faut-il croire ? Le gouvernement canadien ou bien les témoins indiens, susceptibles eux aussi de parti pris, mais seuls dépositaires d'une mémoire essentiellement orale ?

Au-delà des problèmes d'interprétation juridique dont on a déjà parlé, une nouvelle question émerge : si le Traité N° 8 est frauduleux, il est alors invalide. Les Indiens du même coup demeurent souverains. Ils n'ont cédé ni leur titre foncier, ni aucun des droits inhérents qu'ils possèdent sur leurs territoires.

---

[136] *Treaty Number Eight*, alinéa 5.

Chapitre 7

LA TERRE ET LES RESSOURCES, ENTRE AUTORITÉ FÉDÉRALE ET PROVINCIALE

(1900-1930-1969)

La question du Traité N° 8, nous l'avons vu, est essentiellement un problème de droits territoriaux. Or, si le droit à la terre ainsi que les droits miniers et les droits de chasse, de trappe et de pêche qui lui sont apparentés ne représentent certes qu'un des nombreux aspects des droits des autochtones, ils sont néanmoins essentiels à leur autonomie économique, sociale et politique. La question de la terre est donc primordiale, même si le terme « droits des autochtones » embrasse une problématique beaucoup plus vaste.

Jusqu'au premier tiers du XXe siècle, les problèmes territoriaux furent réglés au moyen de traités. Ainsi, plus de 1 800 000 km avaient été cédés par les Indiens à la Couronne au terme des traités dits « numérotés », signés entre 1871 et 1921. Rappelons que, selon les termes de ces traités, les Indiens détenaient non seulement l'usage exclusif des terres agricoles sur les réserves, mais également l'exploitation du bois. Par ailleurs, au cours des discussions qui avaient précédé la signature des traités numérotés, les commissaires gouvernementaux s'étaient aussi engagés à accorder aux Indiens le bénéfice de l'exploitation minière sur les réserves. Nous avons vu en outre que les traités numérotés ne se limitaient pas à encourager les Indiens à la sédentarisation et à l'exploitation des réserves ; ils garantissaient également aux autochtones la possibilité de poursuivre leur mode de vie fondée sur la chasse, la trappe et la pêche sur leurs territoires traditionnels[137].

---

[137] Voir les Traités Nos 3 à 10 ainsi que les promesses orales faites par les agents du gouvernement lors des négociations des Traités 1 et 2. Voir également Alexander MORRIS, *op. cit.*, pp. 29, 96 et 272 ; Richard H. BARTLETT, *Indian*

Or, ces droits, garantis par le gouvernement fédéral, furent remis en cause après 1930 par les provinces de l'ouest, le Manitoba, le Saskatchewan et l'Alberta. La province du Manitoba avait été créée en 1870, les provinces du Saskatchewan et de l'Alberta, situées dans les anciens Territoires du Nord-Ouest à l'ouest du Manitoba, furent créées en 1905. Le pouvoir fédéral conserva néanmoins jusqu'en 1930 l'administration et la propriété des terres et des ressources naturelles appartenant au domaine public dans les provinces de l'ouest. Aussi les terres du domaine public, ou « terres de la Couronne », étaient-elles sous juridiction fédérale, ce qui permit au gouvernement central de reconnaître que les autochtones bénéficiaient de l'exploitation minière sur leurs réserves, comme il l'avait promis lors des négociations des traités.

En 1930 eut lieu la dévolution, par le gouvernement fédéral, du contrôle des ressources naturelles de l'Ouest aux provinces. Il s'agit là d'un pas politique majeur dans l'évolution de la confédération canadienne qui complète ainsi le reversement aux provinces, déjà opéré dans l'est du pays, de la gestion des ressources naturelles. Ce pas politique eut des conséquences notables sur le développement économique du pays ; il retentit surtout, en ce qui nous concerne ici, sur la politique autochtone du gouvernement fédéral et des provinces. Les traités signés avec les Indiens, et la situation de ces derniers, en furent gravement affectés. Jusqu'à la signature des « accords de transfert des ressources naturelles » en 1930 – décrets constitutionnels signés par le gouvernement fédéral et les provinces de l'Alberta, du Saskatchewan et du Manitoba – les gouvernements de ces provinces de l'ouest canadien s'étaient contentés de jouer le rôle d'agents du gouvernement fédéral, lequel assumait l'entière responsabilité des Affaires indiennes. Le pouvoir de veto attribué aux provinces en 1930 leur conféra désormais une influence considérable et leur permit de faire valoir leurs intérêts économiques sur les ressources du territoire au détriment des autochtones. De ce moment, dans l'ouest canadien, la question territoriale restera une source permanente de conflit entre les

---

Reserves and Aboriginal Lands in Canada : A Homeland: A Study in Law and History, Saskatoon : University of Saskatchewan Native Law Center, 1990, p. 45.

gouvernements provinciaux et les nations autochtones bien qu'en 1930 les provinces et le gouvernement fédéral se soient formellement engagés à remplir les obligations contractées lors de la signature des traités numérotés.

Certes, depuis l'époque coloniale, la politique gouvernementale en matière de droits autochtones n'a jamais été définitivement ni équitablement réglée. C'est comme si le gouvernement fédéral n'avait jamais eu de cesse de tenter d'échapper à ses responsabilités. Cette politique a atteint son apogée lorsque l'avant-projet de loi visant à supprimer la Loi sur les Indiens (*White Paper*) fut publié en 1969. Le département des Affaires indiennes avait pourtant au préalable abondamment consulté les autochtones sur l'ensemble du territoire.

Dans la période qui s'étend de la dévolution aux provinces en 1930 au projet de loi de 1969, nous nous interrogerons sur la politique indienne provinciale et les droits autochtones dans l'ouest canadien, puis sur la manière dont se fit la dévolution de la responsabilité fédérale des Affaires indiennes aux provinces sur l'ensemble du territoire canadien. De quelle manière le gouvernement fédéral, en ce milieu du XXe siècle, voulait-il s'y prendre pour faire des autochtones des citoyens à part entière[138], c'est-à-dire des citoyens comme les autres, et donc dépourvus de leurs droits territoriaux inhérents ?

La dévolution du pouvoir fédéral aux provinces de l'Ouest (1930)

En 1930, une modification de la Constitution de 1867 confirma les ententes conclues entre le gouvernement fédéral et les provinces de l'ouest sur la cession des ressources naturelles[139].

---

[138] Les autochtones obtinrent le droit de vote aux élections fédérales en 1960. Le suffrage universel s'étendit en 1969 à l'ensemble des élections, fédérales et provinciales.

[139] *Alberta Natural Resources Agreement*, Alberta SC 1930, c. 3, ss. 10 and 11, *in* : *Constitution Act*, 1930, RSC 1970, app. II, n° 25, (formerly *British North America Act, 1930*, c. 26 (U.K.) 20-21 George V) ; *Manitoba Natural Resources Agreement*, Manitoba SC 1930, c. 29, ss. 11 and 12, *in* : *Constitution Act*, 1930 ;

Ainsi, le gouvernement fédéral transféra-t-il à chacune des trois provinces, le Manitoba, le Saskatchewan et l'Alberta, la propriété des terres appartenant au domaine public ainsi que la propriété des ressources naturelles, à l'exception des réserves indiennes et des terres garanties par traité aux autochtones. Par ailleurs, les Indiens conservaient le droit de chasser, de trapper et de pêcher en toute saison pour leur subsistance sur leurs réserves, sur les terres inoccupées de la Couronne et sur les terres auxquelles ils conservaient un droit d'accès. Soulignons que les Indiens ne furent pas consultés lors de l'élaboration des accords de transfert. Il s'agissait pourtant de garantir, entre autre, les droits des autochtones inscrits dans les traités numérotés.

Terres réservées aux Indiens

Le gouvernement fédéral s'était en effet engagé dans les traités à réserver des terres pour l'usage exclusif des Indiens. De plus, les traités stipulaient tous que les autochtones devaient sélectionner l'emplacement des réserves. Mais certains Indiens, notamment dans le nord du pays, avaient toujours refusé de s'installer sur des réserves. C'est pourquoi le gouvernement fédéral craignait l'émergence de conflits entre les Indiens et les gouvernements provinciaux si l'on persistait à remettre à plus tard la création des réserves autochtones.

Les accords de 1930 stipulaient que les terres non occupées de la Couronne, appartenant au domaine public, étaient transférées aux provinces et ne dépendaient plus de la juridiction fédérale. Afin de régler la question des réserves autochtones, ces accords contenaient en outre une clause conditionnelle selon laquelle les provinces s'engageaient à réserver des terres afin que le gouvernement du Canada puisse remplir les obligations qu'il avait contractées lors de la signature des traités avec les Indiens

Ainsi encore aujourd'hui, selon les termes de ces accords, les obligations contractées envers les autochtones par le gouvernement fédéral dans les provinces de l'ouest reposent exclusivement sur les traités numérotés. Les provinces sont donc

---

Saskatchewan Natural Resources Agreement, Saskatchewan SC 1930, c. 41, ss. 10 and 11, *in* : *Constitution Act, 1930*.

contraintes de réserver des terres non occupées de la Couronne, appartenant au domaine public, sélectionnées avec l'accord des provinces par les autochtones et le surintendant général des Affaires indiennes, afin d'établir les réserves promises par le gouvernement fédéral dans les traités numérotés.

Droits miniers sur les réserves

La question des réserves soulevait également celle de leur exploitation. Les accords de 1930 réaffirmaient le principe selon lequel les réserves indiennes sont du domaine exclusif du pouvoir fédéral.

Comme nous l'avons vu plus haut, le gouvernement fédéral n'ignorait pas que les territoires cédés par les autochtones recelaient un important potentiel minier. Ce fut d'ailleurs l'une des raisons pour lesquelles le gouvernement entreprit la négociation des traités numérotés. Or, les représentants de la Couronne s'étaient engagés lors des négociations à protéger les intérêts des Indiens et à leur garantir le droit d'exploiter les ressources naturelles, minerais compris, situées sur les réserves. Par ailleurs, le terme de « réserve » tel que défini par la Loi sur les Indiens de 1876, en vigueur lors de la signature des six derniers traités numérotés, incluait « tous les arbres, le bois, le sol, la roche, les minerais, les métaux et autres richesses du sol et du sous-sol »[140].

C'est pourquoi, aujourd'hui encore, la question des droits des autochtones sur le sous-sol des réserves est soumise à la Loi sur les Indiens et dans les provinces de l'ouest canadien ce sont les accords sur les ressources naturelles qui déterminent les relations entre les provinces et les réserves. L'article 11/12 des accords de transfert des ressources naturelles rejette formellement toute ingérence et toute revendication provinciales dans l'exploitation du sous-sol des réserves. Les accords de 1930 stipulent également que seul le gouvernement fédéral est habilité à gérer et à vendre les minerais extraits des réserves.

Puisque les provinces ne peuvent pas disposer des richesses minières situées dans les réserves, la gestion et le contrôle des minerais sont soumis à deux lois fédérales, la Loi sur

---

140 *Indian Act*, SC 1876, 39 Victoria, c. 18, ss. 3(6).

les Indiens et la Loi sur le pétrole et le gaz en territoire indien. Comme le stipulent les articles 37 à 39 de la Loi sur les Indiens de 1985, les minerais situés sur les réserves doivent avoir été cédés par les Indiens à la majorité avant d'être vendus à la Couronne avec l'assentiment du gouvernement fédéral.

De même, la Loi sur le pétrole et le gaz en territoire indien stipule que pour être validée, toute cession minière doit recevoir l'assentiment de la majorité de la bande et celle du gouvernement fédéral. Les autochtones ont donc un veto absolu sur la vente des droits miniers sur les réserves. Si les droits miniers des Indiens sont dans l'ensemble respectés, c'est parce qu'ils concernent des terres indiennes bien définies. Les droits de chasse, de trappe et de pêche, eux, concernent les territoires traditionnels des autochtones ; ils s'étendent bien au-delà des réserves et ne sont pas toujours clairement définis par les traités.

Droits de chasse, de trappe et de pêche

Ces droits sont en principe garantis par les traités, mais dans la pratique les lois fédérales et provinciales sur la chasse et la trappe s'appliquent aussi bien aux non-autochtones qu'aux autochtones. En théorie, le droit des autochtones de chasser et de pêcher pour leur subsistance sur les terres non occupées de la Couronne découle de la Proclamation royale de 1763.

La chasse, la pêche et la cueillette constituaient alors l'essentiel des moyens de subsistance des Indiens auxquels était directement liée leur organisation sociale. Aujourd'hui encore, ces activités jouent un rôle important dans de nombreuses régions et sont sources de conflit entre les autochtones et les différents gouvernements du Canada. Il faut ici revenir en arrière pour mieux comprendre les enjeux.

On se souvient que, chaque fois qu'ils négocièrent avec le gouvernement fédéral, les Indiens cherchèrent avant tout à préserver leurs droits sur les ressources naturelles. Le gouvernement leur avait d'ailleurs solennellement promis sa protection. Néanmoins, le mode de vie nomade des Indiens fut jugé contraire à l'effort civilisateur du gouvernement canadien et à leur assimilation au sein de la société dominante. Aussi en 1890, le gouvernement fédéral décréta-t-il que les lois « sur la chasse ou telle espèce de gibier » en vigueur au Manitoba et dans les Territoires du Nord-Ouest étaient désormais aussi applicables aux Indiens[141]. Dès les années 1920, d'autres lois vinrent limiter les droits de chasse, de trappe et de pêche des autochtones. La Loi sur le gibier de l'Alberta de 1922[142] par exemple va à l'encontre des droits des autochtones tels que définis par les traités.

En 1930, il fut décrété que dans les provinces de l'ouest, les droits de chasse, de trappe et de pêche des autochtones seraient désormais sujets aux accords de transfert sur les ressources naturelles, mais sous certaines conditions : les lois sur la réglementation de la chasse, en vigueur dans les provinces, devaient être appliquées aux Indiens, à condition cependant que lesdits Indiens aient le droit de chasser, de trapper et de pêcher pour leur subsistance, quelle que soit la saison, sur toute terre non occupée de la Couronne.

Ainsi les droits des autochtones étaient-ils garantis mais ils n'étaient toujours pas respectés. À la fin de la seconde guerre mondiale, de nouvelles lois vinrent s'ajouter aux précédentes, toujours en vigueur, et restreignirent encore les droits de chasse et de pêche traditionnels des Indiens. En 1952 par exemple, les autorités fédérales donnèrent force de loi à la Convention sur les oiseaux migrateurs, ratifiée par la Grande-Bretagne au nom du Canada. Depuis lors, en dépit des traités, les Indiens sont contraints de limiter leur chasse aux oiseaux migrateurs à un mois et demi par an. Il faut rappeler par ailleurs que de nombreux autochtones, notamment dans le nord et le nord-ouest, chassent et pêchent encore pour subvenir à leurs besoins ; il ne s'agit pas pour eux d'un sport. De par sa nature, la chasse aux oiseaux migrateurs hors saison ne peut constituer de la part des Indiens « un massacre aveugle ». Elle ne peut non plus menacer « la préservation des oiseaux migrateurs », selon les termes utilisés par la Convention sur les oiseaux migrateurs[143], puisque les chasseurs ont tout intérêt à préserver l'avenir du gibier.

---

[141] *Indian Act.* SC 1890. 53 Victoria, chapter 29, section 10.

[142] *The Game Act of Alberta*, R.S.A. 1922, c. 70.

[143] *The Migratory Birds Convention Act*, RSC 1952, c. 179.

Ces restrictions ont contribué à la carence alimentaire longtemps observée chez les autochtones. De telles conditions étaient dues en partie à l'effondrement du système traditionnel de chasse et de pêche et à un changement de régime alimentaire vers une alimentation de type européen telle que la connaissaient les couches les plus pauvres de la population allochtone. Une stricte protection des droits de chasse et de pêche n'aurait peut-être pas suffi à résoudre la question, mais les Indiens ont durement pâti des lois qui leur furent imposées.

Dans le cas *Regina* c. *Sikyea* de 1964 par exemple, il a été démontré que les restrictions imposées par la Convention sur les oiseaux migrateurs avaient eu un impact direct et immédiat sur le bien-être et la santé de l'accusé[144]. Cependant, au mépris des lois, certains Indiens continuent aujourd'hui de chasser, de trapper et de pêcher tout au long de l'année. De manière générale, les tribunaux estiment que la Loi sur les Indiens protège ceux-ci des lois provinciales sur le gibier, lesquelles sont contraires aux dispositions des traités, mais que les lois fédérales priment sur les traités. Or il faut noter que c'est dans la Loi sur les Indiens de 1970 elle-même que réside l'une des sources du malentendu qui oppose les Indiens aux gouvernements provinciaux. L'article 88 de cette loi stipule en effet que

> sous réserve des dispositions de quelque traité et de quelque autre loi fédérale, toutes les lois d'application générale et en vigueur dans une province sont applicables aux Indiens qui s'y trouvent.[145]

La juridiction provinciale doit-elle s'appliquer aux autochtones, ou bien l'article 88 de la Loi sur les Indiens de 1970 ne fait-il que réaffirmer les lois constitutionnelles déjà en vigueur ? Plusieurs interprétations sont possibles. Une chose est certaine : les lois provinciales ne s'appliquent pas lorsqu'elles sont en contradiction avec les lois fédérales.

La question a été posée de ranger dans un statut spécial certaines lois provinciales ; elles pourraient de la sorte prévaloir sur

---

[144] *Regina* v. *Sikyea*, 2 C.C.C. 325, 46 W.W.R. 65, 43 C.R. 83, Northwest Territories Court of Appeal, 1964.

[145] *Indian Act*, RSC 1970, c. I-6, s. 88.

les accords passés en 1930 avec les provinces de l'ouest. Mais comment concilier cette politique avec la promesse du gouvernement fédéral de protéger les droits de chasse, de trappe et de pêche des autochtones « quelle que soit la saison, sur les terres non occupées de la Couronne [...] », comme il fut dit dans les accords de transfert de 1930 ?

Le problème des terres non cédées par traités

Le problème du transfert des ressources naturelles de 1930 concerne également les terres qui n'ont pas été cédées par les autochtones. Rappelons que jusqu'en 1930, la Couronne était propriétaire, au nom du Canada, des terres appartenant au domaine public dans les provinces de l'ouest. Ces terres étaient définies comme « terres de la Couronne » parce qu'elles avaient été cédées par les Indiens au moyen de traités. Or, certains territoires n'avaient jamais été cédés à la Couronne car plusieurs nations indiennes n'avaient pas signé de traité. En conséquence, le titre de propriété sur ces terres était toujours valide et le gouvernement fédéral ne pouvait pas transférer ces terres à la province. Le cas de figure était prévu par l'article 1 des accords de transfert de 1930 qui stipulait que les biens de la Couronne étaient transférés aux provinces, à l'exception de tout bien n'appartenant pas à la Couronne.

Nous sommes ici devant un fait capital. En effet, cet article réaffirmait un principe qui avait déjà été établi par la loi de 1872 sur le Dominion du Canada, selon laquelle aucun article de cette loi, relatif à la colonisation des terres agricoles, aux concessions forestières ou à l'achat et à la vente de minerais, ne s'appliquerait aux territoires dont le titre autochtone n'aurait pas d'abord été éteint par la Couronne.[146]

Il devrait en découler que la loi de 1872, réaffirmée en 1930, s'applique aux territoires non cédés par les autochtones. Or ce n'est pas le cas. Les gouvernements, provinciaux et fédéraux, ne prennent en compte que les droits reconnus par les traités. C'est pourquoi, dans les provinces de l'ouest, les nations indiennes qui

---

[146] *Dominion Act*, S.C. 1872, article 42, chapitre 23.

n'ont pas signé de traité, comme les Cri Lubicon dont on reparlera plus loin, sont assimilées aux nations signataires.

Aussi peut-on affirmer que les accords de transfert ont été mis à dure épreuve. D'une part, les provinces veulent étendre leur juridiction sur les autochtones alors que ce domaine est réservé au pouvoir fédéral. Les provinces n'acceptent pas toujours de retransférer des terres au gouvernement fédéral pour que celui-ci établisse les réserves qui ont été promises aux Indiens signataires des traités numérotés. Ainsi, au moment où les descendants des premiers signataires revendiquent les réserves promises, les provinces renâclent sur la superficie des terres qui doivent être transférées, sur le choix de ces terres et les droits des autochtones, notamment en matière d'exploitation minière et pétrolière.

D'autre part, le gouvernement fédéral, dépositaire de la Couronne britannique, refuse de reconnaître que les terres non cédées par les autochtones leur appartiennent de fait et que par conséquent elles n'ont pas pu être légalement transférées aux provinces. C'est le cas des Indiens qui n'ont pas signé de traité mais dont le territoire est néanmoins inclu dans les limites d'un traité. Comme nous le verrons à propos des revendications territoriales de la nation Cri du Lac Lubicon, les Indiens n'ont en général pas les moyens politiques et financiers d'obliger les gouvernements à respecter leurs engagements.

Depuis 1930, le gouvernement fédéral a encore élargi les pouvoirs des gouvernements provinciaux à certains domaines, notamment l'éducation et la santé, qui sont pourtant de sa responsabilité. C'est l'assimilation des Indiens qui est ainsi visée. La politique d'assimilation s'est en effet accélérée à partir des années 1950. Elle est liée à deux actes politiques majeurs qui ont bouleversé l'administration des Affaires indiennes à cette époque : en 1951 un nouvel amendement apporté à la Loi sur les Indiens et en 1969 la publication par le ministère des Affaires indiennes et du Nord canadien (MAINC) de l'avant-projet de loi visant à supprimer la Loi sur les Indiens et, par là, la question autochtone elle-même.

L'accélération du processus d'assimilation

Un nouvel amendement majeur de la Loi sur les Indiens (1951)

Plusieurs amendements avaient déjà été apportés à la Loi sur les Indiens de 1876, notamment depuis les années 1920-1930. L'amendement de 1951, à la différence des précédents, résulta des travaux d'un comité conjoint du Sénat et de la Chambre des Communes, probablement pour répondre aux critiques de plus en plus virulentes menées par les organisations politiques autochtones. Illicites depuis 1927, ces organisations prirent de plus en plus de vigueur grâce à la démographie galopante de la population indienne.

Le comité siégea de 1946 à 1948. Il entendit les rapports de plusieurs fonctionnaires, de représentants d'associations indiennes et de diverses autres parties intéressées. Les représentants des Mohawk de Saint-Régis exigèrent l'abolition de la Loi sur les Indiens qui visait, d'après eux, à supprimer le statut spécifique des autochtones, violait les traités et maintenait les Indiens dans une situation de précarité. D'autres représentants Indiens, sans exiger le retrait de la loi, proposèrent de l'amender et de supprimer les pouvoirs du surintendant général sur l'administration des Affaires indiennes. Puis en avril 1951, un comité spécial de la Chambre fut appelé à examiner un projet de loi qui fut finalement voté à la Chambre des Communes le 17 mai 1951. Le Sénat l'endossa le 5 juin et il reçut la sanction royale le 20 juin.

La Loi sur les Indiens de 1951 se présente comme une série de mesures visant d'une part à accélérer le processus d'émancipation et d'autre part à effacer ce que la loi antérieure comportait de plus inacceptable. Ainsi, les clauses interdisant les cérémonies et les rituels, l'organisation politique des Indiens et la consommation d'alcool furent-elles abolies.

Le chapitre de la loi relatif aux élections du conseil de bande élargissait aux femmes le droit de vote aux élections locales. Le surintendant général, qui perdait certaines prérogatives, conservait toutefois celle de démettre un chef ou un conseiller.

Surtout, la loi de 1951[147] donnait à la question de l'émancipation une ampleur considérable. Il faut rappeler que l'émancipation est le processus selon lequel un autochtone perdait son statut d'Indien, sous tutelle du gouvernement fédéral, et devenait citoyen canadien. Or, s'il n'était plus alors soumis aux restrictions imposées par la Loi sur les Indiens, il perdait aussi ses droits autochtones. Rappelons que depuis 1867, le législateur avait multiplié les mesures visant à émanciper les Indiens, mais il s'était généralement agi de mesures ponctuelles. La loi de 1951 étendait les mesures dites « d'émancipation » à une large partie de la population autochtone. L'administration des Affaires indiennes était appelée à disparaître sous peu.

C'est dans ce contexte d'un assimilationisme politique et culturel que les autochtones obtinrent en 1960 le droit de vote aux élections fédérales et plus tard, en 1969, aux élections provinciales, et qu'ils devinrent ainsi citoyens à part entière. Naturellement, « citoyen à part entière » signifiait aussi « citoyen comme les autres », sans distinction de statut. D'ailleurs, le gouvernement fédéral allait bientôt proposer d'abroger définitivement la Loi sur les Indiens et de supprimer le ministère des Affaires indiennes et du Nord canadien (MAINC) qu'il venait pourtant de créer en 1966.

La commission Hawthorn et le projet de suppression du statut des Indiens (1969)

En 1964, le ministère de la Citoyenneté et de l'Immigration, dont relevait alors l'administration des Affaires indiennes, avait mis sur pied une commission composée d'universitaires chargés d'entreprendre « une étude de la situation sociale, éducative et économique des Indiens du Canada et de faire toutes recommandations utiles [sur ce sujet] ». Le rapport de la commission fut publié en deux volumes, qui parurent successivement en 1968 et en 1969[148]. La commission Hawthorn

---

[147] *Indian Act*. SC 1951. 15 George VI, chapter 29.

[148] H. B. HAWTHORN et Marc-Adélard TREMBLAY, *Études sur les Indiens contemporains du Canada. Besoins et mesures d'ordre Économique, Politique et Éducatif*, [première partie déposée en octobre 1966], Ottawa : Imprimeur de la Reine, 1968 ; *Études sur les Indiens contemporains du Canada. Besoins et*

avait établi une liste de 151 recommandations relatives aux aspects généraux du dossier, au développement économique en milieu autochtone, aux relations fédérales-provinciales, aux rapports politiques entre les Indiens et les Blancs, aux questions de bien-être social, d'éducation, de santé et d'autorité locale dans les communautés autochtones.

Les commissaires suggéraient l'intégration accélérée de la population autochtone à la société dominante afin de remédier aux inégalités entre Indiens et Blancs. Le rapport de la commission Hawthorn indiquait que les Indiens devaient être favorisés en raison de leur indianité.

À la suite du rapport de la commission, Jean Chrétien, alors ministre responsable des Affaires indiennes, présenta un avant-projet de loi en 1969. Il affirmait que le temps était venu de permettre aux autochtones de « participer [pleinement et à égalité] à la vie culturelle, sociale, économique et politique du Canada »[149]. Il fallait corriger les injustices relevées par la commission Hawthorn ; il y allait de la « société juste », devise de la nouvelle équipe libérale du gouvernement Trudeau.

La situation exigeait une action immédiate et énergique. Une nouvelle révision de la Loi sur les Indiens, même substantielle, ne suffisait pas : le transfert aux provinces des pouvoirs fédéraux en matière d'administration indienne devait être suivi de peu par le retrait de la Loi sur les Indiens, « en ce sens que la province assimilerait désormais Indiens et non-Indiens »[150]. La suppression du ministère des Affaires indiennes était prévue à court terme et les programmes sociaux réservés aux Indiens devaient être transférés aux provinces.

L'objectif de ce projet de loi était d'éliminer le statut des Indiens pour promouvoir l'égalité des autochtones avec les Euro-Canadiens. Mais sous couvert d'aider les Indiens, on leur faisait perdre les avantages qui découlaient de leur statut. Le plus grave,

---

mesures d'ordre Économique, Politique et Éducatif, [seconde partie déposée en octobre 1967], Ottawa : Imprimeur de la Reine, 1969.

149 CANADA, *La Politique indienne du Gouvernement du Canada [avant-projet de loi, 1969]*, Ottawa : Queen's Printer, 1969, p. 7.

150 *Ibid*, p. 10.

naturellement, fut que les revendications territoriales des autochtones dites « générales et imprécises » étaient jugées négligeables.

Les Indiens estimèrent l'avant-projet de loi de 1969 frauduleux : le gouvernement n'avait pas tenu compte de leurs propositions et avait rédigé le dossier avant la fin des consultations avec eux. En réponse à ce projet, Harold Cardinal, jeune chef de l'Association des Indiens de l'Alberta, fit paraître un ouvrage intitulé *The Unjust Society : The Tragedy of Canada's Indians* dans lequel il dénonçait les propositions défendues par Pierre Elliott Trudeau, le Premier ministre libéral. Son point de vue a fait l'unanimité au sein des organisations politiques autochtones du Canada. Comparant le projet à une intention à peine déguisée d'extermination par le biais de l'assimilation, Harold Cardinal accusait le gouvernement fédéral de ne pas reconnaître les obligations auxquelles il était lié par les traités qu'il avait signés avec les autochtones et de se décharger de ses responsabilités auprès des gouvernements provinciaux.[151]

Le 8 août 1969, le Premier ministre Pierre Elliott Trudeau justifiait sa nouvelle politique dans un discours prononcé à Vancouver. Il s'opposait à la reconnaissance des droits autochtones et à la pérennité des traités, au nom de l'égalité de tous devant la loi. Les Indiens devaient donc être considérés comme des citoyens ordinaires[152].

Le Premier ministre indiquait par ailleurs qu'il entendait prendre des décisions unilatérales. Or, en 1971, face aux protestations indiennes, le gouvernement fédéral dut pourtant abandonner son projet. Il créa un fonds pour le développement économique des communautés indiennes ainsi qu'une commission

---

[151] Harold CARDINAL, *The Unjust Society : The Tragedy of Canada's Indians*, Edmonton, Alta. : M. G. Hurtig, 1969, pp. 1 et 17.

[152] Pierre Elliott TRUDEAU (Premier ministre du Canada), « Remarks on Aboriginal and Treaty Rights. Excerps from a Speech Given August 8th, 1969, in Vancouver, British Columbia » : cité *in :* Peter A. CUMMING et Neil H. MICKENBERG (eds.), *Native Rights in Canada*, [second edition] Toronto : Indian-Eskimo Association of Canada, 1972, appendix VI : « Speech by Prime Minister Trudeau », pp. 331-332.

chargée d'étudier les revendications autochtones liées aux « promesses limitées et minimales [des traités] »[153]. Le docteur Lloyd Barber fut nommé « commissaire aux revendications des Indiens », mais sans pouvoir décisionnel : son rôle se limitait à celui de conseiller du gouvernement fédéral, qui décidait seul des revendications à négocier et de l'utilisation du fonds pour le développement économique des communautés indiennes.

En outre, le docteur Barber avait été nommé sans que soient consultés les autochtones et son mandat excluait expressément toute revendication qui ne relevait pas des traités. Aussi, très peu de réclamations furent déposées auprès de la commission d'étude. En août 1971, le docteur Barber persuada le Premier ministre d'élargir son mandat. Il était désormais chargé de soumettre à l'étude l'ensemble des revendications des autochtones et de proposer une nouvelle politique gouvernementale. C'est alors, dans les années 1970, qu'allait se produire un nouveau revirement de la politique gouvernementale. Au début des années 1980, la question des droits ancestraux des autochtones devait devenir difficilement contournable.

En 1969, le gouvernement avait tenté de régler définitivement, et dans les meilleurs délais, un problème que les administrations antérieures n'avaient jamais pu résoudre : celui de la spoliation territoriale des autochtones et de la disparition du statut indien. Il faut dire que le gouvernement avait aussi fait preuve d'une certaine naïveté. La réaction unanimement négative des diverses organisations politiques autochtones au Canada était certainement prévisible. Toutes dénoncèrent en termes vigoureux ce que le gouvernement avait tenté de dissimuler sous une rhétorique libérale.

L'annonce du gouvernement Trudeau en 1969 de l'abrogation de la Loi sur les Indiens, de la suppression des réserves, du ministère des Affaires indiennes et du statut particulier des autochtones servit de catalyseur au nouveau militantisme autochtone qui avait émergé dès le début des années 1950. Le dossier indien allait enfin retenir l'attention des responsables

---

153 CANADA, *La Politique indienne du Gouvernement du Canada [avant-projet de loi, 1969]*, Ottawa : Queen's Printer, 1969.

politiques, alors que depuis toujours les autochtones avaient été relégués aux oubliettes de la vie politique canadienne.

CHAPITRE 8

LES ANNÉES 1970 : LUTTES ET VICTOIRES AUTOCHTONES

La question de la terre, objet de conflits incessants entre autochtones et allochtones, est encore au centre des débats récents sur la problématique indienne. Les Indiens revendiquent un droit de propriété du sol. Selon eux, ce droit est inaliénable car ils furent les premiers à occuper et à utiliser le territoire et c'est la raison pour laquelle on parle de « peuples autochtones », ou de « peuples premiers », et de « droits ancestraux ». Dans ce contexte, un certain nombre de thèmes émergent, propres au concept de « droits ancestraux » tel qu'il est énoncé par la plupart des chefs et des délégués indiens.

L'Assemblée des premières nations – élue par quelque six cent quarante communautés indiennes – ainsi que bon nombre d'autres organisations représentatives des peuples autochtones au Canada soulignent l'importance de la terre et de ses ressources dans le mode de vie traditionnel des Indiens. Ces derniers entretiennent depuis toujours un lien très étroit avec leurs territoires. Ils affirment que ce lien est différent du concept européen de propriété ou de titre foncier et soulignent que ses caractéristiques communautaires traditionnelles ne diminuent en rien l'importance qu'ils y attachent.

Au cours des années 1960, les communautés inuit et indiennes avaient rouvert le dossier sur la question des droits ancestraux. Pendant la décennie, les autochtones du Canada s'étaient armés d'une nouvelle fierté et s'étaient engagés dans un nouveau militantisme. Puis dans les années 1970, plusieurs revendications autochtones furent portées devant les tribunaux. Les organisations autochtones obtinrent à plusieurs reprises que les tribunaux obligent le gouvernement fédéral à revenir sur ses positions et à négocier avec eux.

Ainsi, certaines décisions majeures de la justice canadienne, rendues en 1973, devaient changer le cours de la politique indienne gouvernementale et agir sur la future loi constitutionnelle, votée en

1982 : l'affaire de la *Baie James*[154] qui aboutit au premier accord contemporain signé entre des autochtones et les gouvernements fédéral et provincial, l'affaire *Paulette*[155], qui remettait en cause l'interprétation des traités signés par les autochtones avec la Couronne au nom du gouvernement canadien, enfin l'affaire *Calder*[156] qui reconnut juridiquement le droit ancestral fondé sur l'occupation territoriale. L'affaire *Paulette* porte par ailleurs sur la validité et l'objectif du Traité N° 8 dans les Territoires du Nord-Ouest. Les décisions judiciaires dans cette affaire apportent donc un éclairage nouveau sur ce traité.

Enfin, il faut signaler que la portée d'une décision judiciaire ne réside pas uniquement dans la solution du cas porté devant le tribunal, mais également dans le raisonnement du juge et dans l'exposé des motifs, ou « attendus », qui accompagne sa décision. En effet, le droit canadien est fondé sur le droit anglais traditionnellement qualifié de jurisprudentiel. En d'autres termes, le droit canadien est essentiellement constitué par la somme des décisions prises par les tribunaux des cours supérieures chapeautées par la Cour suprême du Canada. C'est un « droit fait par les juges » (*judge-made law*), établi cas après cas (*case-law*). Cette jurisprudence touffue et complexe constitue la *common law*, fondée sur le principe qu'une cour se considère toujours liée par une décision antérieure. C'est pourquoi la portée des décisions judiciaires discutées dans ce chapitre va bien au-delà des verdicts rendus sur les communautés autochtones qui ont porté leur cas devant les tribunaux : ces décisions affectent l'ensemble de la population indienne et servent d'appui à leurs revendications territoriales. Ces dernières résultent de l'émergence d'un nouveau militantisme autochtone et du mécontentement croissant des Indiens.

---

[154] *Gros-Louis et al. v. La Société de Développement de la Baie James et al.*, Que. P.R. 38, Quebec Superior Court, 1973.

[155] *Re Paulette and Registrar of Land Titles*, 6 W.W.R. 97, Northwest Territories Supreme Court, 1973 ; *Re Paulette and Registrar of Land Titles (No.2)*, 6 W.W.R. 115, Northwest Territories Supreme Court, 1973.

[156] *Calder c. Procureur général de la Colombie-Britannique*, R.C.S. 313, Cour suprême du Canada, 1973.

L'émergence d'un nouveau militantisme autochtone

Une partie de l'insatisfaction des populations autochtones dans les années 1960 et 1970 provenait de leurs conditions socio-économiques, très inférieures au reste de la population canadienne. Comme nous l'avons vu précédemment, le projet de loi de 1969, qui visait à la suppression du statut des Indiens, catalysa un nouveau militantisme autochtone caractérisé par un mouvement de solidarité entre les différentes communautés. Plusieurs organisations furent créées un peu partout dans le pays. Parmi ces dernières, la Fraternité nationale des Indiens fut créée en 1968. Destinée à l'origine aux seuls Indiens liés par traité à la Couronne et au gouvernement fédéral, l'organisation devait bientôt représenter l'ensemble des communautés indiennes au Canada. Elle fut remplacée en 1982 par l'Assemblée des premières nations (APN) qui devint dès lors le porte-parole des autochtones au niveau national.

Aujourd'hui, l'Assemblée des premières nations est donc la structure nationale des chefs des premières nations au Canada, représentant plus de six cent trente communautés. L'APN fournit des services d'assistance juridique et organise des groupes de pression pour le règlement des questions autochtones au Canada. Cette organisation facilite également la mise en place des programmes de politique sanitaire et d'éducation. L'APN se réunit annuellement et parfois en assemblées spéciales. Elle dispose également d'une structure plus restreinte, composée des représentants régionaux, la « Confédération des nations », qui se réunit quatre fois par an et décide des directives que prendra le Conseil exécutif. Les chefs de chacune des quelque six cent trente communautés disposent d'une voix dans chaque assemblée.

C'est pourquoi on peut dire que les revendications autochtones ignorent les frontières communautaires et parfois même celles des États-nations. Ainsi par exemple au Canada, en 1969, les autochtones de l'Arctique occidental, toutes communautés confondues, avaient constitué le « Comité pour les droits des peuples autochtones » (*Committee for Original People's Entitlement*). En août 1972, les présidents de sept organisations autochtones du Canada et de l'Alaska fondèrent la « Fédération des autochtones au nord du soixantième parallèle ». En juin 1974, la « Fraternité des Indiens des Territoires du Nord-Ouest », créée par les Dènè de la vallée du Mackenzie en 1969, et l'« Association des métis des Territoires du Nord-Ouest », créée par les métis en avril 1972, tinrent leur première assemblée générale commune.

Dès le début des années 1970, les organisations autochtones firent clairement comprendre aux gouvernements qu'ils auraient tort de réduire les revendications autochtones à des droits strictement territoriaux qu'il suffirait, comme autrefois, de supprimer en négociant des traités avec les autochtones. En effet, ces derniers revendiquaient également un droit à l'autodétermination politique et socio-économique sur le modèle défini par l'Organisation des Nations Unies en 1948[157]. Les Dènè des Territoires du Nord-Ouest furent les premiers à revendiquer ce droit dans leur manifeste de 1975. Le « Manifeste Dènè » est donc une déclaration d'autonomie territoriale d'un groupe qui se prévaut d'être une nation sur la base d'une unité linguistique, l'athapascan, et géographique, le Denendeh (« pays des Dènè » ou « pays des êtres humains » dans la langue des Dènè) qui se situe dans les Territoires du Nord-Ouest.

Le « Manifeste Dènè » (19 juillet 1975)

Le 19 juillet 1975 à Fort Simpson, dans les Territoires du Nord-Ouest, les délégués Dènè de « la Fraternité des Indiens des Territoires du Nord-Ouest » adoptèrent à l'unanimité le « Manifeste Dènè ». Les autochtones se réclamaient des mouvements nationalistes des pays du Tiers-Monde qui avaient émergé dans les années 1960 et revendiquaient « le droit d'être considérés par [eux]-mêmes et par le monde en tant que nation ».[158]

---

[157] UNITED NATIONS GENERAL ASSEMBLY, *Universal Declaration of Human Rights*. New York : United Nations, December 10, 1948.

[158] GENERAL ASSEMBLY OF THE INDIAN BROTHERHOOD OF THE NWT AND THE METIS ASSOCIATION OF THE NWT, « Dene Declaration, Statement of Rights », 19 July 1975, Fort Simpson, NWT : 2nd Joint General Assembly. Voir également : « Dene Manifesto », *News of the North*, 30 July 1975 ;

Les Dènè reprenaient en partie les termes de la déclaration des Nations unies selon laquelle « tous les peuples ont le droit à l'autodétermination »[159]. De 1975 à 1979, les Dènè formulèrent plus précisément leur projet d'autodétermination politique, soulignant que leurs revendications ne concernaient pas seulement leurs terres, mais aussi leurs droits politiques. Ils souhaitaient une reconnaissance qui tienne compte de leurs lois, de leur style de vie et de leurs valeurs.

Le « Manifeste Dènè », profession de foi destinée à une reconnaissance internationale de la nation Dènè, influença profondément le mouvement autochtone au Canada. En 1977, les chefs du Grand conseil du Traité N° 9 ainsi que les Indiens du Labrador terre-neuvien annonçaient que leur démarche s'apparentait à celle de leurs camarades de lutte dans les Territoires du Nord-Ouest. L'année suivante, les Dènè du Yukon se rallièrent également à la cause des Dènè des Territoires du Nord-Ouest. En mars 1978, la nation Dènè fut officiellement proclamée et en octobre 1979, une majorité d'autochtones fut élue au Conseil territorial des Territoires du Nord-Ouest.

Le mouvement s'amplifie

De leur côté, en 1975, les Atikamekw et les Montagnais du nord-est québécois, soit une population de près de 15 000 personnes, se regroupèrent pour former une organisation politique unique, le « Conseil Attikamek-Montagnais » (CAM). En 1979, le CAM formula lui aussi un projet, le projet Nitassinan (« Notre terre » dans la langue Innu). Les revendications territoriales des Atikamekw et des Montagnais couvraient 700 000 km. En outre, le Conseil Attikamek-Montagnais s'était donné pour but de définir, de promouvoir et de négocier l'ensemble des droits des autochtones qu'il représentait, et d'agir comme porte-parole officiel des deux peuples.

Mel WATKINS (ed.), *Dene Nation, the colony within*, Toronto/Buffalo : University of Toronto Press, 1977, pp. 3-4.

[159] UNITED NATIONS, « Declaration on the Granting of Independence to Colonial Countries and Peoples », resolution 1514 (xv), United Nations General Assembly, December 1960, section 2.

D'autres projets de société furent formulés dans les années 1970 au Canada, parmi lesquels le projet Nunavut des Inuit Tapirisat dans les Territoires du Nord-Ouest, celui des Inuvialuit de l'Arctique occidental et celui des Indiens Nishga'a de Colombie-Britannique, qui confirment l'ampleur et le dynamisme du nouveau militantisme autochtone. Certaines revendications ont abouti, d'autres sont encore en cours de négociation, comme nous le verrons dans un chapitre ultérieur. Le cas des Indiens Nishga'a de Colombie-Britannique, qui fut jugé par la Cour suprême dans l'affaire *Calder*, constitue quant à lui un précédent d'une importance capitale dans l'histoire de la juridiction canadienne. Nous analyserons l'affaire *Calder* lorsque nous aborderons, plus loin dans ce chapitre, la question de la reconnaissance juridique des droits ancestraux fondés sur l'occupation territoriale.

Notons ici surtout l'émergence de la question indienne sur la scène internationale à la fin des années 1970. Au début des années 1980, le chef S. Sanderson, représentant de la Fédération des nations indiennes du Saskatchewan, soutenait que les nations autochtones avaient non seulement réussi à réaffirmer leur souveraineté au Canada, mais qu'elles avaient également obtenu une certaine reconnaissance internationale, bien qu'il restât encore beaucoup à faire.

En effet, si les forums internationaux tels que les Nations unies, l'Organisation internationale du travail (*International Labour Organization*) et l'Organisation des États américains (*Organization of American States/OAS*) apportent parfois leur soutien à la défense des droits de l'Homme, les autochtones ont encore peu d'espoir d'obtenir réparation auprès d'eux. Il leur semble néanmoins important de tenter leur chance, ne serait-ce que pour rétablir un certain équilibre face aux alternatives peu prometteuses qu'offrent les juridictions nationales.

L'attrait de ces forums tient essentiellement à ce qu'ils permettent d'éveiller l'intérêt de l'opinion publique internationale, dont l'influence peut être déterminante pour la réalisation des aspirations autochtones. Et, s'il est permis de croire que les intérêts des autochtones puissent réellement être protégés, il faut que leurs droits soient reconnus par la communauté internationale. Les autochtones l'ont bien compris. Ils se sont rencontrés en 1982 à

Regina, dans la province du Saskatchewan, à l'occasion de la réunion internationale de l'Assemblée mondiale des Premières Nations (*The World Assembly of First Nations*). Cet organisme se posait en porte-parole des autochtones du monde entier. Cette première réunion, ainsi que de nombreuses initiatives ultérieures, indiquent clairement que les autochtones sont bien décidés à ne pas abandonner leur sort aux mains des juridictions propres à chaque pays colonisateur.

Si les États-nations ne protègent pas toujours les intérêts des autochtones, c'est en partie pour des raisons d'ordre économique. Au Canada, le début des années 1970 marqua la mise en place de grands projets d'exploitation des richesses naturelles telles que le gaz, le pétrole et l'eau pour l'hydroélectricité. Les territoires autochtones, dont certains n'avaient jamais été cédés par traité ni autrement, étaient directement concernés par ces perspectives de développement. La lutte des Indiens Cri et des Inuit contre la construction du complexe hydroélectrique de la Baie James, celle des Dènè contre la construction du pipeline de la vallée du fleuve Mackenzie, ainsi que celle de la nation Cri du Lac Lubicon contre l'exploitation pétrolière et forestière de leur territoire situé le nord de l'Alberta, objet de notre étude de cas, sont exemplaires à ce titre.

L'explosion de l'exploitation des ressources naturelles

L'histoire du projet hydroélectrique de la Baie James est intimement liée à la situation économique et sociale précaire du Québec dans les années 1970. Depuis la fin des années 1960, le Québec traversait en effet une période de récession. Le taux de chômage s'était accru et le parti libéral avait promis de créer 100 000 emplois lors de la campagne électorale de 1970. Par ailleurs, il fallait trouver des sources d'énergie stables et peu coûteuses car l'État prévoyait que le Québec manquerait bientôt d'électricité. Enfin, le gouvernement du parti libéral souhaitait rallier l'opinion publique autour d'une idée rassembleuse. Aussi le projet de la Baie James fut-il présenté comme la solution inespérée qui sauverait le Québec du chômage et du risque de désordres sociaux[160].

Le gouvernement provincial ne tint aucun compte de ce que le territoire n'eût jamais été cédé par les Indiens Cri et par les Inuit qui l'occupaient et l'exploitaient selon un mode d'économie traditionnelle. Ainsi, le Québec projetait de construire sur des terres autochtones le plus grand complexe hydroélectrique d'Amérique du Nord sans même avoir consulté les premiers occupants. Or, ce projet menaçait leur mode de vie fondé sur la chasse, la pêche et le piégeage, car le gouvernement provincial prévoyait la construction de plusieurs barrages, le détournement de nombreuses rivières se jetant dans la Baie James et l'inondation de plusieurs milliers d'hectares.

Pas plus que la voix des mouvements écologistes, celle des autochtones ne réussit à se faire entendre du grand public. Pourtant, Indiens et Inuit réagirent immédiatement à la nouvelle du projet. Ils firent savoir par voie de presse que les autochtones du Québec mettraient tout en œuvre pour bloquer un projet dont ils n'avaient pas été informés. Les autochtones entendaient réaffirmer ainsi leurs droits territoriaux.

Il faut signaler qu'à cause du déclin du marché de la fourrure dans les années 1930, le gouvernement fédéral avait été contraint d'intervenir pour aider certaines communautés autochtones en difficulté, notamment au Québec. C'est pourquoi dès les années 1940, plusieurs communautés autochtones du nord canadien recevaient des aides gouvernementales – bien-être social, allocations familiales, pensions de vieillesse et programmes sanitaires et éducatifs.

C'est dans ce contexte de relative dépendance économique que les Inuit avaient créé des coopératives depuis la fin des années 1950 afin de s'affranchir de la tutelle gouvernementale. Le mouvement se développa rapidement et donna naissance à la « Fédération des coopératives du Nouveau-Québec » en 1967 qui permit aux Inuit de retrouver en partie leur autonomie économique.

---

[160] Voir notamment Sylvie VINCENT, Garry BOWERS (ed.), *Baie James et Nord Québécois, dix ans après / James Bay and Northern Quebec, Ten Years after*, Montréal : Recherches Amérindiennes au Quebec, 1988.

La Fédération offrait aux Inuit un lieu de réflexion, propice à la circulation des idées. Les Inuit élaborèrent un projet de gouvernement régional au nord du 55ème parallèle, que les communautés présentèrent officiellement au ministre des richesses naturelles en février 1971. Les Cri, en revanche, vivaient encore en communautés isolées au début des années 1970.

À l'annonce du projet de la Baie James en 1971, les Cri, estimant que leur mode de vie était en danger, tentèrent d'interrompre les travaux. Pendant presque deux ans, ils négocièrent pour obtenir la modification du projet afin qu'il ne nuise pas à leur mode de vie traditionnel. Mais ils ne purent régler la question à l'amiable. C'est pourquoi « l'Association des Inuit du Québec » (A.I.Q.) produisit une requête auprès de la Cour supérieure du Québec en octobre 1972, afin de faire cesser les travaux sur la Baie James.

Les Dènè portèrent également leurs revendications devant les tribunaux au début des années 1970. Ils tentèrent d'empêcher la construction d'un pipeline de 3 860 kilomètres de long, qui devait transporter du gaz de la Baie Prudhoe en Alaska jusqu'à la frontière des États-Unis et traverser le nord du Yukon et les Territoires du Nord-Ouest le long de la vallée du fleuve Mackenzie, en plein territoire Dènè. Un consortium de vingt-sept compagnies canadiennes et américaines avait entrepris la construction du pipeline. Le gouvernement et les industriels ne semblaient guère se soucier des droits des autochtones.

Mais les pouvoirs publics avaient compté sans la détermination des Dènè. L'opposition farouche de ces derniers força le gouvernement fédéral à instituer, en mars 1974, une enquête sur la construction du pipeline. Jean Chrétien, alors ministre des Affaires indiennes et du nord canadien, nomma le juge Thomas Berger commissaire de l'enquête. Ainsi, de 1974 à 1977, Thomas Berger voyagea à travers l'ouest de l'Arctique canadien et recueillit les témoignages de mille autochtones, soit l'équivalent de 41 000 pages. À travers ces témoignages, les autochtones dirent ce qu'ils pensaient de l'impact d'un éventuel pipeline sur leur vie quotidienne. Grâce aux médias, qui se firent cette fois-ci les interprètes des autochtones lors de l'enquête du juge Berger, la lutte des Dènè suscita un courant de sympathie et d'entraide.

Plusieurs groupes de soutien s'organisèrent pour fournir un soutien politique et financier aux Dènè[161].

Dans son rapport, publié en avril 1977, le juge Berger recommandait un moratoire de dix ans avant de commencer la construction du pipeline de la vallée du Mackenzie. Ce moratoire devait permettre aux autochtones de négocier un accord avec le gouvernement et de consolider leur économie et l'organisation politique de leur territoire.

Dès février 1980, la compagnie *Esso Resources Canada* avait lancé un projet d'exploitation pétrolière. Ce projet prévoyait la construction d'un nouveau pipeline, de 866 kilomètres de long, capable de transporter 30 000 barils de pétrole[162] par jour. Selon un porte-parole du gouvernement fédéral, « le moratoire de dix ans, c'était une recommandation de l'enquête sur le pipeline de la vallée du Mackenzie, mais nous ne nous sommes jamais engagés à le respecter » [163]. Le gouvernement donna donc son aval et la construction débuta en janvier 1984.

Ainsi, les déboires des Dènè au début des années 1980 s'inscrivent-ils dans un contexte politico-économique marqué par une exploitation intensive du pétrole et du gaz. Lorsqu'en 1973 l'Organisation des Pays Exportateurs de Pétrole (O.P.E.P) déclara un embargo contre l'Amérique du nord et l'Europe, les compagnies pétrolières se saisirent de la hausse vertigineuse des prix du pétrole pour justifier leur mépris des droits autochtones.

Le glas avait sonné pour les autochtones et, pour reprendre les termes de René Fumoleau, « les glorieuses années 1970 entraient dans la légende »[164]. Pourtant, ces années avaient semblé présager une victoire décisive des autochtones. La propriété des terres et des ressources en territoire autochtone avaient été l'objet

---

[161] Thomas R. BERGER, *Northern frontier, Northern Homeland : The Report of the Mackenzie Valley Pipeline Inquiry*, rev. ed. [1st ed. April 1977], Vancouver/Toronto : Douglas & McIntyre, 1988.

[162] Un baril équivaut à 158,8 litres.

[163] Cité *in* : René FUMOLEAU, *op. cit.*, p. 422. Voir également dans le même ouvrage les pp. 422-423 et 452.

[164] René FUMOLEAU, *op. cit.*, p. 423.

de longs débats politiques et économiques, d'enquêtes, de revendications territoriales et de décisions juridiques.

Le cas des Indiens Dènè de la vallée du Mackenzie est exemplaire à ce titre. En avril 1973, seize représentants légitimes des autochtones de la région[165] avaient demandé l'enregistrement d'une notification d'opposition (*caveat* en anglais) à tout transfert de leur territoire traditionnel, sur une surface de 1 36 000 km²[166]. Une telle notification devait avoir pour effet de suspendre toute activité sur le territoire en question jusqu'au règlement définitif du conflit. La demande de notification était fondée sur des revendications territoriales relatives aux Traités N° 8 et 11. Elle s'adressait notamment aux compagnies pétrolières qui souhaitaient obtenir des baux d'exploitation auprès du gouvernement canadien.

Les revendications autochtones devant les tribunaux

L'arrêt *Paulette* (1973-1976) : une nouvelle interprétation des « traités numérotés »

L'affaire, intitulée *Re Paulette*, du nom d'un des représentants Dènè qui avaient déposé la notification d'opposition, fut portée devant les tribunaux et jugée en 1973 par la Cour suprême des Territoires du Nord-Ouest[167]. Puis elle fut portée en 1975 devant la Cour d'appel des Territoires du Nord-Ouest[168] et en 1976 devant la Cour suprême du Canada[169]. Cette dernière, comme nous le verrons plus loin, rejeta la demande des autochtones. La décision de 1973 dans cette affaire, rendue par le juge Morrow de la Cour suprême des Territoires du Nord-Ouest, fit néanmoins date dans les annales judiciaires car la justice

---

165 C'est à dire reconnus comme tels par le représentant régional du ministère des Affaires indiennes.

166 *Re Paulette and Registrar of Land Titles (No.2).*

167 *Re Paulette and Registrar of Land Titles* ; *Re Paulette and Registrar of Land Titles (No.2).*

168 *Re Paulette and Registrar of Land Titles*, 2 W.W.R. 193, Northwest Territories Court of Appeal, 1975.

169 *Paulette et al. v. The Queen*, 2 S.C.R. 628, Supreme Court of Canada, 1976.

canadienne y examinait pour la première fois le sens profond de la notion de « traité ».

La demande des Indiens était fondée sur les arguments suivants : les Dènè, premiers occupants d'un territoire qu'ils détenaient en commun et qu'ils n'avaient jamais cédé, étaient les propriétaires légitimes de ce territoire. Le titre autochtone avait été reconnu par le gouvernement canadien : le transfert des Territoires du Nord-Ouest par la compagnie de la Baie d'Hudson en 1870, la Loi du Dominion de 1872 ainsi que les Traités N° 8 et 11 en attestaient. D'autre part, les termes de ces traités, selon lesquels les Indiens cédaient leurs droits ancestraux, n'avaient pas été compris. Enfin, le droit de produire une requête en injonction interlocutoire était conforme aux termes de la Loi sur les titres de biens-fonds de 1970.

Une partie des débats porta donc sur les procédures employées lors de la signature des Traités N° 8 et 11. Pour les autochtones, ces procédures étaient illégales. Comme nous l'avons vu, à l'époque des traités, le gouvernement s'intéressait au développement économique des territoires qui devaient être compris dans les limites des Traités N° 8 et 11, plus qu'aux intérêts des autochtones. Lors des négociations et de la signature, une grande partie de la population n'était pas présente, et certains de ses représentants non plus. D'autre part, plusieurs d'entre eux qui avaient signé n'en avaient pas l'autorité du point de vue de leurs compatriotes. Les traités furent présentés aux Indiens comme des ultimatums et les commissaires éludèrent sciemment la question de la cession territoriale. Devant les tribunaux qui jugèrent l'affaire *Paulette*, les plaignants arguèrent que les Indiens, en signant, avaient cru conclure un traité de paix et non de cession territoriale.

Enfin, dirent-ils, les Indiens qui avaient signé ne comprenaient pas l'anglais. June Helm, une anthropologue qui fut appelée comme experte, allégua que les Indiens ne pouvaient pas comprendre les termes du Traité N° 8. Dans l'affaire *Paulette*, plusieurs questions furent donc posées, auxquelles le juge Morrow de la Cour suprême des Territoires du Nord-Ouest tenta en 1973 d'apporter quelques éléments de réponse : les Traités N° 8 et 11 traduisaient-ils le point de vue des Indiens signataires ? Les procédures employées étaient-elles légales ? Quels avaient été à l'époque les mobiles du gouvernement canadien ? Les Indiens avaient-ils effectivement cédé leur territoire en signant les Traités N° 8 et 11 ? Enfin, quel sens donner aujourd'hui aux traités ? Suppriment-ils le droit ancestral des autochtones ? Quelle est la nature de ce droit ? Quelles sont les responsabilités du gouvernement canadien vis-à-vis des signataires des Traités N° 8 et 11 ?

Puisque l'affaire *Paulette* traite, en partie, du Traité N° 8, les conclusions du juge Morrow – portant sur les droits des autochtones ainsi que sur les procédures employées par le gouvernement canadien lors de la signature des Traités N° 8 et 11 – constituent un élément important à la compréhension de notre sujet. En effet, si en 1976 la Cour suprême n'a pas retenu les décisions du juge Morrow de 1973, elle ne les a pas non plus rejetées. Elle s'est contentée de les ignorer et de laisser la question de l'interprétation des traités en suspens. C'est pourquoi le raisonnement du juge Morrow dans l'affaire *Paulette* fait toujours jurisprudence et constitue un précédent dans des cas similaires.

Par ailleurs, l'approche de la justice dans l'affaire *Paulette* mérite d'être soulignée. Prenant en compte le témoignage des autochtones, des ethnologues, des missionnaires, elle fait une large part au témoignage personnel, à l'histoire orale et à l'anthropologie. Notre propre méthodologie dans l'élaboration de ce travail s'en trouve largement confortée.

En effet, le jugement de Morrow est fondé notamment sur les témoignages des autochtones, qu'il considéra comme des preuves valides, au même titre que les documents écrits à l'époque de la signature des traités. Ces témoignages oraux portaient en partie sur le mode de vie traditionnel des autochtones et en partie sur le récit des négociations des Traités N° 8 et 11. Les témoins étaient des personnes âgées, hommes et femmes – l'une d'entre elles était âgée de cent un ans – et certaines parmi elles étaient présentes lors des négociations. La Cour dut se déplacer jusque dans les communautés autochtones des Territoires du Nord-Ouest pour recueillir ces témoignages. Le juge Morrow affirma que

« l'exactitude de leurs témoignages ne fai[sait] aucun doute dans [son] esprit. »[170].

D'autres témoins rapportèrent ce que leurs parents leur avaient conté. Le juge Morrow prit également en compte les témoignages de personnes mortes à l'époque du procès, recueillis notamment par René Fumoleau pour la rédaction de son ouvrage *As Long as this Land Shall Last : A History of Treaty 8 and Treaty 11, 1870-1939*[171]. Bien plus, Morrow considéra les témoignages de seconde main comme valides. L'ensemble de ces témoignages constitue l'histoire orale, transmise de générations en générations, seule garante de la perspective autochtone puisque les Indiens n'ont pas d'histoire écrite. Aussi ce jugement représente-t-il une reconnaissance juridique de la validité de la mémoire des « Anciens », détenteurs du savoir et de l'histoire selon les Indiens.

Dans sa décision, Morrow conclut que la Couronne était effectivement propriétaire absolue du sol (*underlying title to land*), mais que les Indiens avaient un droit d'usufruit (*possessory right*) sur leurs territoires ancestraux. Ce droit constitue en fait une limite au droit de propriété de la Couronne. Il est défini comme un droit d'occupation et d'exploitation du territoire qui permettait aux autochtones de vivre de manière traditionnelle sans contrainte extérieure.

Le juge Morrow estima que ce droit d'usufruit était un droit communautaire et qu'il était donc impossible de diviser le territoire en lots individuels. Par ailleurs, l'intérêt de la Couronne était en jeu dans l'affaire *Paulette*, car la Couronne était propriétaire absolue de la terre. Ainsi, la terre ne pouvait être ni transférée ni vendue et seule la Couronne pouvait annuler le droit territorial des autochtones.

En conclusion, Morrow démontra que les autochtones étaient les propriétaires *prima facie*[172] du sol et « détenaient ce

---

170 *Re Paulette and Registrar of Land Titles (No.2)*, p. 313.

171 René FUMOLEAU, *op. cit.* René Fumoleau n'avait pas encore publié son ouvrage à l'époque mais il fit part de ses recherches lors du procès.

172 « *Prima facie* - Latin : à première vue, tel qu'on le voit, tel qu'il est (*on its face*) ; ne nécessitant pas de plus de fondement pour établir son existence, sa

qu'il est convenu d'appeler des droits ancestraux », que le gouvernement canadien avait l'obligation constitutionnelle de protéger, selon les termes de l'article 91, alinéa 24, de l'Acte de l'Amérique du nord britannique de 1867 et qu'il subsistait un « doute [suffisamment] raisonnable » pour que ces droits ancestraux ne soient pas considérés comme ayant été supprimés par la Couronne.

Selon le juge Morrow, en effet, les Indiens ne s'étaient pas trompés en voyant dans les traités non pas un acte de cession territoriale mais un acte d'entente et de paix par lequel le gouvernement leur assurait la protection de leurs droits de chasse, de trappe et de pêche. Enfin, le juge Morrow souligna que les négociations qui avaient abouti à la signature des Traités N° 8 et 11 avaient été menées à la hâte et avaient été entachées de plusieurs irrégularités. La Cour souligna également que, pour des raisons de climat et de qualité du sol, il était pour ainsi dire impossible que les autochtones cultivent la terre comme le souhaitait le gouvernement canadien, lequel était plus désireux d'exploiter le sous-sol que préoccupé du droit des autochtones à poursuivre leur mode de vie traditionnel.

L'affaire fut portée en 1976 devant la Cour suprême du Canada qui ne se prononça pas sur ces questions mais refusa aux autochtones le droit d'enregistrer une notification d'opposition. Elle n'envisagea le cas que sous l'angle technique et laissa en suspens le problème de la validité des Traités N° 8 et 11, ainsi que de la cession du titre autochtone. En d'autres termes, les conclusions et le raisonnement du juge Morrow sur ces questions n'étaient pas remis en cause et demeuraient valides tant que la Cour suprême du Canada ne se prononçait pas. Cette dernière argua que le droit d'enregistrer une notification d'opposition ne s'appliquait qu'aux terres qui, après avoir fait l'objet d'une demande d'enregistrement (*patent*) avant 1887, n'auraient pas été enregistrées. Cette décision devait faire jurisprudence pour les non-autochtones aussi bien que pour les Indiens.

---

validité, sa crédibilité etc. », *in* : Steven H. GIFIS, *Law Dictionary*, 3rd ed., New York, N.Y. : Baron's Educational Series, p. 370, notre traduction.

En d'autres termes, il eût fallu que les autochtones aient fait une demande d'enregistrement de leur territoire avant 1887, c'est-à-dire avant la signature des Traités N° 8 et 11, pour pouvoir enregistrer une demande de notification d'opposition au transfert de leur territoire. Pourtant, le gouvernement maintient toujours que les Traités N° 8 et 11 sont des traités de cession territoriale. Or, si tel est le cas et si les autochtones ont délibérément cédé leurs droits territoriaux, pourquoi auraient-ils déposé une demande d'enregistrement de leur territoire avant même de le céder ?

Il faut signaler enfin qu'en 1973, dans l'affaire *Paulette*, le juge Morrow – président de la Cour suprême des Territoires du Nord-Ouest – qui s'était appuyé sur certains précédents de l'affaire *Calder* jugée huit mois plus tôt par la Cour suprême du Canada, en avait volontairement négligé un aspect important, celui des droits ancestraux des autochtones. Or les « droits ancestraux », relevant en dernière instance de la Cour suprême du Canada, avaient fait l'objet d'un examen approfondi par cette cour lors du procès *Calder*, une affaire sur laquelle il nous faut donc revenir[173].

L'arrêt *Calder* (1973) : les droits ancestraux d'occupation

L'affaire *Calder* c. *Procureur général de la Colombie-Britannique*, jugée en 1973 par la Cour suprême du Canada[174], est une décision dont l'issue est restée indécise mais qui constitue un précédent pour la reconnaissance juridique du titre autochtone. Jusque-là, les tribunaux n'avaient pas formellement reconnu l'existence d'un droit autochtone fondé sur l'occupation territoriale. La justice canadienne estimait de manière générale que le titre autochtone devait être interprété au sens strict de la Proclamation royale de 1763, laquelle reste au demeurant sujette à des incertitudes géographiques.

L'affaire *Calder*, du nom d'un des plaignants, concerne la nation Nishga'a de Colombie-Britannique. Les Nishga'a avaient

---

173 La Cour suprême du Canada, comme nous l'avons vu, ne s'était pas prononcée sur les droits autochtones des Dènè dans l'affaire *Paulette*, puisqu'elle n'envisagea la question que sous l'angle technique.

174 *Calder* c. *Procureur général de la Colombie-Britannique*, 1973.

engagé une poursuite contre la Colombie-Britannique en vue d'obtenir une déclaration selon laquelle leur titre autochtone n'avait jamais été supprimé sur leur territoire traditionnel de 2 600 km, au nord-ouest de la Colombie-Britannique.

Dans l'affaire *Calder*, la Cour suprême du Canada est convenue que les Nishga'a possédaient un titre autochtone inaliénable qui émanait de l'occupation et de l'utilisation originelles du territoire. La Cour déclara que le titre autochtone ne reposait ni sur la Proclamation royale de 1763, ni « [sur] un traité, ni [sur] aucun décret exécutif ou législatif », mais sur « l'occupation territoriale des autochtones ».

Sur les sept juges, six se prononcèrent pour l'existence *sui generis* d'un titre autochtone. Il s'agissait donc de déterminer si ce titre avait été supprimé ou pas. Parmi les six juges qui avaient reconnu l'existence du titre autochtone, trois affirmaient qu'il avait été supprimé, trois autres soutenaient le contraire. Le septième juge, le juge Pigeon, jugea qu'il ne pouvait se prononcer sur la question pour des raisons d'interprétation technique de la loi qui n'étaient pas directement liées à la question du titre autochtone et que nous ne nous attarderons donc pas à détailler. Pigeon fut pourtant inclus dans la liste des juges qui avaient affirmé que le titre autochtone avait été supprimé.

L'affaire *Calder* est complexe. Le juge Judson rédigea la décision finale – avec une majorité, nous l'avons vu, pour le moins discutable – et le juge Hall rédigea l'avis minoritaire de la Cour. Ces rédactions contiennent l'une et l'autre d'amples discussions concernant la Proclamation royale de 1763, l'affaire *St. Catharines* de 1889 et les décisions du juge Marshall de la Cour suprême des États-Unis en 1823 dans *Johson v. McIntosh* et en 1832 dans *Worcester v. State of Georgia*, et portent aussi sur la nature du titre autochtone et la manière de le supprimer.

Les avis des juges de la Cour suprême étaient partagés sur la question de la validité de la juridiction de la Proclamation royale de 1763 en Colombie-Britannique. Selon Judson, le titre indien en Colombie-Britannique ne pouvait avoir pour origine la Proclamation de 1763, car le territoire n'aurait été soumis à la souveraineté britannique qu'au moment de la signature du Traité de l'Oregon en 1846.[175] Le juge Hall, arguant que les terres situées à l'ouest des Montagnes Rocheuses étaient connues des Britanniques à l'époque de la Proclamation, était d'un avis contraire. L'un et l'autre juges s'accordaient néanmoins sur le fait que le titre indien est un droit légalement reconnu au Canada et qui existe indépendamment de la Proclamation royale. Judson affirma que la Proclamation n'était pas la source « exclusive » du titre autochtone et Hall déclara que « le titre aborigène indien ne dépend d'aucun traité, ni d'aucune ordonnance du pouvoir exécutif ou disposition législative ».

Tous les juges, à l'exception de Pigeon qui n'exprima aucune opinion sur la question, reconnurent que le titre autochtone était juridiquement valide. En reconnaissant que la Proclamation royale de 1763 n'est pas la seule source du titre indien, l'affaire *Calder* allait au-delà du jugement du Conseil privé dans l'affaire *St. Catharines Milling* de 1889, selon lequel l'existence du titre autochtone avait pour origine la Proclamation royale.

Pour Judson, l'occupation territoriale des Indiens leur conférait un droit sur leurs terres. Hall était encore plus catégorique sur la question de l'existence du titre autochtone. Selon lui, la conquête ou la découverte ne limitaient en rien le droit des autochtones sur leurs terres. Restait à déterminer si le titre autochtone des Nishga'a avait été supprimé ou pas. Or, il n'y a eu aucun traité, aucun accord entre le gouvernement canadien et les Nishga'a prouvant que ces derniers avaient cédé leurs droits, ni aucune législation – fédérale ou provinciale – qui annulât en termes explicites le titre autochtone sur la région.

L'avis minoritaire de la Cour, représenté par le juge Hall, a souvent été cité dans les décisions qui suivirent *Calder*. Certains aspects de cet avis furent même adoptés par la Cour suprême, comme nous le verrons pour les affaires *Guerin* et *Sparrow*, jugées respectivement en 1984 et en 1990 par la Cour suprême du

---

[175]Traité signé entre les États-Unis et la Grande-Bretagne qui mettait fin au conflit concernant les limites territoriales des deux pays. La frontière fut fixée au 49ème degré nord, le long de la rivière Colombia.

Canada[176]. Sur la question de l'extinction du titre autochtone, Hall écrivit que le titre autochtone n'avait jamais été expressément supprimé par les autorités canadiennes. Selon Judson au contraire, le titre autochtone, « dépendant du bon plaisir du Souverain », avait été supprimé lorsque l'autorité souveraine avait ouvert les terres à la colonisation.

L'appel des Nishga'a fut donc rejeté. Néanmoins, la décision de la Cour suprême dans l'affaire *Calder* constitue une victoire juridique pour les autochtones du Canada, car elle consacre l'existence légale du titre autochtone. Ce titre, consécutif à l'occupation et à la jouissance historique du territoire par les autochtones, subsiste tant qu'il n'a pas été annulé. L'argument de Hall, selon lequel l'intention du Souverain d'éteindre le titre indien devait être « clair et expresse » fut adopté ultérieurement par la Cour suprême dans l'arrêt *Sparrow*[177]. Signalons enfin que la décision de la Cour suprême dans l'affaire *Calder* a joué un rôle dans la nouvelle politique gouvernementale annoncée quelques mois plus tard. Le gouvernement fédéral s'engagea alors à négocier les revendications territoriales dites « globales » des autochtones, concernant les territoires dont le titre indien n'avait pas encore été supprimé. Ce dernier point, sur lequel nous nous attarderons au chapitre suivant, prouve l'ascendant du juridique sur le politique.

Néanmoins, il faut noter que la décision de la Cour suprême dans *Calder*, qui reconnaissait le titre autochtone fondé sur l'occupation territoriale, n'a pas toujours été suivie par les cours d'instance inférieure comme le montre l'affaire de la *Baie James* sur laquelle nous allons revenir. En novembre 1973 en effet, alors que le juge Malouf, de la Cour suprême du Québec, s'appuyant sur la décision *Calder*, avait jugé que les Cri et les Inuit de la Baie James détenaient un droit ancestral fondé sur l'occupation traditionnelle et historique de leurs territoires ancestraux[178], la Cour d'appel du Québec rejeta cette décision en

---

[176]*Guerin c. La Reine*, 2 R.C.S. 335, Cour suprême du Canada, 1984 ; *R. c. Sparrow*, 1 R.C.S. 1075, Cour suprême du Canada, 1990.

[177] *R. c. Sparrow*, 1990.

[178]*Gros-Louis et al. v. La Société de Développement de la Baie James et al.*, Que. P.R. 38, Quebec Superior Court, 1973.

dépit de la *common law*. Si l'affaire avait été portée devant la Cour suprême du Canada, cette dernière, liée par sa décision dans l'affaire *Calder*, aurait sûrement appuyé le verdict du juge Malouf.

L'arrêt *Baie James* (1973) : les méandres d'une décision judiciaire

En fait, comme dans le cas *Calder*, le premier jugement, celui du juge Malouf, concernant la Baie James constitue une décision juridique majeure car elle reconnaît également l'existence du titre autochtone. Par ailleurs, de l'avis de James O'Reilly, avocat en chef des Cri de la Baie James, ce jugement modifia irrémédiablement la politique indienne du gouvernement du Québec. Nous verrons, dans un chapitre ultérieur, que ce jugement influença également la politique du gouvernement fédéral puisque ce dernier, à la suite de la décision du juge Malouf, accepta de négocier avec les autochtones de la Baie James le premier « traité moderne » jamais signé au Canada. C'est pourquoi nous analyserons ici la décision du juge Malouf et les raisons pour lesquelles sa décision fut rejetée par la Cour d'appel du Québec[179].

En octobre 1972, les Cri et les Inuk de la Baie James avaient engagé une « injonction interlocutoire », procédure judiciaire visant à l'arrêt temporaire des travaux du projet hydroélectrique dans la région. Le 8 décembre 1972, le juge Albert Malouf accéda à la requête des autochtones, rendant du même coup les revendications autochtones crédibles aux yeux de la société canadienne et du gouvernement du Québec. Ce dernier avait jusqu'alors soutenu que les autochtones ne détenaient aucun droit sur les terres qu'ils occupaient. Le procès dura 71 jours. Pendant l'audience, 167 témoins furent entendus, dont près d'une centaine étaient des chasseurs Cri et Inuit.

Le juge Malouf rendit son jugement le 15 novembre 1973. Il accorda l'injonction interlocutoire que réclamaient les autochtones et ordonna par conséquent l'arrêt des travaux. Son jugement était fondé sur la preuve *prima facie* du droit des autochtones sur les terres qu'ils occupaient. Selon Malouf, il avait

---

179 Sur l'affaire de la *Baie James*, voir notamment Sylvie VINCENT, Garry BOWERS (ed.), *op. cit.*

été prouvé que les Cri et les Inuit vivaient toujours de leurs activités économiques traditionnelles. Le juge Malouf déclara que les autochtones avaient des droits sur leurs terres ancestrales, que ces droits n'avaient jamais été annulés et que l'activité traditionnelle risquait d'être compromise si les travaux qui avaient été entrepris dans la région de la Baie James se poursuivaient.

L'injonction du juge Malouf fut suspendue par la Cour d'appel du Québec le 22 novembre. Selon les juges de la Cour d'appel, l'intérêt des autochtones ne pouvait l'emporter sur celui du peuple québécois. Les intérêts d'une minorité, en l'occurrence les autochtones, ne pouvaient donc prévaloir sur ceux d'une majorité, à savoir la société canadienne. L'intérêt national l'emportait donc. L'argumentation était fondée sur le « poids de l'inconvénient » et la Cour n'exprima aucune opinion sur la question de l'existence du titre autochtone. Le jugement de la Cour d'appel permit la reprise des travaux, brièvement interrompus, alors même qu'autochtones, gouvernements et promoteurs s'asseyaient à la table des négociations et que la question des droits des autochtones de la Baie James était à l'étude.

L'année suivante, la Cour d'appel du Québec revenait de nouveau sur le jugement Malouf et renversait cette fois-ci sa décision concernant les droits des autochtones. Les juges estimaient que le droit indien n'avait jamais été clairement défini et qu'il n'avait pas été prouvé que les Cri et les Inuit de la Baie James possédaient des droits quelconques sur le territoire. Quand bien même cela pût être prouvé, ces droits seraient alors considérés comme « éphémères » et permettraient tout au plus aux autochtones de vivre sur le territoire[180]. En février 1975, la Cour suprême du Canada autorisait les Indiens à en appeler de ce jugement, mais une majorité de Cri et d'Inuit préférèrent ne pas se prévaloir de ce droit et poursuivre dans la voie de la négociation.

Cependant, un groupe d'Inuit dissidents, les Inuit Tungavingat Nunamini (I.T.N.), soutenus par l'Association des Inuit du Québec (A.I.Q.), renouvelèrent en octobre 1975 la demande d'une injonction afin d'empêcher la signature de la

---

[180] *La Société de Dévelopment de la Baie James et al. v. Kanatewat et al.*, Que. C.A. 166, Quebec Court of Appeal, 1974.

Convention de la Baie James. Cette demande fut rejetée par la Cour suprême du Québec et la Convention de la Baie James et du Nord québécois fut effectivement signée en novembre 1975[181].

Peut-on dès lors parler d'une « victoire juridique » alors que la convention a bien été signée et que la Cour suprême du Québec a rejeté la deuxième demande d'injonction ? Il faut ici rappeler que, si les autochtones ont perdu devant le tribunal et n'ont eu que partiellement gain de cause par la négociation, ce qui n'engage pas la justice, on peut affirmer que, sans le jugement du juge Albert Malouf de la Cour suprême du Québec, les Cri et les Inuit n'auraient jamais négocié la Convention de la Baie James. C'est le courage d'un seul juge qui a fait la différence car il a obligé le gouvernement à négocier cette convention en rendant crédibles les revendications des autochtones. Les négociations, entreprises dès le début de l'année 1972, aboutirent en novembre 1975 à la Convention de la Baie James, accord qui liait les autochtones aux gouvernements fédéral et provincial et que nous étudierons plus en détails dans un chapitre ultérieur. Il faut ici surtout souligner que ces négociations se sont déroulées dans le contexte des procédures judiciaires, ce qui a eu une influence déterminante sur la façon dont le gouvernement aborda par la suite la question des revendications des autochtones.

Grâce à Albert Malouf, les Cri et les Inuit de la Baie James ont été traités avec le respect qu'ils étaient en droit d'attendre des gouvernements fédéral et provincial. Telle est la leçon que l'on peut tirer de l'affaire de la *Baie James*. Mais force est de constater qu'elle n'a pas toujours porté ses fruits. Au Canada, nombre d'autochtones se heurtent encore au gouvernement canadien qui refuse de reconnaître leurs droits et en sont encore au stade où en étaient les Cri de la Baie James en 1971.

Les trois affaires que l'on vient d'examiner sont éloquentes quant à la place croissante prise par les autochtones dans les préoccupations du pouvoir canadien. Elles se situent à un moment où le Canada trouve, d'une certaine manière, un nouveau souffle : à la fin des années 1960, le concept de « société juste » et le désir

---

[181] *Loi sur le règlement des revendications des autochtones de la Baie James et du Nord québécois*, ch. 32, 1976-77.

de « normaliser » la situation des peuples autochtones au Canada va de pair avec les visées du gouvernement sur les terres occupées par les Indiens et les Inuit dans le Grand nord canadien. La quête de nouvelles sources d'énergie équivaut à une nouvelle conquête territoriale. Tout comme la signature des « traités numérotés » a été engendrée par les besoins expansionnistes de la société allochtone, le discours libéral du gouvernement canadien sur l'égalité des citoyens est, certes, un discours démocratique mais il justifie également les visées économiques de l'État-nation. En effet, en octroyant aux autochtones le titre de « citoyens ordinaires », le gouvernement leur arrache par là même le titre qu'ils détiennent sur les territoires convoités par les industriels et les grandes compagnies d'exploitation.

La question autochtone a évolué très rapidement au cours des années 1970. D'un côté, le recours aux tribunaux, la formulation de projets de sociétés autochtones et l'éruption des Indiens sur la scène internationale ont fait découvrir la question au grand public. On en viendrait presque à croire qu'en quinze ans les autochtones ont accumulé suffisamment de poids pour ne plus avoir désormais à démontrer la pertinence de leurs revendications territoriales ou à négocier la définition de leurs droits ancestraux. D'un autre côté, le gouvernement fédéral persistait à vouloir faire table rase de la spécificité autochtone. Comme pour la conquête de l'Ouest, il justifia celle du Nord par les besoins économiques et sociaux d'une partie de la société dominante qui semblait ignorer les autochtones ou, dans le meilleur des cas, qui prenait pour acquis que l'on disposerait rapidement de leurs droits.

Le nouveau militantisme autochtone éveilla néanmoins l'intérêt de l'opinion publique et du pouvoir juridique. Les décisions de la Cour suprême influencèrent à leur tour les politiques. Après la décision rendue par les tribunaux sur l'affaire *Calder*, le gouvernement libéral fut mis au défi. C'est ainsi que la Cour suprême influença considérablement la politique indienne du gouvernement fédéral. Elle influença également la reconnaissance constitutionnelle des droits des autochtones en 1982. Ces questions font l'objet du chapitre à venir.

CHAPITRE 9

VERS UNE RECONNAISSANCE CONSTITUTIONNELLE : LA VOIE DE NOUVEAUX TRAITÉS

Nous avons vu que, contrairement aux apparences, les gouvernements, britanniques puis canadiens, reconnaissent depuis longtemps que les peuples autochtones ont un droit de regard sur les terres qu'ils occupaient. Dès le début de la colonisation britannique, la reconnaissance du droit de propriété originel des autochtones s'était traduite par l'achat des terres autochtones. En 1763, la Proclamation royale stipula la procédure à suivre pour obtenir la cession des droits de propriété autochtone ; depuis lors, les traités furent la manière la plus commune de négocier les cessions territoriales au Canada. Les traités intégraient ainsi le concept d'un droit de propriété autochtone, en termes d'achat et de transfert des droits de propriété. Or, les questions de l'abrogation ou de la restriction des droits des autochtones cédés par traités n'ont jamais été clairement définies par la *common law* canadienne.

De sorte que restent posés les problèmes d'ordre juridique auxquels la *common law* répond au gré des choix politiques : les traités abolissent-ils, ou restreignent-ils, les droits des autochtones ? Les Indiens ont-ils abandonné leurs droits en signant des traités ? Un traité peut-il être tenu comme nul et non avenu si le gouvernement fédéral n'a pas observé ses engagements, ou bien encore si le document signé est ambigu, susceptible de méprises et s'il comporte des erreurs ? Si tel est le cas, la question des droits territoriaux autochtones doit-elle rester ouverte aux revendications des signataires et de leurs descendants sur les territoires concernés par les traités ?

La principale question qui se pose donc ici est celle de la responsabilité constitutionnelle du gouvernement fédéral envers le règlement des droits territoriaux des autochtones. Depuis 1867, la question relève exclusivement de la juridiction fédérale, selon les termes de l'article 91, alinéa 24, de l'Acte de l'Amérique du Nord britannique. Néanmoins, la responsabilité fiduciaire de la Couronne et du gouvernement fédéral ne fut pas établie par les tribunaux avant 1990 [182]. Aussi la notion de " droits ancestraux " [183] soulève-t-elle bon nombre de questions : quels sont le statut légal et la nature du titre autochtone ? Est-il légal de résilier ou de limiter ce droit ? L'État est-il alors dans l'obligation de verser des compensations aux autochtones ?

Au Canada, les intérêts des autochtones n'ont été définis que très récemment dans des termes comparables, sinon similaires, à ceux que les Indiens eux-mêmes utilisent. Comme nous allons le voir plus loin dans ce chapitre, la politique gouvernementale a évolué avec le temps. Jusqu'en 1973, le gouvernement canadien se refusa à reconnaître les droits ancestraux « inhérents » des autochtones qui n'avaient signé aucun traité ni cédé aucune terre. Seuls étaient examinés les droits à la terre qui émanaient des traités et n'étaient pas respectés par les autorités gouvernementales. Puis, renversant sa politique sous la pression des autochtones et des tribunaux, le gouvernement fédéral s'engagea à satisfaire également certaines revendications territoriales qui ne dépendaient pas des traités mais se réclamaient des droits et titres ancestraux. La Loi constitutionnelle de 1982 reconnaît les traités ainsi que les « droits ancestraux existants », qui font désormais partie intégrante de la trame constitutionnelle au Canada[184]. C'est dans ce contexte que le gouvernement fédéral a mis en place un mécanisme de règlement des revendications territoriales qui doit permettre de négocier de nouveaux accords.

La question de la propriété des terres et des ressources autochtones fait depuis longtemps l'objet de longs débats politiques et économiques, de recours devant les tribunaux et de négociations territoriales. Le débat se poursuit de nos jours et demeure le lieu de conflits majeurs entre les peuples autochtones et les gouvernements canadiens, fédéraux et provinciaux.

---

[182] *R. c. Sparrow*, 1990.

[183] C'est ainsi que le terme « *aboriginal title* » est traduit par la Cour suprême du Canada.

[184] *Loi constitutionnelle de 1982*, article 35.

Une reconnaissance encore imprécise

Une nouvelle politique indienne (1973)

L'année 1973 fut fertile en événements qui bouleversèrent le paysage social et juridique et influèrent sur la politique des gouvernements. Le 8 août, à la suite de la décision de la Cour suprême dans l'affaire *Calder*, Jean Chrétien, alors ministre des Affaires indiennes et du nord canadien, fit montre, dans un discours sur « Les revendications des peuples indiens et inuit » d'une nouvelle attitude à l'égard des autochtones[185].

La validité fondatrice de la Proclamation royale de 1763 se trouvait à nouveau confirmée par la bouche de Jean Chrétien : elle constituait, dit-il, une déclaration fondamentale des intérêts fonciers des Indiens, quelles que fussent ses différentes interprétations légales. Le gouvernement fédéral était, quant à lui, soudainement décidé à accélérer le règlement des revendications autochtones. Aussi le ministère des Affaires indiennes et du Nord canadien (MAINC) devait-il désormais négocier directement avec les autochtones, qu'ils aient ou non signé un traité. Ainsi, les droits ancestraux des autochtones qui n'avaient pas signé un traité étaient enfin pris en considération. Il fallait désormais définir les intérêts des autochtones, les droits territoriaux, les droits de chasse, de pêche et de trappe, ainsi que le montant des compensations financières. Par ailleurs, les Indiens étaient invités à participer aux structures gouvernementales nécessaires au bon fonctionnement des accords passés entre le gouvernement et les Indiens.

Les revendications des autochtones furent réparties en trois catégories : les « revendications globales », fondées sur des droits et titres ancestraux inhérents concernant les régions où aucun traité n'avait été signé – en Colombie-Britannique, au nord du Québec, au Yukon et dans les Territoires du Nord-Ouest – les « revendications particulières », qui relevaient des traités, et les revendications dites " d'un caractère différent " concernant le sud du Québec et les provinces Maritimes.

---

[185] CANADA, « Déclaration par l'honorable Jean Chrétien, ministre des Affaires indiennes et du Nord canadien, au sujet des revendications des Indiens et Inuit », Ottawa, 8 août 1973.

Les « revendications particulières » portaient sur les promesses gouvernementales qui n'avaient pas été respectées, sur les interprétations contradictoires des traités et sur la mauvaise gestion gouvernementale des réserves et des biens appartenant aux autochtones. Les revendications estimées « d'un caractère différent » parce qu'émanant des autochtones de l'est canadien furent ignorées et les « revendications globales » émanant de régions autres que la Colombie-Britannique, le nord du Québec, le Yukon et les Territoires du Nord-Ouest, ne furent jamais définies. Elles n'étaient pas considérées comme des droits inhérents et furent parfois assimilées aux « revendications particulières » relevant d'un traité. Ainsi par exemple les revendications territoriales de la nation indienne des Cri du Lac Lubicon, dans le nord de l'Alberta, sont-elles considérées par le gouvernement fédéral comme des « revendications particulières » relevant du Traité N° 8 alors que les Indiens, qui n'ont pas signé ce traité, estiment qu'elles sont « globales » et qu'elles ne relèvent donc d'aucun traité. Nous étudierons le cas de ces Indiens dans la dernière partie de ce livre.

Il faut surtout signaler ici que la déclaration de Jean Chrétien annonçait un nouveau processus de négociation fondé sur trois grands principes : la participation des provinces aux négociations, la reconnaissance des intérêts des autochtones et une intervention minimale du pouvoir judiciaire[186]. Le gouvernement fédéral, en encourageant la participation des provinces aux programmes sociaux destinés aux autochtones, fit resurgir les conflits que le projet de loi de 1969 avait déjà provoqués. En effet, les autochtones estiment que ces questions sont du ressort du gouvernement fédéral alors que pour Jean Chrétien, dont l'opinion reflète encore aujourd'hui celle du gouvernement fédéral, les provinces devaient participer aux négociations et aux compensations financières versées aux autochtones.

Le second principe avancé par Jean Chrétien concernait la

---

[186] Ce nouveau processus de négociations est décrit dans : CANADA, *Native Claims : Policy, Processes and Perspectives* (Ottawa : Indian and Northern Affairs, Office of Native Claims (ONC), 1978. Voir également : B. W. MORSE, « The Resolution of Land Claims », *in* : B. W. MORSE (ed.), *op. cit.*, pp. 617-683.

reconnaissance des intérêts des autochtones. Pour le gouvernement fédéral, tout accord relatif aux droits des autochtones était « protégé par la législation, décrétée par le Parlement et [avait] force de loi »[187]. Les autochtones invoquèrent ce principe en 1978, lorsque le gouvernement annonça le rapatriement de l'Acte de l'Amérique du nord britannique[188], une question que nous examinerons plus loin.

Le troisième grand principe de négociation évoqué par Jean Chrétien proposait une alternative au recours à la justice pour le règlement des revendications autochtones. C'est ainsi que, en juillet 1974, le ministère des Affaires indiennes créa le « Bureau des revendications autochtones ». Cet organisme gouvernemental est depuis lors chargé de traiter les revendications soumises au gouvernement fédéral. Le Bureau examine les revendications autochtones, effectue des recherches afin d'argumenter le point de vue gouvernemental, se met en rapport avec divers ministères et agences gouvernementales impliqués dans les négociations et pose les bases de la discussion avec les autochtones. Le Bureau est également chargé de négocier les compensations liées aux revendications dites « particulières » et « globales » et doit orienter la politique gouvernementale[189].

Par ailleurs, le ministère des Affaires indiennes pourvoit au financement des associations indiennes et inuit qui souhaitent effectuer les recherches nécessaires à la mise en place de leurs revendications, pour ensuite les soumettre au gouvernement fédéral. Des fonds supplémentaires sont alors mis à la disposition des autochtones qui désirent négocier avec le gouvernement. En revanche, le ministère des Affaires indiennes ne fournit aucune aide financière en cas de litige avec le gouvernement.

Malgré les efforts faits dans le sens du compromis, ces mesures n'ont pas satisfait les Indiens. En effet, le Bureau des revendications autochtones fait office d'arbitre entre les autochtones et le gouvernement fédéral, mais il ne dépend que de

---

[187] CANADA, « Déclaration par l'honorable Jean Chrétien… », *op. cit.*

[188] Voir : CANADA, *Le temps d'agir : jalons du renouvellement de la fédération canadienne*, Ottawa : Ministère des Approvisionnements et services, 1978.

[189] CANADA, *Native Claims*, 1978.

ce dernier. Aussi les Indiens affirment-ils que cet organisme n'est pas en mesure d'arbitrer les conflits avec impartialité, car il représente en fait les intérêts du gouvernement fédéral. Par ailleurs, les autochtones jugent que les moyens mis à leur disposition sont insuffisants. À défaut, les autochtones sont souvent réduits à la frustration et à la colère.

En octobre 1974, une commission paritaire fut créée, composée de représentants de la Fraternité nationale des Indiens et de membres du Conseil des ministres. Cette commission aurait peut-être pu résoudre la question si la Fraternité ne s'était retirée, le 13 avril 1978. Celle-ci accusait le gouvernement canadien de nier les droits des autochtones en essayant d'appliquer les principes énoncés en 1969, c'est-à-dire, à terme, la suppression du statut spécial et des droits inhérents des autochtones dans la Confédération canadienne[190]. La commission fut donc dissoute, mais le Bureau des affaires autochtones fut maintenu.

À deux reprises, en décembre 1981 et mai 1982, le ministère des Affaires indiennes annonça derechef une nouvelle politique indienne qu'il publia dans deux brochures, l'une intitulée *En toute justice : Une politique des revendications des autochtones : revendications globales*[191], l'autre intitulée *Dossier en souffrance*[192]. Enfin, en juillet 1985, le ministère établit une commission chargée d'étudier les « revendications globales » ; celle-ci rendit public en mars 1986 le « rapport Coolican » qui, aux yeux des Indiens, se contentait de reprendre les propositions faites en 1973 sans offrir de nouvelles suggestions[193].

---

190 Voir à ce sujet J. Rick Ponting et Roger Gibbins, *Out of Irrelevance : A Socio-Political Introduction to Indian Affairs in Canada*, Toronto : Butterworths, 1980, pp. 195-279.

191 Canada, *En toute justice : Une politique des revendications des autochtones - Revendications globales*, Ottawa : Approvisionnements et services Canada, 1981.

192 Canada, *Dossier en souffrance : Une politique des revendications des autochtones - Revendications particulières*, Ottawa : Approvisionnements et services Canada, 1982.

193 Murray Coolican, *Traités en vigueur, ententes durables : rapport du Groupe d'étude de la politique des revendications globales*, Ottawa : Approvisionnements et services Canada, 1985. Sur le point de vue des autochtones, voir notamment

C'est donc dans un contexte conflictuel que le gouvernement Trudeau décida en 1978 de rapatrier l'Acte de l'Amérique du Nord britannique, jusque-là sous la tutelle du Parlement britannique et de la responsabilité de la Couronne[194].

Le rapatriement de la Constitution

La constitutionnalité des droits des autochtones était devenue un élément majeur dans le conflit territorial qui opposait le gouvernement fédéral aux autochtones. En effet, ces derniers étaient convaincus que toute modification constitutionnelle risquait de compromettre les traités signés avec la Couronne. Néanmoins, ils espéraient qu'en inscrivant les droits des autochtones dans la nouvelle constitution, ils trouveraient enfin leur place dans la Confédération canadienne. Les autochtones s'organisèrent au niveau national et international grâce au soutien de diverses organisations politiques et civiles. Ils lancèrent des campagnes de soutien et établirent des réseaux d'information au Canada et dans le monde afin de protéger leurs droits après le rapatriement de la constitution[195].

Ce fut donc sous la pression des autochtones que la constitution, adoptée en 1982, reconnaissait les « droits [...] des

---

Fred Lennarson, (conseiller politique de la nation Lubicon), « Information Package », the Mimir Corporation : Edmonton, Alta., March 16, 1987.

194 CANADA, *Le temps d'agir : jalons du renouvellement de la fédération canadienne*, Ottawa : Ministère des Approvisionnements et services, 1978. Sur les événements qui ont mené à la reconnaissance constitutionnelle des droits des autochtones, voir notamment Norman K. ZLOTKIN, *Unfinished Business : aboriginal peoples and the 1983 constitutional conference*, Kingston, Ont. : Intitute of Intergovernemental Relations, Queen's University, 1983, pp. 15-35.

195 Sur le lobby indien lors du rapatriement de la Constitution, voir notamment: Douglas E. SANDERS, « The Indian Lobby », *in* : Keith BANTING et Richard SIMEON (ed.), *And No One Cheered : Federalism, Democracy and the Constitution*, Toronto : Methuen of Canada, 1983. Sur les répercussions de l'opinion internationale sur la politique indienne du gouvernement canadien, voir notamment : David H. GETCHES, Charles F., WILKINSON et Robert A WILLIAMS Jr., *Cases and Materials on Federal Indian Law*, 3rd ed. [1st pub. 1979] St. Paul, Minn. : West Publishing, 1993, pp. 974-998.

peuples autochtones » – Indiens, Inuit et métis – sans pour autant les définir. L'article 35, paragraphe 1, de la Constitution réaffirmait les droits garantis par les traités ainsi que les droits « ancestraux » « existants ». Un amendement stipulait que ces derniers seraient définis lors d'une conférence réunissant les provinces et le gouvernement fédéral, ainsi que les représentants des autochtones[196].

La première rencontre entre les représentants des gouvernements fédéraux et provinciaux et ceux des autochtones eut lieu en mars 1983. Les représentants autochtones obtinrent la promulgation d'un amendement constitutionnel qui instituait un processus de négociations sur une période de cinq ans, pendant laquelle trois autres rencontres entre les autochtones, les provinces et le gouvernement fédéral étaient prévues. Trois sujets étaient mis à l'ordre du jour : les droits inhérents des autochtones, les droits garantis par les traités et le droit à l'autonomie gouvernementale. Néanmoins, en mars 1987, au terme de la troisième session, aucune de ces questions n'était encore réglée, les pourparlers n'aboutissaient pas. Le gouvernement fédéral et les provinces refusaient d'inscrire dans la constitution le droit à l'autonomie gouvernementale des peuples autochtones, tant que le terme n'avait pas été clairement défini. Plutôt que de prolonger les négociations, le Premier ministre Brian Mulroney décida de les clore, avant même que le temps imparti à la conférence ne fût écoulé.

Il faut signaler ici que le Québec, n'ayant pas obtenu le statut spécial d'autonomie qu'il revendiquait, refusait de ratifier la nouvelle constitution. En avril 1987, on crut qu'une étape importante venait d'être franchie avec l'accord dit « du Lac Meech », le lieu de résidence du Premier ministre. Or cet accord, qui donnait satisfaction au Québec et promettait de mettre fin à l'isolement constitutionnel de cette province, était un camouflet pour les autochtones dont les droits n'étaient toujours pas définis.

Les autochtones décidèrent donc de faire pression sur les gouvernements pour relancer les discussions sur la définition de leurs droits constitutionnels. C'est pourquoi, en 1990, au moment où l'accord du Lac Meech sur le statut du Québec devait être ratifié

---

[196] *Loi constitutionnelle de 1982*, articles 35 et 37.

par les provinces, Elijah Harper, le député autochtone membre du Nouveau Parti Démocrate pour la circonscription de la Terre de Rupert au Manitoba, bloqua l'adoption d'une résolution en faveur de cet accord afin d'attirer l'attention des politiques et les obliger à revenir sur la question autochtone. Il s'agissait de gagner du temps. Aussi Harper différa-t-il le vote jusqu'à ce que le délai fixé pour l'adoption de l'accord du Lac Meech par les provinces fût dépassé. Il fit valoir que la procédure légale ne serait pas respectée si l'entente n'était pas approuvée à l'unanimité par les législatures provinciales. Le Président de la Chambre lui donna raison. Soutenu partout au Canada par la population autochtone, Harper parvint ainsi à rejeter *in extremis* l'accord du Lac Meech. On peut dire que le conflit, en 1990, entre la province du Québec et la communauté Mohawk de Kahnawaka – qui refusait que le terrain de golf de la ville d'Oka fût agrandi en empiétant sur des terres qu'elle revendiquait – résulte en partie de l'échec de cet accord et de la frustration de la province[197]. Tous ces événements montraient l'influence croissante des autochtones sur la vie politique canadienne. Le message des autochtones était clair : si le gouvernement voulait régler la question du Québec, il fallait également qu'il trouve une solution à celle des droits des autochtones.

À l'été 1991, Joe Clark, le nouveau ministre responsable des Affaires constitutionnelles, chercha une issue par de nouvelles propositions. Outre la question du statut du Québec, les débats constitutionnels devaient porter sur la reconnaissance de l'autonomie gouvernementale des autochtones. Le 28 août 1992 enfin, les premiers ministres, fédéraux et provinciaux, ainsi que les représentants des autochtones, réunis à Charlottetown dans la province de l'Ile du Prince Edouard, parvinrent à une entente unanime sur la réforme de la constitution. L'accord de Charlottetown devait être soumis à référendum en octobre 1992. Cette proposition constituait un pas vers le compromis puisque l'accord de Charlottetown, s'il concernait en premier lieu le statut

[197] Voir notamment C. MACLANE et M. S. BAXENDALE, *This Land is Our Land : The Mohawk Revolt at Oka*, Montreal : Optimum Publishing International, 1990.

du Québec, reconnaissait également pour la première fois le principe de l'autonomie gouvernementale autochtone.

Néanmoins, Elijah Harper appela alors à boycotter le référendum constitutionnel, alléguant que les autochtones avaient besoin de plus de temps pour analyser et étudier les changements constitutionnels. Harper ne faisait pas complètement obstacle à la nouvelle constitution, car elle reconnaissait le droit inhérent des autochtones à l'autonomie gouvernementale. Il estimait néanmoins que cette question ne concernait pas les premiers ministres provinciaux, mais devait faire l'objet de négociations bilatérales entre les représentants des autochtones et le gouvernement fédéral [198]. Harper, cependant, ne faisait pas l'unanimité des autochtones. Ovide Mercredi, élu président de l'Assemblée des premières nations (APN) en 1991, appuyait sans réserve la nouvelle constitution. Cependant, la grande majorité des autochtones craignaient que la constitution n'accélère le processus d'intégration, entraînant de ce fait l'annulation de leurs droits. Le 26 octobre 1992, la plupart des autochtones et une majorité de l'électorat canadien – craignant que l'autonomie du Québec ne fût un obstacle à la cohésion nationale – rejetèrent l'accord de Charlottetown.

Outre la difficulté de satisfaire à la fois au désir d'une unité fédérale forte et à la recherche de l'autonomie de la province du Québec, la construction constitutionnelle canadienne se heurte, on le voit, à la question autochtone. Celle-ci pèse maintenant lourdement dans le débat. C'est que la question autochtone est grevée de l'ambiguïté créée par la question jamais éclaircie de la définition des « droits ancestraux existants ».

La Commission royale de 1996

En 1996, le gouvernement fédéral publia le rapport de la Commission royale sur les peuples autochtones commanditée par ses soins en août 1991. Quatre commissaires autochtones et trois commissaires non autochtones furent chargés d'étudier les

---

198 Alain BISSONNETTE, « Analyse posthume d'un accord mis à mort », *Recherches Amérindiennes au Québec*, vol. XXIII, n° 1, printemps 1993, pp. 80-87.

problèmes qui se posaient et de soumettre leurs conclusions au gouvernement. Le rapport comporte plus de 4000 pages et se présente sous la forme de cinq volumes, chacun présentant les vues et les recommandations de la Commission[199].

Les chapitres sont consacrés aux grands sujets tels que les traités, le développement économique, la santé, le logement, les métis et le Nord. Le volume 5 intègre toutes les recommandations. Néanmoins, dix ans plus tard, il apparaît que sur les quelque 400 recommandations une seule a été retenue par le gouvernement fédéral, celle de compenser les autochtones qui avaient été envoyés dans des pensionnats et y avaient subi des sévices[200]. La Commission royale sur les peuples autochtones concluait que les Autochtones du Canada doivent avoir accès aux retombées provenant des ressources de leurs terres traditionnelles pour assurer leur survie culturelle et économique. Le Canada n'a pas mis en œuvre les recommandations de la Commission royale.

On peut donc dire que ce sont les autochtones eux-mêmes qui ont fait évoluer la constitution dans le sens de la reconnaissance de leurs droits, des droits qu'ils cherchèrent ensuite à faire préciser par la Cour suprême du Canada dans les quatre affaires *Guerin*, *Sioui*, *Sparrow* et *Delgamuukw*[201] dont nous allons voir maintenant le déroulement.

---

[199] CANADA, *Commission Royale sur les peuples autochtones : Rapport final*. Ottawa : ministère des Affaires indiennes et du Nord canadien, 1996.

[200] MINISTERE DES AFFAIRES INDIENNES ET DU NORD CANADA, *Résolution de questions des pensionnats indiens Canada*, http://www.irsr-rqpi.gc.ca/francais/index.html, 09.09.06.

[201] *Guerin c. La Reine*, 2 R.C.S. 335, Cour suprême du Canada, 1984 ; *R. c. Sioui*, 1 R.C.S. 1025, Cour suprême du Canada, 1990 ; *R. c. Sparrow*, 1 R.C.S. 1075, Cour suprême du Canada, 1990 ; *Delgamuukw c. Colombie-Britannique*, 3 R.C.S. 1010, Cour suprême du Canada, 1997.

La justice tente de définir les droits autochtones

L'arrêt *Guerin* (1984) : le titre autochtone et la « responsabilité fiduciaire » de la Couronne

L'affaire *Guerin contre la Reine*, jugée par la Cour suprême en 1984, portait sur le bail d'un terrain situé sur la réserve des Indiens Musqueam de la ville de Vancouver, en Colombie-Britannique. En 1955, le club de golf Shaughnessy Heights, souhaitant louer ce terrain, avait proposé un bail dont le montant était très en dessous des prix du marché. Il s'agissait, de l'aveu même du ministère des Affaires indiennes de l'époque, des 160 hectares de la ville de Vancouver qui étaient les plus susceptibles de prendre de la valeur à l'avenir. Le représentant des Affaires indiennes avait néanmoins conseillé à la bande Musqueam d'accepter la proposition. Le bail fut donc signé en septembre 1957 entre la Couronne – qui agissait au nom de la bande et s'était engagée à louer ce terrain au mieux des intérêts de la bande – et le club de golf. La bande ne reçut une copie du bail qu'en 1970 et intenta un procès contre le gouvernement en 1975[202].

Le chef William Guerin, au nom de la bande qu'il représentait, accusait la Couronne d'avoir rompu le contrat de confiance qu'elle avait passé avec les Indiens au moment de la signature du bail. Le gouvernement fédéral, agissant pour le compte de la Couronne, objecta qu'il fallait d'abord démontrer l'existence d'un tel contrat de confiance. S'il était prouvé qu'il existait, il s'agissait alors d'un contrat de confiance d'ordre politique – dont seul le Parlement donnait force exécutoire – et non d'un véritable contrat de confiance relevant des tribunaux.

Le tribunal de première instance avait jugé que la Couronne n'avait pas respecté ses obligations envers les Indiens Musqueam et avait accordé dix millions de dollars à la bande pour dommages et intérêts. La Cour d'appel fédérale infirma cette décision. L'affaire fut ensuite portée devant la Cour suprême du

---

[202] Sur l'affaire *Guerin*, voir notamment : James I. Reynolds, *A Breach of Duty : Fiduciary Obligations and Aboriginal Peoples*, Saskatoon, Sask. : Purich Publishing, 2005.

Canada qui infirma à son tour la décision de la Cour d'appel. Le jugement rendu par le juge Dickson donna en effet raison à la bande en lui accordant les dommages et intérêts consentis en première instance.

L'affaire soulevait la question de la nature du titre autochtone ainsi que celle de la responsabilité légale du gouvernement envers les peuples autochtones. La décision prenait en compte la Proclamation royale de 1763, les affaires *St. Catharines* (1889) et *Calder* (1973), ainsi que les décisions prises par la Cour suprême des États-Unis lors des affaires *Johnson* (1823) et *Worcester* (1832). Dans l'affaire *Calder*, le juge Judson avait déclaré qu'en définissant le titre autochtone comme un droit personnel assimilable à un usufruit, le Conseil privé n'avait pas résolu la question posée lors de l'affaire *St. Catharines*. Dans l'affaire *Guerin*, la Cour suprême accepta sans ambiguïté l'existence du titre autochtone et le caractère inhérent des droits ancestraux. Le juge Dickson ajouta que la Couronne n'avait agi ni en tant que représentant des autochtones ni en tant que fiduciaire[203], mais que la relation qui la liait aux autochtones se rapprochait de ces deux notions. Le juge Wilson, d'accord avec la décision finale, objecta néanmoins que la relation qui liait les autochtones à la Couronne était bien une relation de fiduciaire. C'est cet avis qui l'emportera en 1990 dans l'affaire *Sparrow*. Quant à l'affaire *Guerin*, la Cour confirmait l'importance du titre autochtone et elle affirmait que la responsabilité de la Couronne, tout en ne correspondant pas exactement à une catégorie légale en vigueur, se rapprochait d'une relation de fiduciaire et avait donc force de loi. Il s'en suivait que le gouvernement fédéral avait le devoir de protéger les droits des autochtones et qu'il avait manqué à son devoir envers la bande Musqueam.

---

203 Le fiduciaire est chargé d'un fidéicommis. Un fidéicommis est la disposition par laquelle une personne a été gratifiée d'un bien pour qu'elle le remette à un tiers pour respecter les termes d'un contrat initial. Voir : *Le Petit Robert1. Dictionnaire alphabétique et analogique de la langue française*, Paris : Dictionnaires Le Robert, 1992, pp. 778 et 779.

L'arrêt *Sioui* (1990) : une définition juridique du terme « traité »

Le 24 mai 1990, dans l'arrêt *La Reine c. Sioui*[204], la Cour suprême du Canada rendit une décision unanime en faveur des autochtones[205]. Dans cette affaire, Régent, Conrad, Georges et Hugues Sioui, membres de la bande huronne de la réserve indienne de Lorette, avaient été jugés coupables par les tribunaux de première instance d'avoir en 1982 coupé des arbres, campé et fait du feu dans le Parc Jacques-Cartier. Le gouvernement du Québec accusait les Sioui d'avoir enfreint la loi provinciale.

Les Sioui reconnaissaient avoir commis les actes qu'on leur reprochait. Néanmoins, bien que le parc fût situé hors des limites de la réserve de Lorette, ils affirmaient qu'ils pratiquaient des rites ancestraux qui avaient fait l'objet d'un traité signé en 1760 par les Huron et la Couronne britannique représentée par le Général Murray. En échange de la reddition des Huron, alors alliés aux Français, le traité avait garanti aux Indiens la protection des Britanniques, le libre exercice de leur religion et de leurs coutumes, ainsi que le droit de commercer avec les Anglais. À l'époque, les Hurons étaient établis à Lorette et exploitaient le territoire sur lequel s'étend aujourd'hui le Parc Jacques-Cartier.

En 1987, la Cour d'appel du Québec rejeta le jugement de première instance qui avait déclaré que le document signé en 1760 n'était pas un traité, statua qu'il s'agissait bien d'un traité selon les termes de l'article 88 de la Loi sur les Indiens de 1985 et que ce traité permettait aux Huron de pratiquer les rites religieux qu'on leur reprochait maintenant. Le juge Lamer, qui rédigea la décision de la Cour suprême, rejeta l'appel de la Couronne et confirma la décision de la Cour d'appel du Québec.

La Cour suprême du Canada s'efforça de déterminer si le document en question était un traité, s'il était encore en vigueur et s'il invalidait la loi provinciale, selon les termes de l'article 88 de la Loi sur les Indiens. Aussi les juges dissertèrent-ils sur la nature

---

[204] *R. c. Sioui*, 1990.

[205] Sur l'affaire *Sioui*, voir notamment Franklin S. Gertler et Peter W. Hutchins, « Introduction : The Marriage of History and Law in *R. v. Sioui* », *Native Studies Review* 6 (2), 1990, pp. 115-130.

des traités et les principes qui doivent guider l'interprétation que l'on en donne. La Cour devait d'abord juger si les Huron et le Général Murray étaient en mesure de négocier un traité, puis elle devait décider de la nature juridique du document signé en 1760 et de sa portée.

La décision favorisa les autochtones sur tous les points. En effet, les juges décidèrent d'emblée d'adopter une attitude « libérale » et « généreuse » à l'égard des lois et des traités relatifs aux Indiens, dont les ambiguïtés devaient être résolues en faveur de ces derniers.

Les juges tinrent compte du contexte historique de la Proclamation royale de 1763. D'un côté, la province du Québec soutenait que la Couronne britannique ne pouvait conclure un traité avec les Huron car elle n'était pas souveraine au Canada en 1760. Elle appuyait son argumentation sur des principes de droit international, notamment ceux énoncés par Emmerich de Vattel au XVIIIe siècle dans *Le droit des gens ou principe de la loi naturelle* [206]. Néanmoins, la Cour suprême déclara que les principes de droit international n'étaient pas pertinents.

Le juge Lamer statua par ailleurs que les Européens traitaient avec les Indiens comme avec des nations indépendantes. C'était affirmer à la fois la souveraineté des autochtones et celle de la Couronne britannique au Canada, avant même le traité de Paris de 1763 qui consacrera la substitution de la Grande-Bretagne à la France dans la région canadienne. La définition de la Cour suprême canadienne sur la nature des relations entre les autochtones et les Européens comporte à notre avis une reconnaissance implicite du droit inhérent des autochtones à l'autodétermination.

Par ailleurs, comme les avocats de la province du Québec affirmaient que les lois et les statuts successifs avaient abouti à abroger les droits autochtones liés au traité de 1760, le juge Lamer réfuta cet argument de façon catégorique. Néanmoins, il ne se prononça pas sur la question de savoir si un traité pouvait être

---

[206] Emmerich de VATTEL, *Le droit des gens ou principe de la loi naturelle*, [1ère éd. Londres, 1758], *in* : *Classics of International Law*, Genève : Slatkine Reprints/Institut Henri Dunant, 1983, tome II, livre III, paragraphe 197.

implicitement aboli. Pourtant, son argumentation penche en faveur de l'avis qu'avait émis le juge Hall dans l'affaire *Calder* en 1973, selon lequel les droits ancestraux ne peuvent être supprimés sans que le Souverain en ait exprimé l'intention « claire et manifeste »[207].

Mais la question fondamentale posée par l'affaire *Sioui* touche à la nature des traités ; à cette occasion, la Cour confirmait l'importance des droits issus des traités. Le juge Lamer se référa à la décision de la Cour suprême des États-Unis dans l'affaire *Jones v. Meehan*, jugée en 1899 pour établir les principes qui doivent guider l'interprétation des traités :

> Lorsqu'on interprète un traité conclu entre les États-Unis et une tribu indienne, il faut toujours [...] garder à l'esprit que [...] le traité a été rédigé par [des représentants des États-Unis] dans leur propre langue [...] le traité doit [...] être interprété non dans son sens technique [...] mais de la manière dont les Indiens l'ont compris[208].

Grâce à l'arrêt *Sioui*, l'affaire *Jones v. Meehan* fait aujourd'hui partie de la jurisprudence canadienne. Aussi est-il permis d'espérer que la conception autochtone du droit sera désormais prise en compte par la Cour suprême du Canada lorsqu'elle devra donner une interprétation juridique des traités, ainsi que l'avait fait, par exemple, le juge Morrow de la Cour suprême de la Colombie-Britannique dans l'affaire *Paulette* de 1973. Cet aspect de l'affaire *Sioui*, auquel s'ajoute le principe d'une interprétation « libérale et généreuse » des traités, constitue une victoire pour les nations indiennes liées à la Couronne par un traité. Nous verrons que par la suite, la Cour suprême, dans l'arrêt *Delgamuukw* de 1997, le juge Lamer, qui rendit la décision dans cette affaire, décida de prendre en compte la tradition orale des autochtones sans pour autant leur donner raison[209].

---

[207] R. *v. Sioui*. [1990], p. 1061.

[208] *Jones v. Meehan*. [1899] 175 U.S. 1. Supreme Court of the United States, Gray J., 30 October 1899. *Cases argued and Determined in the United States Supreme Court, October term, 1899*, pp. 1-13.

[209] *R. v. Delgamuukw* [1998] 1 C.N.L.R. 14 (S.C.C.), rev'g [1993] 5 C.N.L.R. 1 (B.C.C.A.), which rev'g [1991] 5 C.N.L.R. 1 (B.C.S.C.). Voir notamment à ce

L'arrêt *Sparrow* (1990) : une définition juridique des « droits ancestraux existants, reconnus et affirmés »

Le 31 mai 1990, une semaine après l'affaire *Sioui*, la Cour suprême rendait son jugement sur l'affaire *Sparrow* dans une autre décision unanime des sept juges de la Cour suprême, rédigée par le président de la Cour Dickson et le juge La Forest[210]. La « partie appelante »[211], Ronald Edward Sparrow, membre de la bande des Indiens Musqueam en Colombie-Britannique, était accusée d'avoir utilisé un filet de pêche dérivant plus long que celui autorisé par la province. Sparrow soutenait qu'il avait exercé

> un « droit ancestral existant » de pêcher et que la restriction imposée par la loi [qui réglementait la longueur des filets dérivants] était [...] incompatible avec l'article 35(1) de la Loi constitutionnelle de 1982[212].

Sparrow fut débouté par la Cour provinciale et la Cour du comté maintint la décision. L'affaire fut ensuite portée devant la Cour d'appel de la Colombie-Britannique, qui rendit une décision ambiguë. D'un côté, elle infirmait la décision du juge de première instance, affirmant que le droit ancestral de Sparrow n'avait pas été supprimé. D'un autre côté, la Cour d'appel limitait la portée de l'article 35 de la Loi constitutionnelle, car elle estimait que la restriction imposée par la Colombie-Britannique sur les filets de pêche n'allait pas à l'encontre de la constitution. La Couronne ainsi

---

sujet Brian THOM, « Aboriginal Rights and Title in Canada After *Delgamuukw* : Part One, Oral Traditions and Anthropological Evidence in the Courtroom », *Native Studies Review* 14(1):1-26, 2001 ; « Aboriginal Rights and Title in Canada after *Delgamuukw* : Part Two, Anthropological Perspectives on Rights, Tests, Infringement & Justification », *Native Studies Review*, 14(2):1-42.

210 Sur l'affaire *Sparrow*, voir notamment David H. GETCHES, Charles F., WILKINSON et Robert A WILLIAMS Jr., *op. cit.*, pp. 974-998 ; Douglas SANDERS, « Aboriginal Rights in Canada : an Overview », *Law and Anthropology* 2 (177), 1987, pp. 989-998.

211 « APPELANT, TE : 2° *Droit.* Qui appelle d'un jugement. *La partie appelante.* - Substantif : *L'appelant, l'appelante.* Antonyme : *Intimé.* », Paul ROBERT, *op. cit.*, p. 85.

212 *R. Sparrow.* [1990], p. 1076.

que Sparrow firent appel de cette décision auprès de la Cour suprême du Canada, Sparrow parce qu'il affirmait que la loi sur la pêche était contraire à la protection de ses droits, garantis par la constitution, et la Couronne parce qu'elle maintenait que le droit ancestral de Sparrow avait été supprimé.

La Cour suprême ordonna un nouveau procès en première instance. Néanmoins il s'agit là, pour les autochtones, d'une victoire juridique car la Cour suprême publia une discussion circonstanciée sur l'interprétation à donner à l'article 35 de la constitution. Les juges examinèrent les droits de pêche et, de manière plus générale, les « droits ancestraux existants et les droits des traités, reconnus et confirmés » par la Loi constitutionnelle de 1982, pour savoir si la réglementation des filets de pêche s'appliquait aux autochtones malgré la reconnaissance constitutionnelle de leur « droit ancestral existant » de pêcher pour leur subsistance. En d'autres termes, la Cour suprême devait donc décider si la réglementation d'un droit supprimait ce droit.

Comme la Cour suprême des Territoires du Nord-Ouest dans l'affaire *Paulette* en 1973, la Cour suprême du Canada consulta des experts en droit et en ethnologie. Alors que dans l'affaire *Sioui* la décision de la Cour suprême du Canada s'était appuyée essentiellement sur des documents historiques, dans l'affaire *Sparrow* la Cour fit appel aux témoignages d'éminents juristes, spécialisés dans le droit autochtone au Canada, afin de déterminer la nature des droits ancestraux : Brian Slattery, Kent McNeil, William Pentey, Douglas Sanders, Noel Lyon, Bryan Schwartz et Leroy Little Bear[213].

---

[213] Brian SLATTERY, « The Hidden Constitution : Aboriginal Rights in Canada » *American Journal of Comparative Law* 32 (361), 1984; « Understanding Aboriginal Rights », *Canadian Bar Review* 66 (727), 1987. Kent McNEIL, « The Constitutional Rights of the Aboriginal People of Canada », *Supreme Court Law Review* 4 (218), 1982. William PENTNEY, « The Rights of the Aboriginal Peoples of Canada in the Constitution Act, 1982, Part II, Section 35 : The Substantive Guarantee », *University of British Columbia Law Review* 22 (207), 1988. Douglas E. SANDERS, « Pre-existing Rights : The Aboriginal Peoples of Canada », *in* : Gérald A. BEAUDOIN and Ed RATUSHNY (ed.), *The Canadian Charter of Rights and Freedoms*, 2nd ed., Toronto : Carswells, 1989. Noel LYON,

Une attention toute particulière fut donnée au terme « existants ». La Cour jugea que les « droits ancestraux existants » étaient des droits inhérents et non des droits susceptibles d'être exercés à un certain moment de l'histoire[214]. Aussi la Cour donnait-elle une interprétation très large de l'article 35 de la constitution :

> Si l'on considère la raison pour laquelle les droits ancestraux ont été confirmés, il est évident qu'une interprétation généreuse et libérale du texte de cette disposition constitutionnelle s'impose[215].

La Cour se pencha également sur les questions d'abrogation et de restriction des « droits ancestraux ». En effet, il existe au Canada un certain nombre d'ordonnances et de lois prévoyant le versement de compensations en cas d'expropriation, mais le droit compensatoire en cas d'expropriation n'est pas un droit constitutionnel. La charte des droits et libertés, adoptée en 1960, assure :

> [...] le droit de tout individu à la vie, à la liberté, à la sécurité de sa personne et à la jouissance de ses biens, ainsi que le droit de ne pas en être privé, si ce n'est dans le respect de la loi[216].

La Charte canadienne des droits et liberté de 1981 reprend les mêmes termes[217]. Or, selon la *Common Law* canadienne, tout individu privé de ses biens doit pouvoir obtenir réparation. Il semble difficile d'appliquer ce principe dans le cas des autochtones, car la *Common Law* n'impose au gouvernement aucune obligation compensatoire en cas d'expropriation. Mais la présomption jurisprudentielle veut que le gouvernement ait le devoir de verser

---

« An Essay on Constitutional Interpretation », *Osgood Hall L. J.* 26 (95), 1988. Bryan SCHWARTZ, *Firts Principles, Second Thoughts : Constitutional Reform and Canadian Statecraft*, Montréal : Institut de recherches politiques, 1986. Leroy LITTLE BEAR, « A Concept of Native Title », *Canadian Legal Aid Bulletin* 5 (99), 1982,.

214 *R. Sparrow*. [1990], pp. 1091, 1092, 1093 et 1076.

215 *Ibid*, pp. 1077 et 1105.

216 Déclaration canadienne des droits, 1960, ch. 44.

217 *Charte canadienne des droits et liberté, 1981*, s. 7.

des compensations en cas d'expropriation, à moins qu'une loi ou un décret n'indique clairement le contraire.

Dans l'affaire *Sparrow*, la Cour suprême reprit l'argument du juge Hall dans l'affaire *Calder*, selon lequel l'intention de « supprimer le titre indien [...] doit être 'claire et manifeste' »[218]. Cette décision signifie que la réglementation d'un droit constitutionnel ne suffit pas à supprimer ce droit[219].

L'affaire *Sparrow* fit l'objet d'autres débats et d'autres décisions qui créèrent de nouveaux précédents. On a vu que dans l'affaire *Guerin*, le juge Wilson avait estimé que la Couronne avait une obligation de fiduciaire envers les Indiens. Or le gouvernement, malgré la déclaration de 1973 qui reconnaissait la responsabilité de la Couronne envers les autochtones, affirmait que cette déclaration avait un caractère purement politique, qui ne lui imposait aucune obligation légale[220].

Les juges s'appuyèrent sur l'opinion de la minorité de la Cour dans l'affaire *Guerin* pour affirmer que le gouvernement avait bien une responsabilité de fiduciaire envers les Indiens, par laquelle il était astreint à protéger les " droits ancestraux "[221].

L'interprétation donnée par la Cour à l'article 35 de la constitution limitait donc le « le pouvoir souverain » et « le pouvoir du législateur » :

> le Parlement n'est pas censé agir de manière contraire aux droits et aux intérêts des autochtones, et, en réalité, il peut être empêché de le faire par [...] l'analyse fondée sur l'article 35(1) [de la Loi constitutionnelle de 1982][222].

Finalement, les droits ancestraux l'emportaient sur toute loi susceptible de leur porter atteinte. La Cour suprême du Canada critiqua vivement l'argument selon lequel « l'intérêt général » primait sur celui des autochtones[223]. Ainsi, les autochtones pouvaient pêcher pour leur subsistance et ils avaient la préséance

---

[218] *Calder et al. v. Attorney-General of British Columbia*, [1973], p. 404.
[219] *R. Sparrow*, [1990], pp. 1097, 1099 et 1101.
[220] *R. Sparrow*, [1990], p. 1105.
[221] *Ibid*, p. 1108.
[222] *Ibid*, pp. 1077, 1110, 1111 et 1114.
[223] *Ibid*, p. 1113.

sur la pêche sportive et même sur la pêche commerciale[224].

La Cour tint à souligner que la « bataille » menée par les autochtones pour la reconnaissance de leurs droits avait été « longue et difficile ». Les juges portèrent un regard sévère sur la politique indienne et sur les objectifs du gouvernement canadien :

> Notre histoire montre trop bien malheureusement que les peuples autochtones du Canada ont bien raison de s'inquiéter des objectifs du gouvernement[225].

Les juges allèrent jusqu'à en appeler à l'honneur de la Couronne et dessinèrent fermement les futurs processus de négociation :

> L'honneur de Sa Majesté est en jeu lorsqu'Elle transige avec les peuples autochtones. [...] [Les visées législatives du gouvernement] doi[vent] préserver l'honneur de Sa Majesté [...] L'article 35(1) [de la Loi constitutionnelle de 1982] [...] procure [...] une base constitutionnelle solide à partir de laquelle on peut entreprendre des négociations[226].

L'arrêt *Delgamuukw* (1997) : validation de la tradition orale des autochtones

Si dans cette affaire les autochtones ont été déboutés, l'arrêt *Delgamuukw* leur a été cependant bénéfique. En effet, elle a d'une part contraint le gouvernement fédéral à signer un « accord global » avec les Indiens Nisga'a de Colombie Britannique en 2000 qui, s'ils n'étaient pas partie prenante dans l'affaire, ont cependant bénéficié de cette décision de la Cour suprême. Nous reviendrons plus tard sur ce traité moderne. D'autre part, il faut souligner que, dans l'affaire *Delgamuukw*, le juge Lamer, président de la Cour suprême, a affirmé le principe selon lequel les témoignages oraux des autochtones devaient être pris en compte, tout comme, nous l'avons vu, le juge Morrow de la Cour suprême des Territoires du Nord-Ouest dans l'affaire *Paulette* de 1973. Dans l'arrêt *Delagamuukw*, cette décision est donc entérinée par la Cour suprême.

---

224 *Ibid*, p. 1116.
225 *Ibid*, p. 1110.
226 *Ibid*, pp. 1105, 1110, 1114.

La décision fut rendue en décembre 1997. Pour la première fois, la Cour suprême donnait une définition des droits des autochtones. Par ailleurs, la Cour explicita en quoi l'article 35(1) de la loi constitutionnelle de 1982 protégeait les droits des autochtones ; elle définit la façon dont le titre autochtone devait être prouvé ; enfin, elle exposait les grandes lignes qui devaient prévaloir à l'extinction du titre autochtone.

En 1984, 35 chefs héréditaires de la nation Gitxsan et 13 chefs héréditaires de la nation Wet'suwet'en attaquèrent en justice la province de Colombie-Britannique. Ils revendiquaient la propriété pleine et entière et la juridiction de 58 000 kilomètres carrés dans le nord-ouest de la province. Ils reconnaissaient que la Couronne britannique détenait un titre sur ces terres, mais ils affirmaient par ailleurs que leurs revendications restreignaient ce titre. Les Indiens revendiquaient également le droit ancestral d'utiliser ce territoire comme bon leur semblait, sans définir spécifiquement ce droit. Enfin, ils exigeaient des compensations financières pour la perte de leurs terres et de ses ressources.

De son côté, la province affirma que les Indiens ne détenaient aucun droit sur les terres qu'ils revendiquaient et que les compensations financières qu'ils réclamaient étaient du ressort du gouvernement fédéral et non de celui de la province.

L'affaire fut finalement portée devant la Cour suprême. Le juge en chef Lamer rendit la décision finale qui statua que l'affaire ne relevait pas de la juridiction de la Cour suprême pour deux raisons. La première était d'ordre technique : en effet, les revendications des Gitxsan et des Wet'suwet'en avaient d'abord émané d'individus puis avaient été fusionnées en deux groupes de revendications collectives, une pour chaque nation, sans qu'elles aient été amendées. Ceci portait préjudice à la province et il fallait par conséquent que l'affaire fût portée de nouveau devant les tribunaux de la province.

En second lieu, il était nécessaire de tenir un nouveau procès au vu des multiples et complexes preuves orales apportées par les autochtones et qui n'avaient pas été prises en compte par les tribunaux[227].

> Malgré les problèmes que crée l'utilisation des récits oraux comme preuve de faits historiques, le droit de la preuve doit être adapté afin que ce type de preuve puisse être placé sur un pied d'égalité avec les différents types d'éléments de preuve historique familiers aux tribunaux, le plus souvent des documents historiques.

En revanche, le juge Lamer n'accepta ni la définition du titre autochtone avancée par la province, ni celle présentée par les autochtones. La définition des Gitxsan et des Wet'suwet'en était jugée trop large, celle de la province trop restreinte[228]. Ce qu'il faut noter surtout, c'est que la tradition orale, c'est-à-dire le point de vue des autochtones, devait être pris en considération dans la définition des droits des autochtones. C'est surtout à ce titre que cette décision aura, et a déjà eu, des répercussions sur les négociations des « accords globaux » fondés sur le titre autochtone de territoires où aucun traité n'a été signé[229].

Certes, depuis l'époque coloniale, la législation sur les droits des autochtones et la politique gouvernementale ont évolué. Après 1867, il devient clair que le règlement des droits territoriaux des autochtones relève exclusivement de la juridiction et de la politique fédérales. Depuis 1982, les tribunaux ont confirmé la prééminence du gouvernement fédéral en matière autochtone. Cependant, puisqu'aucun accord n'a été conclu entre les autochtones et le gouvernement canadien sur la signification de l'article 35 de la constitution, plusieurs questions restent aujourd'hui sans réponse.

Est-ce que l'expression « droits autochtones existants » confirme et étend à tous les Indiens enregistrés les bénéfices garantis par les traités ? La constitution leur donne-t-elle des droits

---

227 *Delgamuukw c. Colombie-Britannique*, 3 R.C.S. 1010, 1997 IIJCan 302, Cour suprême du Canada, 1997, paragraphes 84 et 87

228 *Delgamuukw c. Colombie-Britannique*, paragraphes 111

229 Sur les répercussions de l'arrêt *Delgamuukw*, voir notamment : Owen LIPPERT, ed., *Beyond the Nass Valley : National Implications of the Supreme Court's Delgamuukw Decision*, Vancouver, BC. : the Fraser Institute, 2000.

inhérents sur le sol et le sous-sol des réserves ? Le droit à une aide gouvernementale pour le développement économique, social et culturel des communautés résidant sur les réserves, le droit à l'éducation et à la santé, sur les réserves et en dehors des réserves, ainsi que le droit de chasser, de trapper et de pêcher en toute liberté sur les territoires traditionnels sont-ils des droits constitutionnels inhérents ?

La Cour suprême a donné quelques éléments de réponse dans les affaires que nous avons examinées, mais il revient aux gouvernements canadiens et aux autochtones de s'entendre sur la portée de ces changements constitutionnels. En effet, ce n'est pas vraiment à la Cour suprême qu'il incombe de définir les droits des autochtones. L'article 35 de la constitution de 1982 donne aux droits des autochtones un statut qui les met à l'abri de toute décision judiciaire susceptible de les modifier. L'histoire nous dira si la loi constitutionnelle modifiera l'approche politique de la question autochtone[230].

Or, les événements récents tendraient à prouver que, entre le gouvernement fédéral et les autochtones, une situation plus équitable se présente pour l'avenir. C'est du moins ce que pensait, en mars 1993, le ministère des Affaires indiennes qui se déclarait satisfait des résultats obtenus après vingt années de négociations difficiles [231].

Sur la voie de nouveaux traités

Il est de fait que la constitution ayant reconnu les droits territoriaux des autochtones, un règlement des divers contentieux semble se profiler depuis quelques années. Ainsi, divers accords ont-ils été négociés, accords « globaux » – ou « traités modernes », qui concernent les régions où aucun traité n'a été signé, et accords

---

230 Sur la question juridique portant sur la constitutionnalité des droits autochtones, voir entre autres Noel LYON, « Constitutional Issues in Native Law », *in* : B. W. MORSE (ed.), *op. cit.*, pp. 408-451.

231 CANADA, DEPARTMENT OF INDIAN AFFAIRS AND NORTHERN DEVELOPMENT, (MINISTERE DES AFFAIRES INDIENNES ET DU NORD CANADIEN), *Federal Policy for the Settlement of Native Claims*, Ottawa : Indian and Northern Affairs, mars 1993, p. 31.

« particuliers », qui concernent les clauses des traités d'autrefois que le gouvernement n'a pas respectées. Entre 1973 et 2003, date à laquelle s'achève cette étude, quinze revendications territoriales globales ont été réglées au Canada. Nous développerons ici les plus pertinanentes pour notre propos sur les droits des autochtones : la première, la Convention de la Baie James et du Nord québécois – qui aboutira d'abord à un accord trilatéral entre les autochtones, la province du Québec et le gouvernement canadien, puis à un accord bilatéral, entre les Indiens Cri de la Baie James et la province qui n'entre donc pas dans la catégorie des accords dits « globaux ». L'Accord Gwich'in aussi nous semble important car, tout comme l'Accord Tlicho dont il sera également question, il résulte d'une scission au sein même de la nation Dènè, signataire des Traités N° 8 et 11. L'accord Nisga'a résulte, lui, des décisions de la Cour suprême dans les arrêts *Calder* de 1973 et *Delgamuukw* de 1997 dont il vient d'être question. Enfin, nous aborderons également l'Accord sur le Nunavut, car celui-ci a suscité de vives polémiques en raison de la superficie exceptionnelle du Territoire du Nunavut.

Comment se déroulent ces négociations territoriales ? Nous analyserons donc dans un premier temps les « accords globaux » qui nous semblent particulièrement significatifs et leurs aspects les plus prometteurs, tout en relevant la quasi-impossibilité de trouver des solutions définitives, et poursuivrons par l'analyse des accords « particuliers » qui concernent le Traité N° 8 dans le nord de l'Alberta où, comme nous le verrons dans la quatrième partie de cette thèse, l'équivoque entre les termes « accord global » et « accord particulier » est source de conflits entre le gouvernement et la nation Cri du Lac Lubicon.

Les règlements « globaux » : des solutions à demi satisfaisantes

À la date de 2003, quinze accords dits « globaux » ont été conclus. Parmi les premiers, il faut signaler le plus important, la Convention de la Baie James et du Nord québécois signée en 1975 et complétée par neuf conventions qui seront signées entre 1978 et

1986[232]. La Convention de la Baie James, qui suivit l'accord de principe de novembre 1974, fut ratifiée d'une part par le

---

[232] 31 janvier 1978 : signature de la convention du Nord-Est Québécois avec les Naskapi ; signature de la convention complémentaire n° 1 amendant la convention de la Baie James et du Nord québécois (C.B.J.N.Q.) pour la rendre compatible avec la convention du Nord-Est québécois ; signature de la convention complémentaire n° 2 amendant la C.B.J.N.Q. au profit des Inuk de Killiniq ; signature de la convention complémentaire n° 3 amendant la C.B.J.N.Q. en fonction du choix des terres sélectionnées par les Cri et les Inuk de Fort George. 14 février 1978 : signature de la convention complémentaire n° 4, dite « convention de Chisasibi », amendant la C.B.J.N.Q. et au terme de laquelle le village de Fort George fut relocalisé à Chisasibi. 4 juillet 1979 : signature de la convention complémentaire n° 5, dite « convention du Lac Sakami », concernant des travaux d'aménagement dans la région du Lac Sakami. 19 août 1980 : signature de la convention complémentaire n° 6. Cette convention amende la C.B.J.N.Q. pour y inclure l'octroi aux communautés inuit de certaines terres. 6 novembre 1986 : signature de trois ententes entre les Cri, Hydro-Québec et, soit la Société d'énergie de la Baie James, soit le gouvernement du Québec. La première entente, dite « convention La Grande » (1986), définit les relations entre les parties pour la poursuite du développement du complexe hydroélectrique La Grande. Elle prévoit la création de la Société Eeyou qui administrera un fonds de 110 millions de dollars canadiens versés par Hydro-Québec aux Cri, ainsi que l'alimentation des communautés Cri en électricité, la formation de main-d'œuvre Cri (150 personnes) et son intégration au sein du réseau Hydro-Québec. En contrepartie, cette convention stipule que les Cri de la Baie James s'engagent à n'intenter aucune procédure judiciaire pour empêcher la construction de nouvelles centrales hydroélectriques sur le complexe La Grande ainsi que sur celle de la ligne de transport Radisson-Nicolet-Des Cantons. La seconde entente, la convention complémentaire n° 7, modifie la description du complexe hydroélectrique La Grande telle qu'énoncée dans les conventions précédentes. La troisième et dernière entente passée à cette date est la convention sur le mercure, qui met en place un comité tripartite chargé d'étudier et de proposer des solutions à la pollution par le mercure dans la région de la Baie James. Voir Jean-Guy DESCHENES et Sylvie VINCENT, « La Convention dans la marche des Autochtones canadiens vers leur autonomie : Eléments de chronologie, 1967-1987/The Agreement and the Road to Native Self-Government : Selected Chronology, 1967-1987 », *in* : Sylvie VINCENT, Garry BOWERS (ed.), *op. cit.*,

gouvernement fédéral, le gouvernement provincial, la compagnie Hydro-Québec et la Société de développement de la Baie James, et d'autre part par le Grand Conseil des Cri du Québec, l'Association des Inuits du nord québécois (*The Northern Quebec Inuit Association, N.Q.I.A.*), les Inuits du Québec et les Inuits de Port Burwell. 62 000 autochtones étaient ainsi représentés[233].

La convention n'accordait aucun droit aux autochtones sur le sous-sol de leur réserve, mais ceux-ci conservaient des droits exclusifs de chasse, de trappe et de pêche sur un territoire de 6 734 208 hectares, une superficie bien plus importante que celle de la réserve, qui s'étend sur 554 536 hectares. Par ailleurs, les autochtones reçurent un droit de regard sur la chasse et sur la protection de l'environnement sur un territoire de 34 966 080 hectares. Selon les termes de cet accord, les autochtones obtinrent également des compensations financières dont le montant s'élevait à près de 821 millions de dollars canadiens, auxquels il faut ajouter les 190 millions de dollars versés dans le cadre des conventions complémentaires qui furent ratifiées entre 1978 et 1986[234].

Le deuxième cas d'accord " global " dont nous traiterons est celui qui fut signé en décembre 1992 avec les Dènè Gwich'in des Territoires du Nord-Ouest, au nombre de 2 200 personnes. Nous ne reviendrons pas sur les termes cet accord, car ils sont semblables au premier[235]. Il faut signaler néanmoins que la convention Gwich'in fit échouer l'accord « de principe » de 1988

---

pp. 223-227 et 237. Voir également CANADA, DEPARTMENT OF INDIAN AFFAIRS AND NORTHERN DEVELOPMENT, (MINISTERE DES AFFAIRES INDIENNES ET DU NORD CANADIEN), *Federal Policy*, mars 1993, pp. 11-12.

[233] *James Bay and Northern Quebec Settlement Act*, 25-26 Eliz. II, c. 32 (SC 1976-77) ; QUEBEC PROVINCIAL GOVERNMENT, *The James Bay and Northern Quebec Agreement*, Editeur officiel du Quebec, 1976. Sur l'histoire de la Baie James, voir également Sylvie VINCENT et Garry BOWERS (ed.), *op. cit.*.

[234] LUBICON LAKE INDIAN NATION, « Information Package », Little Buffalo Lake, Alta., January 20, 1991.

[235] CANADA, DEPARTMENT OF INDIAN AFFAIRS AND NORTHERN DEVELOPMENT, (MINISTERE DES AFFAIRES INDIENNES ET DU NORD CANADIEN), *Federal Policy*, mars 1993, p. 14.

signé avec les Dènè/métis des Territoires du Nord-Ouest, qu'un accord définitif devait valider. Or, les Gwich'in, jusqu'alors partie prenante, se retirèrent des négociations pour conclure leur propre accord. Ici, c'est la division entre les autochtones, la scission d'une partie d'entre eux (d'abord les Gwich'in, en 1990, puis les Dènè du Sahtu et les Flancs-de-Chien, en 1991 et en 1992) qui causèrent l'échec de négociations pourtant bien avancées.

Le gouvernement, qui avait souhaité conclure un accord « global » sur la vallée du Mackenzie comme si les Dènè n'avaient jamais signé de traité, se heurta aux autochtones qui voulaient négocier un accord « particulier » sur la base des Traités Nos 8 et 11 que leurs ancêtres avaient signés en 1899-1900 et en 1921. Comme nous l'avons vu, les Indiens assurèrent que ces traités avaient été des traités d'entente et de paix, qui constituaient le fondement juridique et politique de leurs relations avec le gouvernement canadien, et non des traités de cession territoriale.

Finalement, un accord de principe avait été signé en 1988 avec 13 000 autochtones, soit 8 000 Dènè et 5 000 métis environ. Cependant, les Chipewyan et les Esclave, membres de la nation Dènè, reprochèrent au gouvernement canadien d'avoir pris des initiatives unilatérales. Ils se plaignirent notamment de ce que les promesses d'autonomie politique n'aient pas été tenues et refusèrent de signer l'accord définitif que le gouvernement leur proposait. C'est alors que les bandes Gwich'in, Sahtu et Flancs-de-Chien firent scission pour négocier leurs propres accords « globaux ». C'est ainsi que l'accord « de principe » Dènè/métis échoua. L'un des résultats les plus graves de ce désaccord est donc le schisme qui s'est produit au sein de la nation Dènè et l'isolement de certains groupes, avec lesquels le gouvernement refuse toujours de négocier[236].

Cependant les Flancs-de-Chien, ou Tlicho, des Territoires du Nord-Ouest, signataires du Traité N° 11, ratifièrent leur propre accord de principe en 2003, qui prit effet en 2005[237]. Le territoire

---

236 René FUMOLEAU, *op. cit.*, pp. 425, 453-454.

237 MINISTERE DES AFFAIRES INDIENNES ET DU NORD CANADA, *Accord sur les revendications territoriales et l'autonomie gouvernementale entre le Tlicho et le gouvernement des Territoires du Nord-Ouest et le gouvernement du*

visé par ce nouveau « traité moderne » s'étend du nord au sud du Grand Lac de l'Ours au Grand Lac des Esclaves et d'est en ouest du Nunavut au versant est du fleuve Mackenzie. L'entente accorde aux Tlicho le contrôle du sol et du sous-sol sur un territoire de 39 000 kilomètres carrés, soit la superficie de la Suisse. Cette Première nation pourra mettre en place une forme d'autonomie gouvernementale en créant ses propres instances législatives qui mettront elles-mêmes sur pied des autorités de réglementation, collecteront des fonds et des droits sur les ressources.

Par ailleurs, le gouvernement des Tlicho recevra environ 100 millions de dollars dont le versement sera étalé sur plusieurs années. Il recevra, de plus, une partie des redevances annuelles perçues par le gouvernement découlant de l'exploitation des ressources de la vallée du Mackenzie. Une fois mise en œuvre, l'entente définitive touchera 650 Tlicho résidant sur le territoire, ainsi que quelque 200 Dènè et métis qui habitent actuellement hors de la collectivité.

Pourtant, malgré l'assurance d'une certaine autonomie gouvernementale, le gouvernement des Tlicho n'aura pas le pouvoir de promulguer certains types de lois. Ainsi, les lois promulguées par le gouvernement des Tlicho ne remplaceront pas les lois fédérales ou territoriales ; elles seront appliquées concurremment. En cas de conflit avec la législation fédérale, c'est cette dernière qui aura préséance, pour les questions faisant l'objet du conflit. Il semblerait néanmoins que la plupart du temps, une loi des Tlicho aura préséance sur une loi territoriale.

Enfin, selon les termes du traité Tlicho-Dénés, le Canada demande que les Tlicho renoncent à l'ensemble des droits autochtones non prévus spécifiquement dans le traité. Le traité stipule que les Tlicho-Dénés ne pourront revendiquer des droits non compris dans le traité auprès de la justice. De plus, ils devront indemniser le Canada contre toute poursuite, entamée par eux ou

Canada, 25 août 2003, http://www.ainc-inac.gc.ca/pr/agr/nwts/tliagr2_f.pdf, 12.09.06.

par d'autres, fondée sur de tels droits[238].

Ainsi, ce que le gouvernement canadien n'hésite pas à qualifier d' « exemple saillant de ce qu'il y a de mieux au Canada »[239] est non seulement le résultat du schisme au sein de la nation Dènèe, mais aussi restreint singulièrement le pouvoir des Indiens à l'autodétermination.

Jusqu'en 2002, au Québec non plus le gouvernement n'a pas respecté les termes de la convention qu'il avait signée sur la Baie James[240]. En 1990, Hydro-Quebec et le gouvernement provincial, avec l'aval du gouvernement fédéral, lancèrent un nouveau projet hydroélectrique, le projet « Baie James II », qui menaçait de détruire les terrains de chasse les plus productifs des Cri et des Inuit dont l'avis ne fut pas requis malgré les termes de la convention[241].

Or, le 7 février 2002, l'*Entente concernant une nouvelle relation entre le Gouvernement du Québec et les Cri*[242], surnommée « Entente de la Paix des braves » fut conclue entre neuf communautés cries et le gouvernement du Québec du Parti québécois. Néanmoins, le gouvernement du Canada n'est pas partie

---

[238] Diom SAGANASH, directeur des relations avec le Québec, Grand Conseil des Cri, allocution à l'Université d'Oxford, octobre 2002, http://www.gcc.ca/francais/gcc/gcc_saganshoxford.htm, 09.09.06.

[239] MINISTERE DES AFFAIRES INDIENNES ET DU NORD CANADA, T.N.-O *Franc parler*, automne 2003.

[240] Sylvie VINCENT, Garry BOWERS (ed.), *op. cit.* ; *Native Americas : Akwe:kon's Journal of Indigenous Issues : James Bay Reader* 8 (4), Ithaca : Cornell University, winter 1991.

[241] Matthew MUKASH (Grand Conseil des Cri du Québec), *Presentation to the 6th European Meeting of North American Indian Support Groups*, Gelbenholzen, Germany, July 24-27, 1990 ; ASSEMBLY OF FIRST NATIONS (AFN), « Cree Chief Urges Halt to James Bay II : Coon-Come Accuses Governments of 'White-Collar Terrorism' », *Assembly of First Nations, University of Toronto, Self-Determination Symposium, Assembly of First Nations, University of Toronto September 30 - October 3, 1990*, Ottawa : Assembly of First Nations, 1990, pp. 52-53.

[242] QUEBEC, Secrétariat aux affaires autochtones, *Entente concernant une nouvelle relation entre le Gouvernement du Québec et les Cri*, 7 février 2002.

dans cette entente qui n'est donc pas comprise dans la catégorie des « accords globaux ». L'entente avec le Québec reconnaît aux Cri le droit à une part des retombées de l'exploitation des ressources naturelles de leur territoire ancestral, un territoire un peu plus grand que l'Italie. Selon les termes de l'Entente, tout nouveau développement doit tenir compte du mode de vie des Indiens et être durable. Cela sera réalisé grâce à un nouveau régime forestier, à un processus d'étude des impacts sur l'environnement et sur le milieu social, et surtout, à un changement d'attitude de la part du Québec par rapport aux types de projets qu'Hydro-Québec proposera. Ainsi, au chapitre du développement hydroélectrique, le « Projet Baie James II » est annulé. Les Cri pour leur part accordent leur consentement à des projets de moindre envergure, sous réserve de l'examen des répercussions sur l'environnement.

Un Comité de liaison permanent et un processus de médiation sont mis sur pied pour traiter les nouveaux litiges entre le Québec et les Cri. On a surnommé l'Entente « La Paix des Braves ». Il est important de bien comprendre l'essence du nouveau paradigme qui la définit. À l'heure actuelle, les accords canadiens sur les revendications territoriales sont fondés sur le principe colonial de l'expulsion et de l'extinction. Ce n'est pas le cas de cette entente qui n'annule pas les « droits ancestraux » des autochtones tels qu'ils sont protégés par l'article 35 de la Loi constitutionnelle de 1982. Cependant, l'accord en dérange certains et plusieurs Cri sont opposés aux nouveaux projets de développement sur leurs territoires[243].

Il en est de même des Indiens Nishga, ou Nisga'a, qui ont signé une entente défitive en 2000. En effet, seuls 64 % de la population approuvent cet accord. La minorité ne s'entend pas sur le montant des compensations et sur l'abandon de leurs droits territoriaux sur l'ensemble de leurs terres ancestrales. Cette bande de près de 3000 membres du nord-ouest de la Colombie-Britannique, installée sur les bords de la rivière Nass dont elle tire son nom, détient néanmoins aujourd'hui un territoire de 1900

---

243 Diom SAGANASH, directeur des relations avec le Québec, Grand Conseil des Cri, allocution à l'Université d'Oxford, octobre 2002, http://www.gcc.ca/francais/gcc/gcc_saganshoxford.htm, 09.09.06.

kilomètres carrés. Les autochtones recevront également 190 millions de dollars canadiens dont le paiement s'échelonnera sur une période de quinze ans. Les Nishga ont leur propre gouvernement et détiennent la propriété collective de la réserve qui leur est allouée dans la vallée de la Nass. Ainsi, les Indiens ont-ils la propriété des ressources de ce territoire, notamment de la faune et du saumon. Il aura fallu 100 ans aux Nishga pour obtenir un traité dont la négociation se sera échelonnée sur 25 ans. Il s'agit du second traité signé avec les autochtones de Colombie-Britannique, après le traité N° 8 qui, nous l'avons vu, comprenait la partie nord-est de la province[244].

L'accord sur le Nunavut fut probablement le plus médiatisé des traités modernes signés entre les autochtones et le gouvernement du Canada ces dernières années car les Inuits du Nunavut sont propriétaires de plus de terres et de droits au sous-sol que tout autre peuple autochtone du Canada. Cet accord est entré en vigueur le 1er avril 1999[245]. Un accord de principe avait été été signé en 1993, après un référendum organisé en 1992 donnant une majorité de 69 % des Inuit en faveur du oui. Le nouveau territoire du Nunavut comporte 2 millions de kilomètres carrés, soit 1/5 du Canada. En revanche, le titre de propriété des Inuit ne porte que sur 20 % du territoire du Nunavut, soit 353 000 kilomètres carrés de surface et 36 000 kilomètres carrés de sous-sol. Le gouvernement du Nunavut a un caractère public et non pas ethnique, même si la population est Inuit à 80 %, avec 17 500 Inuit. Les habitants du Nunavut recevront 1,4 milliard de dollars canadiens sur une durée de 14 ans, ainsi que des royalties. En échange, ils cèdent leurs droits sur le reste des terres et abandonnent toute revendication territoriale pour l'avenir.

Le Nunavut n'est pas une province mais un territoire, comme l'étaient déjà le Yukon et les Territoires du Nord-Ouest, et

---

244 MINISTÈRE DES AFFAIRES INDIENNES ET DU NORD CANADA, *Accord Définitif Nisga'a*, http://www.ainc-inac.gc.ca/pr/agr/nsga/nis/nisdex12_f.pdf, 14.09.06

245 MINISTÈRE DES AFFAIRES INDIENNES ET DU NORD CANADA, *Accord sur les revendications territoriales du Nunavut*, http://www.ainc-inac.gc.ca/pr/agr/nunavut/index_f.html, 14.09.06

dispose donc d'un degré d'autonomie moindre. De plus c'est un accord portant essentiellement sur les droits territoriaux. Cependant, on ne peut pas dire que l'accord mette en œuvre un droit d'autodétermination politique. Il s'agit plutôt d'une autonomie largement administrative. Ainsi, comme pour tout autre traité moderne, les Inuit se sont engagés à renoncer à toute revendication future. Par ailleurs, non seulement leur droit à l'autodétermination est-il restreint, mais encore ils ne détiennent un titre de propriété que sur une portion infime de leur territoire.

Enfin, pour un très grand nombre d'Inuit, la perte d'un mode de vie sans obtenir une mainmise sûre dans le nouveau mode peut entraîner une désolation individuelle et collective. Des problèmes de surconsommation d'alcool et d'autres substances sont répandus dans plusieurs communautés ; la cohésion familiale en a souffert ; le crime, la violence et le suicide affectent toutes les communautés[246].

« Accords particuliers » : le nord de l'Alberta

Dans le nord de l'Alberta, le règlement du contentieux territorial est également délicat. En n'acceptant de ne signer que des accords « particuliers » sur la base du Traité N° 8 avec les Indiens Cri de la région, le gouvernement rejette *de facto* les revendications « globales » des Cri du Lac Lubicon, dont nous allons examiner le cas en quatrième partie de ce travail. Le bref compte rendu de certains des accords « particuliers » signés dans cette région permettra de mieux comprendre les circonstances qui entourent les revendications territoriales des Cri du Lubicon. Ainsi furent signées, en 1988, la convention des Cri de Fort Chip et celle du Lac Sturgeon, en 1989 la convention du Lac Whitefish et en 1991 la convention des Cri Woodland. Ces conventions restaurèrent les droits au territoire qui avaient été promis par le Traité N° 8, laissant toutefois des problèmes en suspens : par

---

246 Sur le Nunavut, voir notamment Michèle THERRIEN, *Printemps inuit : naissance du Nunavut*, Montpellier : Indigène diffusion, 1999 ; Sylvie TEVENY et Michèle THERRIEN, dirs., *Pour mieux comprendre le Nunavut : Actes de la Journée Nunavut, 30 janvier 1999*, Paris : Institut national des langues et civilisations orientales, 1999.

exemple, dans le parc national *Wood Buffalo*, qui était compris dans le territoire où les Indiens de Fort Chip pouvaient chasser et pêcher, la compagnie forestière Daishowa obtint l'autorisation de procéder à une « coupe à blanc », c'est-à-dire à une coupe de l'ensemble des arbres d'une très large superficie. Ainsi, même si parfois de jeunes plants sont ensuite repiqués, ils ne survivent pas car ils ne sont pas protégés de la neige par des arbres adultes environnants. Et c'est ainsi que furent dévastées la flore et la faune de la région, et empiétés les droits des Indiens. Ou encore, les indemnités promises aux Cri du Lac Sturgeon, ainsi qu'aux Cri du Lac Whitefish, et qui auraient dû être proportionnelles au nombre des membres de ces bandes, furent largement sous-estimées[247].

Le cas des Cri Woodland est plus épineux et vaut la peine d'être relaté plus en détail. En juillet 1991 en effet, à l'unanimité, cette bande accepta un accord selon lequel elle recevrait 35 millions de dollars pour construire une infrastructure et un capital de 19 millions de dollars pour le développement socio-économique et éducatif de la réserve. Une indemnité de 100 dollars par hectare fut versée pour certaines terres de la réserve cédées au gouvernement, une somme dérisoire, de même que la superficie de la réserve, beaucoup trop petite pour les 700 personnes que compte cette bande, aux dires de son chef, Johnny Cardinal[248].

On voit donc que, ni les revendications dites « particulières », parce qu'elles concernaient les termes particuliers d'un traité antérieur, ni les revendications « globales » qui mettaient à plat l'ensemble des droits de populations exclues des traités, n'ont totalement abouti. Les Indiens restent, dans l'ensemble, lésés quant aux droits de propriété et de souveraineté qu'ils estiment leurs.

Les plus totalement lésés, sans doute, parce que trop faibles pour faire, en quoi que ce soit, céder le gouvernement, et parce que l'histoire les a négligés, sont les Cri du Lac Lubicon,

---

[247] LUBICON LAKE INDIAN NATION, « Information Package », Little Buffalo Lake, Alta., January 20, 1991.

[248] ALBERTA, *News Release: Agreement-In-Principle Reached with Woodland Cree Band*, Edmonton, Alberta : Governement of Alberta, Canada, December 19, 1990.

voisins des Cri Woodland, dont ils disent d'ailleurs que leur bande est une création du gouvernement destinée à les isoler et à les affaiblir encore. L'accord des Cri Woodland fut d'ailleurs établi sur le modèle de l'offre « à prendre ou à laisser » que le gouvernement fédéral proposera aux Lubicon en 1989 puis en 1992[249]. Ignorés lors des signatures de traités au XIXe siècle, les Cri du Lac Lubicon sont aujourd'hui les grands perdants dans la construction de l'État canadien.

249 Tom SIDDON (Minister of Indian Affairs), « Comparison of Federal (1989) Offer, Federal (1992) Offer », July 24, 1992, in: LUBICON LAKE INDIAN NATION, « Information Package », Little Buffalo Lake, Alta., September 25, 1992.

CHAPITRE 10
L'ÂGE D'OR DES LUBICON

Les Lubicon occupent depuis toujours une région d'environ 10 000 km dans le nord de l'Alberta. Leur territoire s'étend au nord du Petit Lac des Esclaves et au sud-ouest du Lac Athabasca, entre les rivières Wabasca et Peace. La ville la plus proche est actuellement Peace River, à cent kilomètres à l'ouest du Lac Lubicon. Edmonton et Calgary sont respectivement à 350 et 880 km au sud du territoire Lubicon. C'est la région de la forêt boréale, forêt d'épinettes blanches et noires, avec très peu de relief et de nombreux lacs et cours d'eau. Le climat est de type continental sub-arctique caractérisé par de longs et rudes hivers et des étés courts et frais.

Les Lubicon sont aujourd'hui près de cinq cents personnes, concentrées autour du village de Little Buffalo, une communauté de quatre cents habitants. La plupart des maisons sont en préfabriqué. Elles sont disposées comme un campement indien, en retrait des routes poussiéreuses et séparées les unes des autres par des bois et des champs. Les chevaux se promènent en liberté au bord de la route, ou dans des enclos d'épinettes. Il n'y a pas de rue principale, pas non plus de magasins. L'épicerie-station essence est aujourd'hui laissée à l'abandon.

L'ancien campement des Lubicon se trouvait au bord du Lac Lubicon, que les habitants appelaient le Lac Prairie à cause des prairies naturelles qui l'entourent. Le nom « Laboucan » est à l'origine du terme « Lubicon » : il vient du français « le Boiteux », nom que des missionnaires ou des commerçants en fourrure de langue française ont donné à un Indien qui boitait[250]. Le nom Lubicon fut attribué à la population indienne locale ou « bande »[251] en 1939, lorsque les Lubicon furent officiellement reconnus par les autorités gouvernementales. Les membres de la

[250] D'après Fred LENNARSON, conseiller politique de la nation Lubicon, entretiens avec l'auteur, Edmonton, Alta., juillet 1995.

[251] Rappelons que le mot « bande » est le terme officiel employé par les autorités gouvernementales pour désigner les diverses nations indiennes reconnues par le Canada. Les Lubicon utilisent le terme « nation » pour désigner leur communauté.

bande portèrent des noms Cri jusqu'à l'arrivée des prêtres vers 1850, essentiellement des catholiques francophones, qui leur attribuèrent des noms d'origine française ou anglaise[252].

En 1954, une école missionnaire quaker fut construite au village de Little Buffalo. L'école missionnaire était un internat, mais les familles ont déménagé à Little Buffalo pour être avec leurs enfants. Little Buffalo est devenu alors le camp principal des Lubicon. À cette époque, les missionnaires étaient quasiment le seul lien entre les Lubicon et le monde extérieur. La région était très isolée et pratiquement inaccessible par la route. Les Lubicon avaient très peu de contacts avec les agents du gouvernement. Grâce à cet isolement relatif, ils ont pu rester à l'écart des influences extérieures et conserver leur mode de vie, leur économie, et leurs structures sociales et familiales.

C'est que la nation Cri du Lac Lubicon était autrefois une communauté indépendante, soudée et économiquement viable. Ils vivaient presque exclusivement des ressources tirées de l'environnement boréal. Il y a trente ans encore, cette communauté indienne était une des rares à mener une vie traditionnelle et harmonieuse au sud du soixantième parallèle. Leur économie était fondée essentiellement sur la chasse de l'orignal et la trappe, ou piégeage de petits animaux à fourrure qu'ils troquaient contre certaines denrées alimentaires et divers objets. Au cours des siècles, les Lubicon avaient su maintenir un équilibre harmonieux avec leur environnement. Ils avaient même réussi à adapter leur mode de vie aux exigences de la colonisation. Le commerce ponctuel des fourrures avec les colons, fondé sur un système d'échange et de troc, avait apporté à leur société des éléments nouveaux qui, loin d'appauvrir leur mode de vie, s'inscrivaient dans la perspective d'une évolution enrichissante, tant sur le plan culturel qu'économique[253].

---

[252] J. A. LABOUCAN, LUBICON ELDER, *Memo of Interview Re: Affidavit in the Matter of Chief Bernard Ominayak et al. v. Norcen Energy Resources Limited et al. No 8201-03713*, June 18, 1982.

[253] James G. E. SMITH, « Canada - The Lubicon Lake Cree », *Cultural Survival Quarterly*, 11(3), 1987, pp. 61-62.

Une occupation territoriale très ancienne

Les Lubicon se rattachent aux Cri « Bois fort » (*Strongwoods*), l'un des trois groupes qui composent les Cri des Bois de l'Ouest. Rappelons que les Cri se divisent en quatre branches principales : les Cri des Plaines, les Cri de l'est, les Cri de l'ouest (*West Main Crees)* et les Cri des Bois de l'ouest (*Western Woods Crees).* Jusqu'à une époque récente, de nombreux ethnologues affirmaient que les Cri de l'est s'étaient déplacés vers l'ouest à la fin du XVIIe siècle pour pratiquer la traite de la fourrure et avaient repoussé les Cri des Bois de l'ouest. Ces derniers auraient à leur tour migré vers l'ouest lorsque le gibier et les animaux à fourrure seraient venus à manquer dans la région est du Lac Winnipeg. Les Cri des Bois de l'ouest auraient alors chassé vers le nord les Castor et les Chippewyan au début du XIXe siècle et occupé leur territoire[254].

Mais aujourd'hui, historiens et ethnologues remettent en question l'opinion selon laquelle les Cri des Bois de l'ouest seraient des occupants tardifs de l'Alberta. Selon eux, l'occupation Cri de cette région est bien antérieure à la colonisation européenne.

James G. E. Smith, un éminent ethnologue et spécialiste des Cri Lubicon, mort récemment, a étudié attentivement la question. Dans un article publié en 1987, il récuse pied à pied l'opinion généralement admise d'une occupation Cri tardive, en fondant son argumentation sur des données à la fois archéologiques, historiques, linguistiques et ethnologiques[255]. Il démontre que les fouilles effectuées dans la région du Lac Indien du sud (*Southern Indian Lake*), au nord du Manitoba, indiquent que les Cri occupaient déjà cette région avant le IXe siècle de notre ère. En outre, le type de poterie Cri découverte à cet endroit est identique à celui du Lac au Renne (*Reindeer Lake*) et du Lac La Ronge, au nord du Saskatchewan. Enfin, Smith souligne que l'occupation

---

[254] Voir par exemple W. M. HLADY, « Indian Migration in Manitoba and the West », *in :* HLADY, W. M. (ed.). *10,000 Years of History in Manitoba*, Winnipeg, Man. : Papers of the Manitoba Historical and Scientific Society, 1964, vol. 17, pp. 24-53 .

[255] James G. E. SMITH, « The Western Woods Cree: Anthropological Myth and Historical Reality », *American Ethnologist* 14 (3), 1987, pp. 434-448.

précolombienne Cri est attestée au Lac La Biche, à l'est de l'Alberta.

Les sources historiques confirment ces données archéologiques. Nicolas Jérémie, un officier français commandant le Fort Bourbon en 1694-1714[256], affirmait que la rivière Seal, au nord-est du Manitoba, marquait la limite méridionale du territoire des Chippewyan. Ce ne sont donc pas les Cri qui les auraient, plus tard, forcés à s'établir au nord. Enfin, on sait que le Britannique David Thompson, commerçant en fourrures, rencontra dans les années 1790 des Cri en Alberta et qu'ils lui dirent que leurs ancêtres avaient toujours occupé la région[257].

Ces données montrent que l'occupation Cri en Alberta est bien antérieure au XIXe siècle. Les conflits territoriaux entre Cri et Castor au début du XIXe siècle concernent la région située à l'ouest du territoire Lubicon, sur la rive gauche de la rivière de la Paix. Le territoire Lubicon n'a jamais appartenu aux Castor, les Anciens des deux groupes l'attestent : les Lubicon habitent la région depuis toujours.

Les Français furent probablement les premiers Européens qui pénétrèrent en Alberta. Ils avaient en effet établi des postes de traite en territoire anglais vers le milieu du XVIIIe siècle, sur la Baie d'Hudson et la rivière Hayes d'abord, puis le long de la « Mer de l'Ouest », une chaîne de lacs située au nord-ouest du Lac Supérieur – le Lac aux Bois, le Lac Winnipeg, les Lacs Manitoba et Winnipegosis – jusqu'à la rivière Saskatchewan. Les Français avaient réussi à s'implanter plus à l'ouest grâce à Pierre Gaultier de Varennes, " Sieur de la Vérendrye ", explorateur et marchand de fourrures, qui avait parcouru le pays avec ses fils et son neveu de 1728 à 1744. On suppose même que les la Vérendrye avaient

---

[256] Nicolas JEREMIE, « Relation du Détroit et de la Baie d'Hudson » in : *Le Recueil d'arrests et autres pièces pour l'établissement de la Compagnie d'Occident,* Amsterdam, 1720. York Factory, située à l'embouchure de la rivière Nelson, au bord de la Baie d'Hudson, fut rebaptisée « Fort Bourbon » pendant l'occupation française de 1694-1714.

[257] David THOMPSON, *David Thompson's Narrative, 1784-1812*, R. GLOVER (ed.), 2nd ed. Toronto : The Champlain Society, 1962, p. 91.

atteint le pied des montagnes Rocheuses, au sud-ouest de l'Alberta[258].

La colonisation britannique succéda à la colonisation française. À la fin du XVIIIe siècle, la compagnie du Nord-Ouest, créée en 1783, concentra ses efforts dans la région de l'Athabasca, au nord de l'Alberta. Les « camelots de Montréal » (*Montreal peddlers*) travaillant pour le compte de la compagnie du Nord-Ouest établirent alors les premiers postes de traite, pour la plupart temporaires, le long des cours d'eau principaux au nord de l'Alberta, sur la rivière de la Paix et la rivière Athabasca. Au début du dix-neuvième siècle, la compétition entre la compagnie de la Baie d'Hudson et la compagnie du Nord-Ouest battait son plein et les postes de traite se multiplièrent dans l'intérieur du pays. Lorsqu'en 1821, les compagnies rivales fusionnèrent pour créer la nouvelle compagnie de la Baie d'Hudson, cette dernière ferma les postes à faible rendement, obligeant ainsi les Indiens à se déplacer, parfois sur de très longues distances, pour vendre leurs fourrures[259].

Les Lubicon avaient commencé, semble-t-il, à pratiquer la trappe des animaux à fourrure vers le milieu ou la fin du XVIIIe siècle[260]. Mais au XVIIIe siècle, le développement de la traite des fourrures avait encore eu peu d'influence sur les Lubicon et leurs voisins immédiats : aucun document écrit n'atteste un contact aussi précoce, même indirect, avec les Européens. C'est vers le milieu du dix-huitième siècle que la traite des fourrures commença à modifier les besoins matériels des Cri Bois fort qui échangeaient déjà des fourrures, directement ou par l'intermédiaire d'autres Indiens, contre des denrées et divers objets de manufacture

---

[258] Voir notamment Nellis Maynard CROUSE, *La Verendrye, Fur Trader and Explorer.*, Ithaca, N.Y. : Cornell University Press, 1956.

[259] Harold Adams INNIS, *The Fur Trade in Canada*. Réimpr. [1ère éd. : New Haven : Yale University Press, 1930]. Toronto : University of Toronto Press, 1977, chap. chap. 8 : « The Northwest Company », pp. 166-262.

[260] James G. E. SMITH, « Canada - The Lubicon Lake Cree », *Cultural Survival Quarterly* 11(3), 1987, pp. 61-62.

européenne[261]. Vers la fin du XVIIIe siècle, les Lubicon troquaient peut-être déjà quelques fourrures contre du tissu, de la ficelle et divers objets en métal en passant par l'intermédiaire de Cri qui vivait au sud de leur territoire. Au début du dix-neuvième siècle, les Lubicon vendaient sans doute directement leurs fourrures aux postes établis sur la rivière de la Paix, à une centaine de kilomètres à l'ouest de leur territoire. À cette époque, les Lubicon connaissaient probablement déjà l'usage du mousquet et des pièges en métal.

Les premiers documents qui confirment la présence de non-Indiens en territoire Lubicon datent de 1857. C'est alors que des missionnaires catholiques, des Oblats de Marie l'Immaculée, entrèrent en contact avec les Lubicon. Les premières traces écrites qui confirment la présence de postes de traite temporaires établis par la compagnie de la Baie d'Hudson en territoire Lubicon datent de la fin du dix-neuvième siècle. Les Lubicon s'étaient graduellement adaptés à l'économie de la trappe. L'orignal était toujours la nourriture principale. Le troc des fourrures leur fournissait des objets manufacturés et des denrées, tissu, fusils, munitions, pièges, farine, lard et sucre, qu'ils empruntaient à l'automne et remboursaient sous forme de fourrures au printemps[262].

Témoignages vivants d'une époque révolue

La mémoire vivante des Cri Lubicon remonte au début du XXe siècle. Neuf personnes, « Anciens » de la nation Lubicon, ont été interrogées en 1982 par Bernard Ominayak et Fred Lennarson, respectivement chef et conseiller politique de la nation Lubicon sur lesquels nous reviendrons dans le chapitre suivant[263]. Ces

---

[261] Voir notamment James G. E. SMITH, « Western Woods Cree », *in :* W. C. STURTEVANT (gen. ed.), *op. cit.*, vol. 6, pp. 256-270.

[262] James G. E. SMITH, « Western Woods Cree », *in :* W. C. STURTEVANT (gen. ed.), *op. cit.*, vol. 6, pp. 256-270 ; Fred LENNARSON (conseiller politique de la nation Lubicon), entretien avec l'auteur, juillet 1995.

[263] Les citations qui vont suivre sont tirées d'entretiens effectués avec les personnes suivantes : Daniel CALAHASIEN et Marie CALAHASIEN (l'âge de Marie n'est pas indiqué), Joseph NANAS NOSKIYE, (80 ans), *Memos of*

témoignages, transcriptions partielles d'entretiens traduits de la langue Cri en anglais, permettent de reconstituer l'image de la tradition telle qu'elle est de nos jours perçue par les Anciens. Grâce à ces témoignages, nous pouvons décrypter les critères territoriaux, politiques et culturels par lesquels se définissent les Lubicon. Les faits relatés dans ces récits des Anciens sont concrets. C'est la mémoire, donc la tradition orale, qui est l'arme privilégiée des Lubicon dans le conflit politique qui les oppose aux compagnies pétrolières et forestières, ainsi qu'au gouvernement canadien.

Nous savons qu'au début du siècle, les Lubicon étaient à peu près trois mille. Mais en 1918, les vétérans de la Première Guerre mondiale propagèrent une épidémie de grippe espagnole qui tua près de 90 % de la population indienne du nord. Les Lubicon ne se sont jamais remis de cette tragédie. Edward Laboucan n'avait que cinq ans à l'époque. Son grand-père est mort en contractant la maladie sur les bords du Lac Otter, où il fut enterré. Joseph Nanas Noskiye vivait à l'époque au Lac Peerless. Des quelque cinquante Indiens qui vivaient là, plus de la moitié moururent.

La région étant très isolée, certaines communautés ne furent pas touchées. John Felix Laboucan avait alors cinq ans. Sa famille campait près du Lac Fish. Josey L'Hirondelle, commerçant en fourrures, leur apportait des marchandises. « Il nous conseilla de ne pas nous rendre au Lac Lubicon, car la moitié de la population était morte des suites de l'épidémie ». Mais le Lac Fish ne fut pas non plus épargné. D'autres témoignages attestent que la large communauté située au sud-est du Lac Lubicon fut également décimée par la grippe espagnole. « Il y avait plusieurs tombes à

Interview Conducted by F. Lennarson, B. Ominayak and B. L'esperance, June 8, 1982 ; June 13, 1982 ; Daniel CALAHASIEN (89 ans), Edward LABOUCAN, (67 ans), Joe A. LABOUCAN, (60 ans), John Felix LABOUCAN, (67 ans), Pierre LABOUCAN, (65 ans), Joe A. LABOUCAN, John Felix LABOUCAN, Pierre LABOUCAN, Edward LABOUCAN, Sam THOMAS, (65 ou 66 ans), Elzear WHITEHEAD PARTNER, (67 ou 70 ans), *Affidavit in the Matter of Chief Bernard Ominayak et al. v. Norcen Energy Resources Limited et al. No 8201-03713*, Alberta Court of Queen's Bench, Judicial District of Calgary, June 13, 15, 18, 1982 ; July 9, 1982.

l'est du Lac Lubicon », se souvient Joe A. Laboucan. « On ne savait que faire des morts. Il arrivait que dix ou quinze corps fussent ensevelis ensemble ».

Malgré ce drame, les Lubicon parvinrent à maintenir les liens sociaux qui les unissaient. Les Anciens racontent qu'avant l'instauration du système de chef unique par le gouvernement canadien en 1940, la vie politique de la société indienne Lubicon était organisée autour des Anciens, chefs des familles regroupées en communautés. La chasse était au fondement de leur mode de vie. Chaque groupe, constitué de deux ou trois familles liées par la parenté, était dirigé par les chefs de famille. Les familles étaient libres de se joindre à un autre groupe de chasse. Il n'existait pas d'institutions politiques répressives. Les décisions importantes qui affectaient l'ensemble du groupe devaient faire l'unanimité. L'autorité du chef, *okima w* en Cri, dépendait de ses qualités de chasseur, de trappeur et d'organisateur, de sa générosité et de ses pouvoirs surnaturels. Les chefs de famille permettaient d'influencer les individus, mais non de les contrôler.

Chaque communauté avait donc à sa tête un Ancien. Les Anciens connaissaient les membres de la société Lubicon tout entière et leurs liens de parenté. Un de leurs rôles principaux était de transmettre ce savoir et leurs connaissances techniques de chasse et de trappe. Ils étaient donc les dépositaires de la tradition orale et de l'histoire de leur peuple.

Les personnes interrogées, qui sont aujourd'hui les Anciens de la nation, se rappellent leurs propres Anciens qui vivaient dans la région, du temps de leur jeunesse. Ces souvenirs sont également une preuve de l'existence ancienne du groupe et de son occupation territoriale. La mémoire des Anciens les ramène même jusqu'à Soo-ne-ow-nak-soos, qui fut le premier à être inscrit sur la liste des Lubicon en 1939. Sa maison en rondins, à l'est du Lac Lubicon, est plus que centenaire. Elle existait encore en 1982. Les Anciens se souviennent aussi de Paul Whitehead, Che-ask en Cri ou « la mouette » qui habitait Gull Creek, à l'ouest du Lac Lubicon. On avait donné son nom à l'endroit. Soo-ne-ow-nak-soos et Che-ask étaient déjà très vieux lorsque Edward Laboucan n'était encore qu'un enfant. Ils s'étaient fixés au Lac Lubicon avec leurs femmes et y restèrent jusqu'à leur mort.

« Jusqu'en 1930, dit John Felix Laboucan, les Lubicon se réunissaient à intervalles réguliers au bord du Lac [Fish], à une cinquantaine de kilomètres au nord du Lac [Lubicon] », notamment au moment de Noël. On envoyait des jeunes gens en messagers prévenir de la fête qui se préparait. On profitait également de l'occasion pour décider des dates des futures festivités. Ces réunions étaient l'occasion de fêtes et de cérémonies. Il existait plusieurs types de cérémonies, dont la danse du teppee, mais les Anciens affirment que « la plus importante était celle du 'thé' ».

La « cérémonie du thé », ou « danse du thé », avait comme fonction essentielle de « remercier les êtres suprêmes [...] de leur aide pour la chasse ». Les danses du thé étaient organisées le plus souvent au moment des changements de saisons. Les Anciens, qui jouissaient d'un statut privilégié, présidaient la cérémonie. Ils étaient respectés pour leur sagesse, leur savoir-faire et leur habileté à la chasse. L'information et le savoir étaient ainsi transmis aux nouvelles générations : outre des histoires liées à la cosmologie, comme celle de *wi-sahke-ca-hk*, les Anciens transmettaient généalogie, traditions, méthodes de chasse et de trappe, croyances et rituels sacrés.

Les fêtes étaient l'occasion de savoir ce que devenaient parents et amis, de renforcer et de renouveler les liens et l'amitié entre les différentes familles de la communauté. Tout le monde participait activement à ces cérémonies. Les familles plantaient leur teppee dans le village qui recevait. C'était leur seule façon de se rencontrer, puisqu'elles vivaient en petits groupes éparpillés sur tout le territoire. Selon Sam Thomas, la danse du thé était « le principe fondamental d'unification et de continuité de la communauté ».

Liens familiaux et limites territoriales

La société Lubicon est patrilinéaire. La famille étendue comprend les grands-parents, leurs enfants et conjoints, et leurs petits-enfants. « La plupart des familles se composent en moyenne de dix membres » affirme Elzear Whitehead. Elles sont parfois plus nombreuses. La famille d'Edward Laboucan par exemple comptait quarante-deux personnes en 1982. Autrefois, les familles habitaient autour des lacs de la région. D'un village à l'autre, les habitants avaient tous des liens de parenté.

Les Lubicon se mariaient principalement entre résidents des différents lacs. Pourtant, les hommes allaient parfois chercher leur femme en dehors de leur nation d'origine et revenaient ensuite sur leur territoire. Le père de John Felix Laboucan, par exemple, était allé chercher sa femme dans la région du Lac Fox, au-delà de la limite nord du territoire Lubicon. L'unité la plus petite, la famille nucléaire, comprenait le mari, une ou deux femmes (souvent des sœurs) et les enfants. Les Lubicon se mariaient surtout avec leurs proches voisins. Les mariages étaient généralement décidés par les parents. Leur choix se portait de préférence sur un cousin croisé qui n'était pas considéré comme parent, contrairement aux cousins parallèles[264]. Jusqu'à la naissance du premier enfant, le couple vivait avec la famille de la femme. Le mari chassait pour la famille. Puis le couple s'installait au campement du mari[265].

Les territoires de chasse définissent le territoire de la nation. « La plupart des Lubicon sont nés et ont toujours vécu dans la région » déclare Sam Thomas. L'appartenance au groupe se définit essentiellement par les alliances, les affinités et les attaches sociales que les individus tissent entre eux. Ainsi, certaines personnes, aujourd'hui membres de la communauté Lubicon, ne l'étaient pas à leur naissance. Elles le sont devenues en s'installant sur le territoire. C'est le cas d'Elizar Whitehead Partner, né comme son père au Lac Whitefish, qui vit et chasse depuis son adolescence en territoire Lubicon. Ou celui de Sam Thomas et Daniel Calahasien, qui tous deux ont passé leur enfance à Grouard et ont également été intégrés à la bande des Lubicon. Parfois, les Lubicon adoptaient aussi des enfants d'autres nations. La grand-mère de John Felix Laboucan par exemple, éleva deux enfants Castor.

---

[264] Les enfants d'une sœur et d'un frère sont des « cousins croisés » ; les enfants de deux sœurs ou de deux frères sont des « cousins parallèles ». Voir C. LEVIS-STRAUSS, *Les structures élémentaires de la parenté*, Paris : Presses universitaires de France, 1949.

[265] Voir notamment Edward S. ROGERS et James G. E. SMITH, « Environment and Culture in the Shield and Mackenzie Borderlands », *in* : W. C. STURTEVANT (gen. ed.), *op. cit.*, vol. 6, pp. 130-144.

Le territoire traditionnel du groupe était limité par la rivière de la Paix à l'ouest et la rivière Wabasca à l'est. La réserve des Cri Tall, au nord du Lac Wadlin, et la prairie de Buffalo Head formaient la limite nord, et le Lac Whitefish la limite sud. Il faut donc distinguer les Indiens Lubicon des Indiens Castor et des Cri Tall et Whitefish. Il s'agit de nations indiennes différentes vivant sur des territoires voisins les uns des autres.

Selon les Anciens, certaines communautés appartiennent incontestablement au groupe. Ce sont les communautés des Lacs Lubicon, Weasel, Loon, Otter, Fish, Bison, Little Buffalo, Cadotte, Golden, Simon, Long, Russel, Martin River et Bear Trap. « Les distances entre ces différentes communautés étant relativement courtes, il était assez facile de garder des contacts réguliers ». Les Anciens assurent qu'en revanche les Indiens Cri du Lac Whitefish au sud et de la région de Wabasca à l'est, et les Castor de la région de Fort Vermilion – à l'extrême nord du territoire Lubicon – ne sont pas des Lubicon.

Le piégeage, la chasse, la pêche : un mode de vie

La chasse, le piégeage et, dans une moindre mesure, la pêche constituaient le mode de subsistance principal des Lubicon. Leur devise, disent les Anciens, était « chasse, piège, déplace-toi et survis », « la principale source de revenus provenait de la chasse et du piégeage ». En 1982, la majorité des Indiens vivaient encore de ces activités.

La vie était réglée au rythme des saisons : « le piégeage commençait à la fin de l'automne et se terminait au début du printemps », lorsque la fourrure des animaux devenait de moins bonne qualité. En été et en automne, les Indiens chassaient l'orignal et le cerf. Certains pêchaient. John Felix Laboucan raconte que « les enfants apprenaient à chasser très tôt. Ils commençaient par attraper des lapins et autre petit gibier, contribuant ainsi, à leur mesure, à la subsistance du groupe ».

Les Indiens possèdent des « lignes de trappe » qui s'étendent sur plusieurs kilomètres. Elles sont disposées en cercles parallèles, de manière à couvrir le maximum de terrain. La plupart des lignes de trappe s'étendent au sud du Lac Talbot, à l'est de la rivière Peace, à l'ouest de la rivière Wabasca et au nord de Little Buffalo jusqu'aux collines de Buffalo Head. Elles font partie du patrimoine familial et passent de génération en génération.

Les garçons commençaient à piéger vers l'âge de dix ou quinze ans. Le lynx, le vison, le castor, le coyote, le renard rouge et le renard hybride, le loup, l'écureuil, le rat musqué, la belette, le carcajou, la loutre, la marte et la marte d'Amérique sont piégés pour leur fourrure. Les Anciens racontent qu' « il y a vingt ans un trappeur a tué quarante lynx et un autre cent soixante-quinze dans la même année et dans la même région ». Le gibier ne manquait pas ! Vers la fin des années 1970, un bon trappeur pouvait gagner entre dix mille et quinze mille dollars par an. En 1982, date des entretiens, il était encore possible de gagner « dix mille dollars en piégeant au nord du territoire Lubicon, loin des régions exploitées par les compagnies pétrolières ».

Au contraire du piégeage, qui avait pour objet la vente de fourrures, la chasse avait pour but essentiel la recherche de nourriture. Elle ne faisait donc pas l'objet de transactions commerciales. Les Indiens se nourrissaient d'ours, de cerfs, de lapins, de castors, de lynx et de rats musqués, mais « la nourriture principale était l'orignal » précise Joe A. Laboucan. En fait, l'orignal – *Alces alces* en Cri – est considéré comme la seule vraie nourriture. L'orignal donnait un sens à la communauté. Les femmes utilisaient le cuir pour confectionner des habits et fabriquer les tipis. Les Lubicon accordaient une telle importance à l'animal, qu'ils en suspendaient la peau du cou à un arbre en signe de respect.

De nos jours encore, « la chasse à l'orignal peut durer toute l'année, mais l'été est plus profitable » : l'orignal est plus facile à chasser en cette saison qu'en hiver, lorsque l'animal se replie dans la forêt pour se protéger du froid et du vent. En été, les températures sont très élevées et l'orignal, tentant d'échapper à la chaleur et aux insectes, se déplace vers les lacs. « Les chasseurs, explique Elzear Whitehead, se mettent à l'affût au bord des lacs, ou sur [des embarcations] » dans lesquelles ils se camouflent sous des branchages et des excréments d'orignaux pour tromper l'animal. Aujourd'hui, les Indiens utilisent des bateaux en aluminium et en fibre de verre. Ils utilisaient autrefois des bateaux en toile goudronnée avec une armature en bois de bouleau. Avant cela, le bouleau était le seul matériau utilisé pour la construction des embarcations.

Pendant l'été, les Indiens chassaient aussi le cerf, l'ours, le lapin et le canard et ramassaient des œufs de canard. Le Lac Weasel était réputé pour la chasse aux canards. « À l'automne, on séchait la viande [d'orignal] pour l'hiver » et « on l'entreposait dans des 'caches' » racontent les Anciens. De nos jours, la viande est souvent congelée. Néanmoins, « les trappeurs qui passent toute la saison sur leur ligne de trappe se nourrissent encore de viande séchée ». Daniel Calahasien dit qu'il ne chassait pas plus que ce dont il avait besoin pour survivre. Comme dans d'autres nations indiennes, « lorsqu'un chasseur tue un orignal, la viande est partagée avec d'autres membres de la communauté ».

La pêche, moins importante que le piégeage et la chasse, avait un objectif unique : subvenir aux besoins alimentaires. Les Indiens pêchaient, surtout en automne, « le *whitefish*, le *jack*, le *sucker* et le *morai* ». Ils fabriquaient leurs propres filets avec de la corde, des morceaux de bois et des pierres en guise de flotteurs et de poids. Ils construisaient, disent-ils, « des cabanes pour faire sécher le poisson et l'entreposer pour l'hiver ». Ils pêchaient aussi « de temps à autre en hiver [...] en perçant un trou dans la glace ».

L'habitat

Les territoires de chasse étant très étendus, il fallait se déplacer fréquemment. Néanmoins, les Indiens attachent une importance particulière aux cimetières, lieux d'habitation permanents par définition, considérés comme une preuve d'occupation territoriale. Les Lubicon ont plusieurs lieux de sépulture. « Il y a quelques tombes au Lac Golden », où la fille de Sam Thomas a été enterrée, et « il existe un grand cimetière sur les bords du Lac Simon », où les parents de Sam Thomas sont morts et y sont enterrés. Plusieurs autres sont situés près des Lacs Loon, Cadotte, Fish et Bison, ainsi qu'à Martin River. Le vieux cimetière de Little Buffalo a été remplacé vers 1936 par un nouveau. « Il y a en outre deux cimetières à l'est du Lac Lubicon, un à l'est et un autre au sud », un petit cimetière près du Lac Otter et un autre près du Lac Russell. Celui du Lac Weasel a été « détruit dans un incendie vers la fin des années 1950 ».

L'existence de cimetières fixes ne dément pas le nomadisme des Lubicon. Les Anciens qui ont été interrogés se définissent comme un peuple nomade, à la différence d'autres nations indiennes fixées de plus longue date. Le nomadisme est pour eux une preuve d'appartenance au groupe. Ils racontent qu'autrefois, ils se déplaçaient « en fonction du gibier » et des saisons ; ils installaient « leur campement d'hiver à l'endroit où [les] trouvaient les grands froids, et [construisaient] des fours en terre pour se chauffer », transportant « tous leurs biens, très peu de choses en somme ».

Ils avaient néanmoins aux alentours des lacs une résidence fixe, qui n'était pas pour autant permanente. Les lacs étaient leur point de départ. Tous les cinq ou dix ans, la résidence principale changeait d'emplacement. Pourtant, tous les Anciens affirment que les familles résidaient à un endroit donné depuis « aussi longtemps qu'on puisse s'en souvenir ». Ces données peuvent paraître contradictoires. En fait, certains membres de la famille, parfois même l'ensemble de la famille, « retournaient à leur lac d'origine après plusieurs années », parfois au bout de dix ou vingt ans, et « souvent, lorsqu'ils étaient âgés, les gens finissaient par se sédentariser ». Aussi, on peut dire que certaines familles résidaient depuis très longtemps à un endroit donné, mais pas de façon permanente.

Lorsque le gibier se faisait plus rare, il fallait se déplacer. Les familles devaient donc pour survivre occuper de larges espaces. « De cinq à dix familles, parfois même plus, établissaient leur résidence principale au bord d'un lac » commentent les Anciens. « Les habitations étaient espacées [...] Si la population était trop nombreuse à un endroit donné, les animaux venaient à manquer et la survie n'était plus possible ». Grâce au déplacement, on utilisait au maximum les ressources du territoire. Ce mode de vie était également une façon de préserver l'environnement. On peut dire que l'impératif de la survie était ce qui motivait le nomadisme Lubicon.

Cependant, en 1939, certaines familles ont migré pour des raisons politiques. En effet, lors des négociations territoriales avec le gouvernement, un emplacement fut choisi pour la future réserve, à l'ouest du Lac Lubicon. Seule la famille du chef Joe Laboucan y résidait alors. « Peu de temps après, quatre autres familles l'ont rejointe » indique Edward Laboucan, celles d'Albert Laboucan, d'Edward Laboucan, de Pierre Laboucan et de George Ominayak, le père de l'actuel chef de la bande.

Lorsqu'ils partaient chasser ou piéger, les Lubicon construisaient des résidences provisoires, « tipis de bois en hiver » et tentes en été, ou retrouvaient les cabanes qu'ils avaient déjà construites sur leur territoire de chasse. À l'époque de la signature du Traité N° 8, en 1899-1900, il existait déjà des maisons en rondin pour l'hiver, mais selon Joe A. Laboucan, « dans les années 1930 la plupart des résidences principales étaient encore des tipis au Lac [Lubicon] ». John Felix Laboucan se souvient avoir passé tout un hiver dans un tipi de bois, lorsqu'il avait sept ou huit ans. Vers les années 1950, les Lubicon ont choisi de construire des maisons en rondins, tout en continuant à utiliser des tipis pour la chasse. Aujourd'hui, les trappeurs ont une ou plusieurs cabanes, maisons en rondins ou caravanes en tôle ondulée, placées le long de leurs lignes de trappe. John Felix Laboucan possède cinq cabanes situées à dix ou quinze kilomètres les unes des autres. Dans trois d'entre elles, il entrepose des victuailles et tout le matériel nécessaire pour le piégeage.

« Un réseau de sentiers reliait les lignes de trappe aux différents lacs de la région » notent les Laboucan. Les Indiens se déplaçaient principalement à pied, ou, en hiver, « en traîneaux tirés par des chiens ou des chevaux ». Il n'y avait pas de chariots au début du siècle. Tous « ces déplacements exigeaient beaucoup d'efforts ». Le voyage du Lac Lubicon au Lac Peerless prenait trois jours. Pourtant, les Indiens disent qu' « il est beaucoup plus ardu aujourd'hui d'utiliser les routes de terre boueuses et difficilement carrossables, construites par les compagnies pétrolières ». La plupart des trappeurs possèdent maintenant des motoneiges, mais les Anciens préfèrent encore « utiliser les traîneaux à chiens pour se déplacer le long de [leurs] lignes de trappe ».

Ainsi, selon les preuves fournies par la mémoire vivante, telle que la transmet l'histoire orale, la présence des Lubicon sur leur territoire assoit la légitimité de leurs revendications. Les Indiens sont les premiers habitants de la région, les Blancs sont arrivés plus tard. Jusqu'en 1979, « il n'existait aucune route carrossable ». Il n'y avait par conséquent que très peu de contacts entre les Blancs de Peace River et les Indiens du Lac Lubicon.

Les magasins ou postes de traite

Edward Laboucan se souvient que, jusqu'à une époque très récente, « les rapports avec les Blancs étaient limités aux échanges avec les marchands qui tenaient des magasins sur le territoire et avec ceux qui affrétaient les marchandises ». Les magasins, ou postes d'échanges, étaient généralement situés au bord des lacs les plus peuplés. « Le Lac [Lubicon] étant un des plus fréquentés, trois magasins s'y étaient implantés au sud-est » ; mais personne n'était vraiment riche, pas même les propriétaires des magasins qui n'offraient que peu de marchandises.

Jusqu'aux années 1960, peu d'argent circulait. Les Lubicon échangeaient, disent-ils, « des fourrures et des peaux contre de la farine, du sucre, du thé, du lard et du tabac ». Les trappeurs racontent qu'ils troquaient « des peaux d'orignal en été et des fourrures en hiver, jusqu'au début du printemps ». Ils fabriquaient éventuellement des mocassins pour la vente. Dans les années 1930-1940, Sam Thomas les vendait, dit-il, à la compagnie de la Baie d'Hudson pour cinquante *cents* la paire. La première fois qu'Edward Laboucan a vu de l'argent, ce fut, dans les années 1940, « l'argent des agents des Affaires indiennes ».

En 1982, il y avait encore deux magasins dans la région, un « au bord du Lac Whitefish, appartenant à la compagnie de la Baie d'Hudson », comme le relate Edward Laboucan, et un autre « près du Lac Cadotte ». Certains magasins étaient permanents, d'autres n'ouvraient qu'en saison. « Le seul magasin à rester ouvert pendant l'été était celui de Josey L'Hirondelle, au Lac [Lubicon] ». Les fourrures étaient échangées en hiver, jusqu'au début du printemps. Les commerçants faisaient le voyage « deux fois chaque été pour apporter les marchandises ». On construisit pour les traîneaux un sentier qui reliait le Lac Lubicon au Lac Fish. Les commerçants faisaient tirer les traîneaux par des chevaux. Ils utilisaient parfois jusqu'à huit ou neuf traîneaux à la fois, chacun tiré par plusieurs chevaux. Ils devaient aussi utiliser des chiens car les chevaux ne pouvaient pas emprunter les petits sentiers menant jusqu'au Lac Bison. Les magasins n'étaient pas toujours tenus par des Blancs.

Quelques Lubicon étaient responsables des avant-postes, mais aucun n'était propriétaire.

Cette multitude de postes de troc prouve que les échanges étaient nombreux et fructueux, malgré l'isolement de la région. Ces échanges concernaient exclusivement les produits de la chasse et de la trappe et n'affectaient en rien le mode de vie traditionnel. Ils étaient signe d'abondance. Les années 1930-1960 furent ainsi une période de grande prospérité. Aujourd'hui, il ne reste plus qu'un magasin en territoire Lubicon.

Les trappeurs Blancs

Sam Thomas se rappelle ces trappeurs Blancs qui vivaient dans la région pendant les années 1930 et 1940, notamment Jim Bell, Tom Reed, qui vivait encore à Three Creeks en 1982, Paul Sim et un certain Polson qui piégeait à Three Creeks. Ils utilisaient les cabanes des vieux Indiens morts, comme Jim Bell qui était devenu trappeur après avoir commencé dans la région comme gérant du magasin de Buffalo Bill, au Lac Fish. C'est lui qui céda à Sam Thomas sa ligne de trappe.

En 1946 ou 1947, le gouvernement provincial a imposé un système d'enregistrement des lignes de trappe. « Plusieurs trappeurs blancs s'installèrent dans la région à cette époque », se souvient Sam Thomas. Au début, le gouvernement payait les frais d'enregistrement pour les Indiens, puis chaque trappeur dut acheter pour deux dollars un permis à son nom qui lui concédait un territoire de trappe de quarante miles de long sur un mile de large. « Parfois, deux trappeurs s'associaient pour piéger sur un territoire de quatre-vingts miles de long ». C'est à cette époque que Sam Thomas acquit sa ligne de trappe au Lac Fish.

Les Lubicon ont protesté contre ce système qui modifiait la disposition de leurs territoires. N'ayant pas été consultés, ils affirment qu'ils n'ont pu « donner leur avis, ni remanier ou améliorer le dispositif ». Autrefois, les Lubicon pouvaient « piéger partout sur [leurs] terres ». Ils savaient « respecter les territoires de trappe des uns et des autres ». Ils piégeaient « souvent en groupe », mais cela leur devint bientôt impossible : ils étaient « désormais cantonnés à un territoire limité ».

Bien que la méthode traditionnelle permît une exploitation plus large des ressources, le système d'enregistrement des lignes présentait certains avantages. En effet, le nouveau dispositif freina un peu l'invasion du territoire Lubicon par les trappeurs blancs, qui avaient suivi le développement de l'industrie pétrolière dans la région de Peace River : en enregistrant leurs lignes de trappe, les Indiens avaient la possibilité d'enrayer la concurrence. C'est ainsi que John Felix Laboucan demanda à ce que la province homologue le territoire de trappe qui avait appartenu à son père et à son grand-père, afin de garantir ses droits.

L'application de la loi est aujourd'hui très stricte. Les Lubicon doivent obligatoirement enregistrer leurs lignes de trappe, sous peine de se voir interdire le piégeage et la vente de leurs fourrures. Ils assurent qu'ils sont surveillés par « la Police Montée qui, embusquée sur les routes, confisque les fourrures de ceux qui ne sont pas en règle ». D'autre part, si un trappeur est en retard ne serait-ce que d'un jour pour renouveler son permis, il perd son territoire qui est alors attribué « de préférence à l'un des Blancs [en attente de terres] ».

Sédentarisation

Lorsque, en 1939, les agents des Affaires indiennes visitèrent pour la première fois la région, ils conseillèrent d'abord aux Lubicon de « cultiver la terre ». Ils cherchaient à « civiliser » les Indiens, afin d'effacer les différences culturelles entre colonisateurs et colonisés ; mode de production et religion furent les points d'ancrage principaux de la politique d'assimilation des autochtones. Or, depuis les années 1930, on constatait que les Indiens convertis étaient plus enclins à se tourner vers l'agriculture. Sam Thomas raconte qu'à cette époque, les Lubicon travaillaient parfois à « couper du bois et à arracher des souches d'arbre dans les champs pour des fermiers blancs pendant l'été ». « Les seuls endroits cultivables en été étaient Little Buffalo et le Lac [Lubicon] ». Les Lubicon y cultivaient « des pommes de terre, des carottes, des navets, des radis et des oignons ».

L'école fut également un moyen efficace d'assimiler les Indiens. Dans les années 1930, « une mission catholique était installée au Lac [Lubicon] » indique Daniel Calahasien. Elle fut

« transférée dans les années 1950 à Little Buffalo », où elle se trouve toujours. « La mission était située au sud-est du Lac Lubicon, à côté des postes d'échanges ». Elle ne comptait pas de prêtres permanents, mais recevait régulièrement la visite de deux d'entre eux, les Pères Louis et « Bit-O », qui venaient de Grouard. Pendant des années, les Lubicon ont essayé d'obtenir la construction d'une école au Lac Lubicon. Le chef Joe Laboucan voulait qu'elle soit construite à l'ouest du Lac, mais il est mort avant de réaliser son projet.

Au début des années 1950, un missionnaire quaker du nom de Roland Smith entreprit la construction de l'école. « Les matériaux de construction furent déposés à Gull Creek », mais les autorités lui interdirent de la bâtir à cet endroit. « L'école fut finalement construite à Little Buffalo ». C'est pourquoi la communauté du Lac Lubicon s'est dépeuplée au profit de Little Buffalo : les Lubicon ont déménagé « pour permettre à [leurs] enfants d'aller à l'école » affirme Edward Laboucan. Ce déplacement de la population vers la mission quaker a très probablement décidé les missionnaires catholiques à s'installer eux aussi à Little Buffalo.

À la fin des années 1960, une coopérative agricole a été créée près du Lac Lubicon, à l'initiative de Fleury L'Hirondelle et d'un instituteur du nom de Enns. Fleury L'Hirondelle, fils de Josey L'Hirondelle, commerçant en fourrures mort en 1966, prit peu à peu le contrôle de la coopérative et en exclut les Indiens. Au début des années 1970, aucun Lubicon n'y participait plus. C'est ainsi que la famille L'Hirondelle se saisit du contrôle du Lac Lubicon.

Les témoignages des Anciens nous montrent clairement que la société Lubicon était ordonnée autour de trois activités essentielles : le piégeage, la chasse et la pêche. Malgré des conditions de vie difficiles, la mémoire qu'en ont les Anciens évoque une vie en harmonie avec leurs aspirations profondes. Les Anciens se sont donné pour tâche de transmettre aux générations à venir la mémoire de l'Âge d'or des Lubicon. Mais ils sont conscients que les nouvelles générations devront s'adapter et choisir un autre mode de vie. Nous ne pouvons prévoir à quoi aboutira cette tendance. Aujourd'hui, l'exploitation pétrolière compromet la survie de l'orignal et des animaux à fourrures sur lesquels l'économie et le mode de vie des Lubicon reposent presque exclusivement. C'est la survie de toute la faune de la région qui est menacée, mais aussi la survie de l'identité Lubicon.

CHAPITRE 11

LA FIN DE L'ÂGE D'OR

Il est clair que le conflit qui oppose aujourd'hui la nation Cri du Lac Lubicon au gouvernement canadien résulte notamment d'une incompréhension mutuelle quant à la nature des droits des Indiens, dits « droits inhérents ». Certes, les Indiens qui ont déjà signé un traité négocient des « accords particuliers » : ceux-ci concernent, nous l'avons dit, les clauses des anciens traités que le gouvernement n'a pas respectées. Mais les Lubicon, qui n'ont pas, eux, signé de traité, soulignent qu'ils n'ont jamais abandonné leurs droits territoriaux et qu'ils souhaitent par conséquent négocier un « accord global », c'est-à-dire, comme nous l'avons déjà souligné, un accord fondé sur des droits et des titres ancestraux inhérents sur les régions où aucun traité n'a jamais été signé.

La question est cependant plus complexe. En effet, les Lubicon accepteraient d'adhérer à l'un des traités principaux, le Traité N° 8 de 1899-1900 dans le nord du Saskatchewan et de l'Alberta : ils posent la condition que le gouvernement souscrive aux mêmes clauses que celles qui figurent dans les autres accords globaux entre le gouvernement et les autochtones.

Or, le gouvernement considère que les droits des Indiens qui n'ont pas signé de traité, mais dont le territoire est inclus dans les frontières délimitées par un traité, ont un caractère « particulier ». Ainsi, les habitants des territoires concernés par le Traité N° 8, n'avaient pas tous été consultés. Certains Indiens, parmi lesquels les Lubicon, ne l'avaient jamais signé bien que les territoires mentionnés fussent leur lieu de résidence.

Or, en 1905, furent créées les provinces du Saskatchewan et de l'Alberta sur des territoires que les autochtones étaient censés avoir cédés au gouvernement, ce qui se révéla faux lorsqu'un an plus tard, le surintendant général des Affaires indiennes révéla que les Indiens n'avaient cédé qu'un tiers de leur titre de propriété au nord du 54ème parallèle[266]. Deux tiers du territoire négocié au

---

266 CANADA, SUPERINTENDENT GENERAL OF INDIAN AFFAIRS, *Report to the Minister of Indian Affairs*, July 12, 1906.

Traité N° 8 appartenaient donc toujours aux Indiens.

La nation Cri du Lac Lubicon, dans le nord de l'Alberta, offre ainsi l'exemple d'une bande qui n'a pas signé le Traité N° 8, lequel cependant concerne son territoire. En effet, les commissaires qui, à la fin du XIXe siècle, avaient négocié le Traité N° 8, ne l'avaient fait qu'avec des populations habitant des régions accessibles par bateau. Il n'empêche que le gouvernement considère que les Lubicon ont bien cédé leurs droits inhérents, de manière en quelque sorte implicite, du fait que leur territoire est inclus dans les termes d'un traité de cession territoriale. Les Lubicon, quant à eux, soutiennent que leurs revendications territoriales sont de nature « globale ». C'est à la date de l'ultime échec de ces Cri Lubicon avec le dernier gouvernement libéral, dirigé par le Premier Ministre Paul Martin, en 2003, que nous terminerons cette étude, faisant la preuve qu'en matière de colonisation, le passé ne peut être totalement effacé. Le tout nouveau gouvernement conservateur de Stephen Harper, élu Premier Ministre en 2006, n'a toujours pas repris les négociations avec les Lubicon à la date à laquelle nous écrivons ces pages.

En 2003, il y a déjà soixante-dix ans que les Lubicon font valoir leurs droits territoriaux. Certes, les commissaires chargés des négociations du Traité N° 8 connaissaient l'existence de bandes indiennes résidant à l'intérieur du pays. En 1933, conscients du danger de perdre leur terre, les Lubicon entreprirent de négocier un accord avec le gouvernement. Celui-ci reconnut officiellement la bande en 1939 et lui promit une réserve. Mais les vingt années qui suivirent furent marquées par une série de malentendus et les Indiens n'obtinrent jamais la réserve promise.

C'est que cet immense territoire de chasse et de trappe, où les Lubicon menaient une vie tranquille et prospère en comparaison de ce qu'ils connaissent aujourd'hui, flottait littéralement sur le pétrole. Au début des années 1980, les compagnies pétrolières envahirent le territoire qu'elles convoitaient déjà depuis plus de vingt ans. Elles saccagèrent des milliers de kilomètres carrés, des sous-bois vallonnés qui étaient autrefois le domaine des orignaux, des martres, des lynx, des castors et autres animaux. L'accélération de ces activités eut rapidement des effets perturbateurs sur le mode de vie traditionnel des Lubicon. La chasse, le piégeage et la pêche devinrent pratiquement impossibles dans les régions exploitées. Vu d'avion, l'endroit ressemble aujourd'hui à un enchevêtrement de lignes sismographiques, oléoducs, baraquements jaunes et blancs et pompes de forage rouges et bleu-vifs. Les routes sont encombrées de camions chargés d'équipements, de pétrole et de bulldozers. Le va-et-vient se poursuit bien après minuit et reprend à l'aube.

Des négociations tombées dans l'oubli

Au début du siècle, les agents du ministère des Affaires indiennes chargés de distribuer leurs annuités aux Indiens du Traité N° 8 se rendaient chaque automne à Grouard, par bateau. Les Lubicon entendirent pour la première fois parler de traité en 1901. Cette année-là en effet, l'agent chargé des Affaires indiennes locales avait reçu pour instruction de distribuer les annuités du traité (cinq dollars par personne) à tous les Indiens du district d'Athabasca, qu'ils fussent signataires ou non du traité N° 8. C'est ainsi que les Lubicon, même sans avoir signé, eurent la possibilité d'inscrire leur nom sur les listes des bandes signataires. Quelques chasseurs Lubicon firent en effet le voyage en chariot jusqu'au Lac Whitefish, sur la réserve indienne la plus proche, à une semaine du territoire Lubicon. Ils perçurent les cinq dollars et l'agent des Affaires indiennes ajouta leurs noms à la liste des Cri Whitefish qui avaient signé le Traité N° 8[267]. Ces premières rencontres avec les agents des Affaires indiennes contribuèrent plus tard à la confusion entre les Cri Lubicon et les Cri Whitefish.

Plus tard, dans les années 1930, les Lubicon tentèrent de négocier leur adhésion au Traité N° 8 avec le gouvernement fédéral par l'intermédiaire des missionnaires et des marchands de fourrure « car une rumeur circulait disant que le territoire allait être envahi par des gens venus de l'extérieur » comme l'affirme Sam Thomas, un Ancien de la nation Lubicon. En 1933, les Lubicon envoyèrent une première pétition aux autorités fédérales signée par quatorze

---

267 Fred LENNARSON (conseiller politique de la nation Lubicon), « Information Package », The Mimir Corporation : Edmonton, Alta., March 28, 1985 ; James G. E. SMITH, « Canada - The Lubicon Lake Cree », *Cultural Survival Quarterly* 11 (3), 1987, pp. 61-62.

chefs de famille (n'oublions pas qu'ils étaient organisés en bandes de parenté), qui demandaient à ce qu'une réserve leur fût allouée. Le Canada a toujours imposé son propre système politique, sur lequel les Indiens devaient calquer le leur s'ils désiraient négocier. C'est donc en vue de la négociation que les Lubicon se sont déterminés à choisir trois représentants plutôt que d'avoir recours au système politique traditionnel fondé sur l'ensemble des chefs de famille. Ainsi, « Joe Laboucan, Alexis Laboucan et Ned Laboucan furent les premiers représentants de la bande » choisis par les Lubicon à la fin des années 1930.

« En [août] 1939, la bande des Indiens du Lac Lubicon fut reconnue officiellement » par le gouvernement canadien qui avait mené une enquête de terrain afin de déterminer si les Lubicon étaient bien une société autochtone à part entière et non un sous-groupe de la nation Whitefish. Ainsi, en juin, C. Pant Schmidt, inspecteur fédéral des agences indiennes d'Alberta, et Napoléon L'Heureux, agent des Affaires indiennes pour la région du Petit Lac des Esclaves, s'étaient-ils rendus au Lac Lubicon. C'était la première fois que des représentants du gouvernement allaient en territoire Lubicon. Ils rencontrèrent à Little Buffalo une délégation d'Indiens, dirigée par Alexis Laboucan. Dans leur rapport, les agents assurèrent que les Lubicon n'étaient pas des Cri Whitefish[268].

Selon L'Heureux et Schmidt, les Indiens menaient une vie agréable sur des terres riches, couvertes de prairies et de bois. Ils recommandèrent que la bande soit officiellement reconnue, qu'on lui alloue une réserve pour son usage exclusif et qu'on lui accorde les mêmes droits qu'aux bandes qui avaient déjà été reconnues par le gouvernement. L'Heureux et Schmidt calculèrent la superficie de la réserve en fonction du nombre d'Indiens qui étaient déjà inscrits sur le registre, selon les termes du Traité N° 8, soit 259 hectares pour chaque famille de cinq personnes. Or, 127 Lubicon seulement étaient alors inscrits, ce qui aurait dû correspondre à une réserve de plus de 6500 hectares. Mais comme plusieurs Lubicon, vivant

---

[268] L'HEUREUX (agent des Affaires indiennes de Driftpile), *Rapport annuel*, Driftpile, Alberta, 14 août 1939, *in* : « Treaty N° 8 and the Setting aside of Reserve Lands for the Lubicon Lake Indian Band (1899-1973) », document n° 25.

éparpillés sur le territoire, n'étaient pas encore inscrits au registre des Indiens, la liste de la bande ne fut pas arrêtée, de sorte que les Lubicon qui n'étaient pas présents lors de la première rencontre avec les autorités fédérales en 1939 avaient encore la possibilité de s'y inscrire. En effet, il était de coutume, lorsque le gouvernement fédéral établissait une réserve pour les autochtones de la forêt boréale, d'effectuer plusieurs études de terrain et de réévaluer la superficie de la réserve au fur et à mesure que les membres d'une bande s'inscrivaient au registre des Indiens.

Schmidt avait donc promis aux Indiens qu'une réserve serait établie et sa superficie réévaluée en fonction des nouveaux inscrits. Le gouvernement devait soumettre à la province son étude de terrain pour que celle-ci transfère les terres de la réserve aux Indiens, comme stipulé dans l'*Alberta Natural Resources Transfer Agreement* de 1930, selon lequel, rappelons-le, la province s'engage à retransférer les terres au gouvernement fédéral pour qu'il y établisse des réserves indiennes.

Que l'on comprenne bien que, dans ces situations coloniales, le caractère fédéral du gouvernement central est censé protéger les Indiens qui sont sous sa tutelle. Selon les Anciens, « Alexis Laboucan voulait que la réserve soit située au bord du Lac Weasel, Joe Laboucan au Lac [Lubicon] ». Lors d'un vote, « le choix final s'est porté sur la partie ouest du Lac [Lubicon]. C'était en effet une bonne terre, avec des prairies et des ruisseaux », note Edward Laboucan. « Les Lubicon et le gouvernement fédéral se mirent ainsi d'accord sur le site de la réserve », racontent les Anciens. Mais l'étude de terrain, qui devait se faire l'année suivante, en 1940, fut plusieurs fois reportée et finalement oubliée[269].

Néanmoins, dès 1940, le gouvernement avait commencé à payer leurs annuités aux membres de la bande. « Un avion se rendit au Lac [Lubicon], près du magasin de la compagnie de la Baie d'Hudson, pour distribuer l'argent ». Les Anciens racontent qu' « en 1940, plusieurs Lubicon, jusqu'alors sans statut, inscrivirent leur

---

[269]D. J. ALLEN (Superintendent of Reserves and Trusts), *Letter to Gooderham, Regional Supervisor of Indian Agencies*, March 15, 1952, *in* : « Treaty N° 8 and the Setting aside of Reserve Lands for the Lubicon Lake Indian Band (1899-1973) », document n° 94.

nom sur la liste de la bande. Mais beaucoup étaient partis chasser et ne purent pas s'inscrire ». « Les Indiens inscrits reçurent des balles, des munitions, de la poudre, de la toile, un filet de pêche et cinq dollars chaque année ». Les Anciens faisaient confiance au gouvernement. Les Indiens, disait celui-ci, pourraient « continuer à chasser, piéger, pêcher et vivre comme auparavant ». Le gouvernement tiendrait ses promesses « aussi longtemps que le soleil brillera[it] et que les rivières couler[aie]nt ». « Les temps étaient alors difficiles », se souvient Joe A. Laboucan. Il n'était pas aisé d'obtenir des munitions. D'autre part, les Blancs commençaient à s'installer, de plus en plus nombreux, et les Anciens craignaient qu' « à moins d'obtenir une réserve [leur] peuple perde tout ».

En juin 1942, un avion affrété par le département des Affaires indiennes se posa au Lac Lubicon. « Il n'y resta que deux heures » constate Edward Laboucan. Et, alors que les Indiens s'attendaient à recevoir leurs annuités, les agents fédéraux leur annoncèrent qu'ils n'y avaient plus droit. Le gouvernement fédéral avait décidé de restreindre le budget du département. Il avait aussi modifié les critères d'éligibilité au statut d'Indien dans le Nord de l'Alberta. Pendant l'été 1942, Malcolm McCrimmon, agent des Affaires indiennes, vérifia les listes des bandes qui recevaient des annuités dans la région. Avec l'accord tacite de son ministre Charles Campsell, il raya des listes les Indiens dont le nom de famille n'avait pas été inscrit avant le 1er janvier 1912. Exception était faite pour qui pouvait prouver qu'il était « Indien pur sang » du côté paternel. À cette dernière demande, les Indiens ne pouvaient évidemment pas répondre puisqu'ils ne tenaient pas de registre d'état civil.

Ce nouveau système réduisit pratiquement à néant la liste des Lubicon : la plupart d'entre eux ignoraient les directives du gouvernement et n'avaient pu s'inscrire avant 1912. Par ailleurs, beaucoup étaient encore inscrits par erreur depuis le début du siècle sur les listes d'autres bandes, notamment sur celle des Cri Whitefish. Ainsi, en 1942, sur plus de six cents Lubicon, seuls 154 étaient inscrits. McCrimmon raya encore de cette liste 90 noms, ce qui lui permit de dire, en 1943, qu'il n'était pas nécessaire d'établir pour eux une réserve[270].

En tout et pour tout, McCrimmon avait rayé du registre des Indiens près de sept cents personnes dans le nord de l'Alberta[271]. Évêques, prêtres, représentants du ministère des Affaires indiennes, députés de l'Alberta : nombreux furent ceux qui se mobilisèrent pour défendre les Indiens. Ainsi par exemple le Père Roué, prêtre catholique Oblat de Marie l'Immaculée qui évangélisait les Lubicon, informa ses supérieurs de la désinvolture avec laquelle McCrimmon avait traité les Indiens :

> Les affaires extraordinaires pour lesquelles [McCrimmon] avait été envoyé d'Ottawa [au Lac Lubicon] furent traitées plus que légèrement, d'une façon arbitraire et injuste [...] [la] cause [des Indiens] était jugée d'avance[272].

McCrimmon souleva un véritable scandale dans les milieux politiques. Jack Sissons entre autres, député au parlement pour la région de Peace River, critiqua très vertement le ministre des Affaires indiennes[273]. Ces pressions politiques obligèrent le ministre à ouvrir en 1944 une enquête judiciaire, sous la direction du juge MacDonald qui désavoua McCrimmon. Les conclusions de l'enquête recommandaient que près de 90 % des Indiens entendus par le juge fussent réinscrits au « registre » mais McCrimmon ignora la décision de la commission MacDonald.

---

[270] Malcolm McCRIMMON, *Memo to Allen, Superintendent of Reserves and Trusts*, Ottawa, August 11, 1943, *in* : « Treaty N° 8 and the Setting aside of Reserve Lands for the Lubicon Lake Indian Band (1899-1973) », document n° 66.

[271] SUPREME COURT OF ALBERTA, *Judicial Inquiry into the 1942 Removals*, The Court House, Calgary, Alberta, 7 août 1944, *in* : « Treaty N° 8 and the Setting aside of Reserve Lands for the Lubicon Lake Indian Band (1899-1973) », document n° 68.

[272] ARCHIVES DES OBLATS DE MARIE L'IMMACULEE, McLENNAN, dossier : Indiens-Traité, ROUE, O.M.I, « Rapport sur le traité payé à Lubicon Lake », 3 juin 1942, pp. 1-2, 4-5, en français dans le texte. Soulignons que, bien que francophones, les missionnaires oblats évangélisaient et instruisaient les Indiens en anglais.

[273] Cité *in* : J. GODDARD, « Forked Tongues », *Saturday Night*, February 1988, p. 6.

Aujourd'hui, ces événements ont encore des répercussions sur les Lubicon. Prenons l'exemple de John Felix Laboucan. En 1930, il fut inscrit sur la liste des Cri Whitefish et reçut dès lors sa quote-part des quelques dollars attribués annuellement à la bande. En 1943, il fut radié du « registre ». En 1944, l'enquête judiciaire recommandait qu'il fût inscrit sur la liste des Cri Lubicon, mais Malcolm McCrimmon n'en fit rien. Il fallut que Laboucan prenne un avocat pour qu'il soit reconnu enfin en 1979 comme membre à part entière de la bande du Lac Lubicon. Mais nombreux furent ceux qui ne recouvrèrent jamais leur statut d'Indien. Ainsi, certaines familles sont aujourd'hui encore partagées entre ceux qui sont effectivement reconnus comme Indiens par le gouvernement et ceux qui ne le sont pas. Des quatorze enfants de Roger Letendre et Bella Auger, par exemple, cinq ont le statut d'Indien et neuf autres sont officiellement « Blancs ».

L'exploitation du pétrole et du bois en territoire Lubicon

Au début des années 1950, sont entreprises les recherches pétrolières. Les compagnies pétrolières posèrent, sans autorisation des Lubicon, des lignes sismiques qui gênaient les activités de chasse et de trappe. Le problème s'est alors posé de savoir sur quelles régions la province de l'Alberta était en droit de délivrer des permis de forer, puisque le gouvernement fédéral était seul à détenir la juridiction sur les territoires indiens. Quelles terres la province devait-elle donc transférer au gouvernement fédéral pour qu'il établisse la réserve promise aux Lubicon et autres, selon les termes de l'*Alberta Natural Resources Transfer Agreement* de 1930 ? Par ailleurs, si l'emplacement de l'école que voulait faire construire le quaker Rolland Smith au Lac Lubicon devait faire partie de la réserve, c'était au gouvernement fédéral et non à la province de financer la construction de l'école[274].

L'agent des Affaires indiennes locales recommanda de déplacer les Lubicon sur un autre site en arguant que le Lac

---

274 Finalement, Rolland Smith construisit l'école à Little Buffalo en 1953, en dehors de la réserve qui avait été choisie dans les années 1939-1940. L'école ouvrit l'année suivante.

Lubicon était trop isolé pour être convenablement administré. Sur ordre de ses supérieurs, il tenta de persuader les Indiens de choisir une réserve en dehors de leur territoire. « À cette époque, les annuités étaient envoyées par la poste au magasin de Three Creeks. Le gouvernement annonça alors aux Lubicon que la réserve ne serait plus située au Lac [Lubicon], mais à Three Creeks ou près de Nampa », à quelque soixante-quinze kilomètres au sud-ouest du territoire. Ainsi, entre 1952 et 1953, l'agent rencontra-t-il les Lubicon à plusieurs reprises. Or, les Lubicon refusèrent de se déplacer. Ils avaient « du bétail, et la région du lac [Lubicon] et de Little Buffalo était propice à l'élevage ».

Confronté à ce refus, le gouvernement fédéral remit alors en cause l'existence même de la bande des Lubicon, qu'il avait pourtant dûment reconnue en 1939. Rappelons en effet, qu'en obtenant une reconnaissance officielle, selon le droit anglais, les autochtones pouvaient prétendre à la propriété du sous-sol de leur territoire qui recelait du pétrole. Mais, radiée en 1954, du registre des Indiens la bande Lubicon se vit offrir le choix entre une parcelle de terre en dehors de la réserve, ou de recevoir 240 dollars et devenir alors « Blancs » aux yeux de la loi. Sept familles Lubicon demandèrent, sans doute sous pression, à perdre leur statut d'Indien. Pour Joseph Nanas Noskiye, « beaucoup furent tentés par l'ampleur de la somme (deux cent quarante dollars) qu'on leur proposait ». Cet argent permettrait d'acheter des munitions, des pièges et d'autres matériaux pendant cinq ans au moins. Il n'est pas certain, toutefois, qu'ils avaient bien compris qu'ils perdaient du même coup leurs droits territoriaux. Le gouvernement entreprit également de transférer les Lubicon sur la liste de la bande Whitefish, au prétexte que les Lubicon étaient en fait des Indiens Whitefish (signataires, rappelons-le, du traité N° 8). Entre temps, la province d'Alberta, sans réponse du gouvernement fédéral à sa demande de précisions, annula le transfert des terres prévu pour créer la réserve Lubicon. Le territoire était désormais ouvert aux compagnies pétrolières.

L'activité pétrolifère s'intensifia à partir des années 1960. Les premiers bouleversements dont les Lubicon ont souffert sont apparus dès la fin des années 1970, au moment de la ruée vers le pétrole, premier pas du déferlement des colons, longtemps redouté par les autochtones. En 1973, l'Organisation des Pays Exportateurs de Pétrole (O.P.E.P) déclara un embargo contre l'Amérique du nord et l'Europe. Les prix du pétrole sur le marché mondial augmentèrent considérablement. Justement, la province de l'Alberta avait entrepris, en 1970, la construction d'une route de graviers hors-gel reliant Peace River au territoire des Lubicon. La route fut achevée pendant l'hiver 1978-1979. Le glas avait sonné pour les Lubicon[275].

L'exploitation industrielle du pétrole prit une vraie ampleur l'hiver suivant. Soixante-quinze compagnies pétrolières et plus de quatre-vingts groupes industriels avec leurs entreprises sismographiques pénétrèrent sur le territoire. Cette opération massive fut rendue possible grâce aux deux cent neuf concessions allouées par l'Alberta, qui couvraient plusieurs champs pétrolifères. Les entreprises ont construit de nouvelles routes, elles ont implanté des lignes sismographiques, débroussaillé les terrains exploitables, creusé des puits et installé des pompes et des oléoducs[276].

Entre 1979 et 1983, les équipes creusèrent plus de quatre cents puits, dans un rayon de vingt-cinq kilomètres autour de Little Buffalo. En décembre 1985, les entreprises avaient littéralement envahi le territoire, jusqu'à la cabane de trappe du chef Bernard Ominayak sur les bords du Lac Bison, à quelque cent dix kilomètres au nord de Little Buffalo. En 1988, une centaine d'entreprises travaillaient dans la région, sous-traitants inclus. En 2002, plus de 1700 puits de gaz et de pétrole étaient installés en territoire Lubicon ainsi que des milliers de kilomètres d'oléoducs. Près de 75 nouveaux puits et oléoducs sont construits chaque année sur le territoire[277].

On estime que depuis 1979, la valeur totale de ces ressources s'élève à 13 milliards de dollars canadiens. La nation

---

[275] LUBICON LAKE INDIAN NATION, *Communication No. 167/1984 of Chief Bernard Ominayak and the Lubicon Lake Band to the Human Rights Committee*, New-York, 14 février 1984, appendix no. 5.

[276] LUBICON LAKE INDIAN NATION, *Supplement No 2 to Communication No 167/1984 of Chief Bernard Ominayak and the Lubicon Lake Band to the Human Rights Committee*, New York, 9 avril 1986.

[277] Friends of the Lubicon, http://www.tao.ca/~fol/index.html, 16.09.06

Lubicon n'a touché aucune redevance, puisque le gouvernement ne lui reconnaît pas la propriété de la terre et du sous-sol. Les compagnies pétrolières opèrent grâce aux permis et aux concessions alloués par le gouvernement provincial, qui reçoit 20 % de redevances sur l'extraction du gaz et du pétrole en territoire Lubicon. Plus de 95 % du revenu total de l'Alberta provient de l'industrie pétrolière. L'Alberta perçoit de coquettes sommes : les redevances s'élèvent en moyenne à 600 000 dollars par jour au cœur de l'hiver, qui correspond à la période d'extraction. Rien que pendant l'année 1985, l'Alberta a reçu 89 millions de dollars de revenus tirés du territoire Lubicon[278].

Dans la lancée, les compagnies pétrolières ont ouvert la région aux entreprises forestières. En 1988, le gouvernement provincial annonçait la construction, à quinze kilomètres au nord de Peace River, d'une usine de pâte à papier utilisant un procédé de blanchiment à base de chlore. L'usine appartient à la firme japonaise *Daishowa Paper Manufacturing Co. Canada*. Les arbres pour l'alimenter devaient provenir d'une concession d'abattage de 2 900 000 hectares, recouvrant complètement le territoire des Lubicon. En octobre 1990, un sous-traitant de Daishowa commença l'abattage des arbres en territoire Lubicon.

L'usine de Peace River est la plus grande usine de pâte à papier de bois dur au Canada, avec un rendement de mille tonnes de pâte par jour, soit 340 000 tonnes par an. Elle consomme des arbres à raison de mille cent par jour, soit plus de quatre millions par an. L'Alberta a donné à Daishowa l'autorisation de déverser chaque jour 20 900 kilogrammes de déchets solides et 1000 kilogrammes de composants chloriques hautement toxiques dans la rivière Peace[279]. Ces composants empoisonnent les poissons, et du même coup les animaux et les personnes qui les mangent. Les déchets de ce type d'usine contiennent des centaines de composants organiques. Beaucoup, comme la dioxine, sont reconnus comme

---

278 K. HILTON, « Fighting to Preserve a Way of Life », *The News Line*, 6 août 1987.

279 A. BURGER, « Giant Daishowa: Japanese 'Great Age of Enlightenment' Brings Smell of Money to the Town and Pollution to the River of Peace », *The Mirror - Northern Report*, novembre 1990.

toxiques et cancérigènes. On ne connaît même pas tous les effets d'un bon nombre d'entre eux. Ils peuvent être cause de stérilité pour certaines espèces d'oiseaux et de petits mammifères piscivores[280].

Une étude du gouvernement américain a conclu que chez les humains, il y a un lien manifeste entre certains types de cancers des muqueuses et la dioxine. On s'est déjà aperçu que la dioxine était hautement cancérigène pour les animaux. Elle est dangereuse également pour les humains. Des études sur l'utilisation des pesticides et sur les conséquences des accidents industriels le montrent[281]. En Alberta, on a trouvé un taux très élevé de ces composants dans les poissons des bassins de la Peace et de l'Athabasca. Ces cours d'eau et rivières traversent le nord du Canada, où les autochtones se nourrissent parfois de poisson, même si l'orignal est leur nourriture de base. Les alerter ne leur servirait à rien, puisque la tradition veut qu'on distribue le poisson à la famille et aux proches, si bien qu'à la fin on ne sait plus où il a été pêché[282].

La Commission paritaire internationale a recommandé de ne déverser aucune décharge de ce type dans la région des Grands Lacs. Les États-Unis et le Canada se sont engagés à suivre cette recommandation[283]. Mais en Alberta, la menace qui pèse sur l'environnement n'a pas encore atteint des proportions catastrophiques. Cela explique pourquoi le Canada et l'Alberta ont coopéré à la construction de l'usine Daishowa, malgré les conséquences dramatiques prévisibles. La province affirme que sa

---

[280]L. R. SUNTIO, W. Y. SHIU et D. McKAY, « A Review of the nature and properties of chemicals present in pulp mill effluents », *Cherosphere* 17(7), 1988, pp. 1249-1290.

[281]ENVIRONMENTAL PROTECTION AGENCY, *National Dioxin Study Tier 4 - Combustion Sources : Engineering Analysis Report*, Washington, D.C. : U.S. EPA Office of Air Quality Planning and Standards, 450-84-01 4h, 1988.

[282]R. W. SWAIN, « Human health consequences of consumption of fish contaminated with organochlorine compounds » ", *Aquat. Toxicology* 11, 1988, pp. 357-377.

[283]INTERNATIONAL JOINT COMMISSION, *Fifth Biennal Report on Great Lakes Water Quality*, International Joint Commission on the Great Lakes, Windsor, Ont., 1989.

contribution servira les intérêts de tous, puisqu'elle compte construire un chemin de fer, une route d'accès et d'autres infrastructures « indispensables [...] si l'on veut accéder à cette région relativement isolée [...] où le manque d'infrastructures a longtemps freiné le développement de l'industrie forestière »[284]. Or, c'est justement cet isolement qui a permis aux Lubicon de survivre si longtemps. Si on facilite encore l'accès à leur territoire pour exploiter ses ressources, alors la société Lubicon sera doublement menacée.

On n'a fait aucune étude préalable sur les effets d'un tel projet sur l'environnement et sur les Lubicon. De fait, depuis 1988, les choses se sont aggravées. Le chef Bernard Ominayak décrit ainsi la situation :

> On ne voit pas les coupes à blancs lorsqu'on est sur la route, mais dès qu'on regarde l'envers du décor on s'aperçoit qu'il y a un terrible désordre. [Ces problèmes d'exploitation forestière] sont les mêmes que ceux créés par les compagnies pétrolières. Il semble que plus les compagnies d'exploitation sont puissantes, moins elles sont astreintes par la loi[285].

Les Lubicon ont alors lancé en 1991 un appel à boycotter les produits fabriqués par Daishowa. Plusieurs ONG, en Europe et au Canada, ont répondu à cet appel. Le boycott fut un tel succès que Daishowa accepta de suspendre ses activités en territoire Lubicon. Néanmoins, en 1995, la compagnie attaqua en justice l'ONG canadienne *Friends of the Lubicon*, basée à Toronto, qui avait largement contribué à cette réussite. Du fait du boycott, la compagnie accusait une perte de 20 millions de dollars canadiens et, surtout, elle avait acquis une très mauvaise image auprès du public canadien. Daishowa obtint d'abord gain de cause et pendant près de trois ans le boycott fut suspendu. Puis, en 1998, la Cour de

---

[284] A. MAUCH (Bureau de diversification de l'Ouest), G. DAVEY (Bureau du Premier ministre de l'Alberta), K. KITAGAWA (Vice-Président et Directeur Général de Daishowa Canada Co Ltd), *News Release/Communique : Major Diversification Initiative with New $500 Million Pulp Mill Approved for Peace River Area*, 8 février 1988.

[285] Cité *in* : THE LUBICON SETTLEMENT COMMISSION OF REVIEW, *Final Report*, Edmonton, Alta., mars 1993, p. 13.

l'Ontario déclara que le boycott organisé par les *Friends of the Lubicon* était non seulement légal, mais qu'il pouvait servir de modèle pour le bon fonctionnement d'une société démocratique[286]. Daishowa dut s'engager à ne pas couper ni à acheter du bois coupé en territoire Lubicon jusqu'à ce qu'un accord territorial soit conclu entre les autochtones et les autorités canadiennes. L'activité forestière n'en continue pas moins en territoire Lubicon. Depuis 2001, trois bandes indiennes voisines des Lubicon ont commencé à effectuer des coupes à blanc sur le territoire, grâce à l'aide financière du gouvernement fédéral[287]. Comme nous l'avons déjà dit, ces coupes à blanc consistent à abattre l'ensemble des arbres d'une très large superperficie, si bien que les jeunes plants ne peuvent survivre et la forêt ne se régénère pas.

En 1994, les Lubicon se mobilisèrent à nouveau, cette fois contre l'implantation d'une usine de gaz sulfurique hautement toxique en dioxine par la compagnie Unocal à quatre kilomètres du lac Lubicon. Néanmoins, la province donna son aval et l'usine fut mise en fonction en 1995.

L'exploitation intensive du pétrole et du gaz se poursuit. Elle a complètement bouleversé l'équilibre écologique de la région. En moins de dix ans, l'activité industrielle avait pratiquement réduit à néant l'économie traditionnelle de chasse et de trappe[288]. Le gibier, principal moyen de subsistance des Indiens, a pratiquement disparu de la région.

Les incendies ont aussi grandement déstabilisé l'environnement. Les territoires de chasse et de trappe ainsi que les cabanes ont été détruits. Pendant la seule année 1982, les incendies ont fait autant de dégâts que ceux des vingt années précédentes. En 1981 et 1982, plusieurs feux de forêt importants ont éclaté dans la région. Vite incontrôlables, ils ont décimé le gibier. Au cours du seul été 1982, 40 000 hectares furent détruits. Les Lubicon ont

---

[286] *Daishowa Inc. v. Friends of the Lubicon et al.*, 95-CQ-59707, Ontario Court of Justice, 1998.

[287] Lubicon Legal Defence Fund, http://www.lubicon.ca/index.html, 16.09.06

[288] LUBICON LAKE INDIAN NATION, *Communication No. 167/1984 of Chief Bernard Ominayak and the Lubicon Lake Band to the Human Rights Committee*, New-York, 14 février 1984, appendix no. 5.

accusé le Département des eaux et forêts de l'Alberta (*Provincial Fish and Wildlife Service*) d'avoir laissé faire les choses, en n'éteignant que les feux qui menaçaient les habitations et le bois d'exploitation.

Les compagnies sismographiques ont creusé des trous pour faire exploser de la dynamite. Les ouvriers ont tiré des coups de feu en l'air pour chasser systématiquement tout gibier de la zone. Les pistes de chasse et les lignes de trappe inscrites au registre par le gouvernement provincial furent investies et passées au bulldozer pour construire des routes, des lignes sismographiques et des oléoducs. On a enterré les pièges et détourné les pistes suivies par les animaux.

L'orignal, nourriture de base des Lubicon, a pratiquement disparu de la région. Des deux cents animaux abattus chaque année, qui suffisaient aux besoins de la communauté, le nombre est tombé à dix-neuf en 1983. Depuis, une vingtaine d'orignaux seulement sont tués chaque année. La disparition de l'orignal a été un choc dont les Lubicon ne se sont jamais vraiment remis.

Le petit gibier à fourrure, objet de la trappe, qui était la source principale de revenu monétaire pour les Indiens disparaît lui aussi. Or, la trappe était la source principale de revenu monétaire pour les Indiens. Les revenus de la trappe ont diminué de plus de 90 %. Pourtant, la demande est élevée et les prix ont augmenté. Le revenu annuel pour l'ensemble de la communauté est ainsi tombé de 255 000 dollars en 1979, à 20 000 dollars en 1988, soit, par trappeur et par an, de 5 000 dollars environ à moins de 400 dollars[289].

« Autrefois, on vivait à peu près convenablement de la trappe. Depuis, tous les ans, c'est de pire en pire [...]. Les compagnies pétrolières ont construit des routes sur tout le territoire. Elles utilisent des véhicules tout terrain qui leur permettent d'accéder partout ». Les Anciens soutiennent que les espèces à fourrure sont aujourd'hui « gravement menacées ». « Depuis [1982], on n'attrape à peu près rien, à peine quelques écureuils, à un dollar l'animal », indique Albert Laboucan.

---

289 Fred LENNARSON (Conseiller politique de la nation Lubicon), « Information Package », The Mimir Corporation : Edmonton, Alta., 25 juin 1987.

Les Anciens se souviennent avec amertume qu' « autrefois, la région abondait en animaux ». « Ils étaient éveillés et alertes [...] Ils ont maintenant un comportement étrange [...] Ils se roulent dans la boue des puits de pétrole et perdent leurs poils ». Tous les témoignages parlent « d'animaux nus » (*naked animals*). Les Anciens en ont longuement débattu et ont conclu que « ce sont les rejets pétroliers qui empoisonnent les animaux ». Les animaux qui ont perdu leurs poils, c'est le cas du coyote et du loup, ne supportent pas l'hiver et meurent de froid et « les fourrures de mauvaise qualité perdent leur valeur marchande ». Des souris, des oiseaux et autres petits animaux ont été trouvés morts près des puits. Or, les animaux plus gros, comme le renard, le coyote et le loup, s'en nourrissent. L'équilibre naturel est rompu et les animaux doivent pour survivre se déplacer vers d'autres régions. Les ours, les orignaux et même les grands vols d'oiseaux et de canard se font rares. « J'ai même vu des canards et une chouette près d'un puits, enlisés dans le pétrole » indique Joseph Nanas Noskiye. « Voilà que maintenant on manque de viande d'orignal », dit Albert Laboucan. « On est maintenant obligé de manger cette espèce de viande reconstituée qu'on trouve dans les magasins ».

Selon Sam Thomas, jusqu'au début des années 1980, « les géomètres n'empiétaient pas sur les lignes de trappe ». Les véhicules les évitaient. Aujourd'hui, les lignes de trappe sont systématiquement endommagées lors des études de terrain et les animaux sont délogés. Les Anciens accusent les compagnies pétrolières : « les Blancs tuent les animaux, les laissent pourrir sur place [et] détruisent leur habitat » ; « les petits animaux explorent les trous de forage et sont pris au piège ; les renards, intrigués par ces trous, creusent leur tanière dans le voisinage ». « La plupart des grands sapins, où nichaient les écureuils, ont été coupés » pour construire de nouvelles lignes sismiques et des oléoducs. En 1982, au début de l'exploitation forestière, les chasseurs étaient gênés par les branchages abandonnés par les bûcherons. Mais au moins les gardes forestiers replantaient les arbres. « Aujourd'hui, la forêt est systématiquement exploitée et progressivement détruite ».

La plupart des animaux se sont enfuis plus profondément dans les bois. Si les autochtones bénéficient d'une aide sociale, celle-ci ne remplace pas la perte de la dignité. Comme tous les

Anciens, John Felix Laboucan est désemparé : « Je ne sais pas quoi faire. J'aime la trappe. Je ne veux pas abandonner cette activité. Mais il n'y a plus rien à chasser ni rien à trapper. On ne peut même plus se déplacer en traîneau à chien à cause des camions ».

Privés de leurs anciennes ressources, les Lubicon ne peuvent plus transmettre leur savoir et leurs techniques à leurs enfants. Les Anciens ne peuvent rien faire pour aider les nouvelles générations à s'adapter à la vie industrielle moderne. Le conflit de générations est devenu un conflit de cultures. Aussi, l'enfant ne trouve sa place nulle part, ni dans le passé, ni dans le futur.

La destruction de l'économie traditionnelle a entraîné à son tour la désintégration du tissu social. Alcoolisme, drogue et suicides, ces méfaits de la civilisation moderne occidentale frappent de plein fouet la population indienne. Les Lubicon sont aujourd'hui dépourvus de tout.

Ils ne touchent aucune compensation à la spoliation de leurs ressources. Les dettes s'accumulent, alors qu'autrefois la communauté était autosuffisante. Dans les années 1970, moins de 10% de la population avait besoin d'une aide de l'État. En 1985, 95 % de la population touchait des indemnités sociales[290]. Le taux de mortalité infantile est en augmentation, les conditions de logement sont précaires, l'analphabétisme fréquent. Ces chiffres montrent clairement combien l'écroulement de la société fut brutal et dramatique.

Beaucoup de gens ne peuvent plus subvenir à leurs besoins. Les structures sociales et les normes de la communauté étaient déjà très atteintes en 1985. Les hommes ne pouvant plus ni chasser ni trapper, il arrive que les femmes quittent leur mari, économiquement inutiles, pour demander des allocations de parent isolé. La désintégration du tissu social va donc de pair avec une augmentation de la violence, de l'alcoolisme et de tous les drames que cela entraîne. La violence familiale s'installe, conséquence de l'alcoolisme. Une femme sur quatre reconnaît avoir été battue par son mari.

---

290 NEW INTERNATIONALIST, « Minorities: Land Protest, Olympic Boycott », *New Internationalist*, mai 1987.

Au milieu de ce bouleversement du quotidien, de cette déchirure d'un monde autrefois familier, de cette négation des valeurs traditionnelles de référence, les jeunes Indiens se sentent perdus. Ils refusent d'écouter des conseils qui leur semblent dépassés et fuient la communauté. Les Anciens et les jeunes ne communiquent pour ainsi dire plus. « J'ai tenté de discuter avec mes petits-enfants qui habitent en ville », raconte Albert Laboucan. « Ils m'ont claqué la porte au nez. J'ai l'impression qu'ils n'entendent même pas ce que j'ai à leur dire. C'était tout le contraire dans ma jeunesse. Un lien très fort unissait les jeunes chasseurs aux plus anciens ». Il a mis toute une vie à acquérir des techniques aujourd'hui inutiles. Il ne peut plus subvenir aux besoins de sa famille. Du même coup, il perd toute crédibilité et plus personne ne le respecte. Les jeunes gens ne viennent plus lui demander conseil sur la meilleure façon de suivre la trace d'un orignal, puisqu'on ne peut plus chasser l'orignal.

Les conditions de vie des Lubicon sont semblables à celles que décrivait dans les années 1930 James K. Cornwall, un notable de l'Alberta qui travaillait comme marchand de fourrures dans le nord. Il avait été le témoin du déclin des nations indiennes signataires du Traité N° 8 et avait décrit les conditions de vie désastreuses des Indiens peu de temps après leurs premiers contacts avec l'extérieur :

> La colonisation de peuplement a repoussé les territoires de chasse. Les trappeurs [blancs] se sont également installés dans la région et à certains endroits les animaux à fourrure ont pratiquement disparu. [...] Ces gens, qui autrefois subvenaient à leurs propres besoins, n'ont plus de quoi vivre [...]. Aujourd'hui, les conditions [...] de vie des Indiens et des métis sont inhumaines[291].

En 1987, une des pires épidémies de tuberculose que le Canada ait connues depuis la crise de 1929 a frappé la communauté Lubicon. Ainsi, quelque cinquante ans plus tard, la

---

[291] J. K. CORNWALL, « A Memo with Observations re Treaty Indians and Half Breeds Residing in Northern Alberta & Saskatchewan », sans date, in: F. LENNARSON (Conseiller politique de la nation Lubicon), « Information Package », The Mimir Corporation: Edmonton, Alta., 2 septembre 1987.

description de James Cornwall pouvait parfaitement s'appliquer aux Lubicon. L'épidémie de tuberculose s'est propagée à partir de Little Buffalo. Dès la fin de l'année 1987, quarante-cinq personnes étaient atteintes par la maladie. Trente-trois étaient hospitalisées à Edmonton. Un total de cent dix-sept personnes était sous traitement médical[292].

Cette récurrence d'une maladie qu'on croyait disparue est directement liée à la pauvreté : malnutrition, consommation d'eaux polluées, manque d'hygiène, habitat misérable en préfabriqué de mauvaise qualité au lieu des anciennes cabanes de rondins, mieux adaptées au climat et plus solides. S'y ajoute le changement d'habitudes alimentaires avec la disparition de l'orignal et du poisson dans l'alimentation, remplacés par le régime alimentaire des classes pauvres de la société moderne, à base de viande et de pain de mauvaise qualité, et très peu de légumes et de fruits.

Les principaux acteurs de la résistance

La communauté a pris l'amère décision de faire face à l'adversité. Les Anciens avaient pressenti très tôt le danger. Lorsque les familles se réunissaient au bord du Lac Lubicon pour la « danse du thé », toujours, à un moment donné de la fête, les chasseurs abordaient la question des négociations avec le gouvernement. Personne ne savait exactement à quoi s'en tenir, ni à quoi ressemblait à vrai dire ce gouvernement, ou comment l'aborder. Aussi décidèrent-ils de préparer leurs enfants à défendre plus tard la communauté en les envoyant à l'école. Bernard Ominayak, un enfant réfléchi et intelligent, fut envoyé à l'école. Il est aujourd'hui le chef de la nation Lubicon.

Bernard Ominayak est né en 1950. Il était donc très jeune lorsqu'il a été élu pour la première fois en 1978, mais il remplissait tellement bien ses fonctions que les Lubicon voulaient l'élire à vie ; il refusa. Il a toujours été réélu et est devenu depuis un des chefs locaux les plus célèbres au Canada. Aîné de six enfants, il est né dans la cabane de ses parents sur les bords du Lac Lubicon. Le rythme des jours était cyclique. À l'automne, le père chassait avec

---

292 James G. E. SMITH, « Canada - The Lubicon Lake Cree », *Cultural Survival Quarterly*, 11(3), 1987, pp. 61-62.

d'autres hommes pour entreposer le plus de nourriture possible pour l'hiver. Puis il partait seul sur son territoire de trappe. Il trappait pendant trois ou quatre semaines et revenait chargé de fourrures, puis repartait ; et il en allait ainsi jusqu'à la fin de l'hiver. La mère faisait sécher les fourrures. Bernard a passé ainsi la majeure partie de sa petite enfance, avec sa mère et son frère Larry. Il a commencé à chasser et trapper avec son père vers l'âge de dix ans.

Bernard et son frère ont commencé à fréquenter l'école en 1958, quatre ans après que l'école fut construite à Little Buffalo. Bernard avait alors huit ans. Il fut l'un des quatre enfants de sa classe à suivre plus tard les cours de l'école gouvernementale d'apprentissage de Grouard, à soixante-cinq kilomètres au sud du Lac Lubicon. Il visita à l'époque la réserve du Lac Whitefish, près de Grouard. Les Indiens touchaient des indemnités gouvernementales, alors que les Lubicon, eux, ne touchaient rien. Quand il eut seize ans, alors qu'il était en première à Grouard, il eut trop le mal du pays pour continuer. Il était malheureux. Le pensionnat, l'enseignement en anglais, qui n'était pas sa langue maternelle, la culture, le mode de vie, tout cela ne lui convenait pas. Aussi rentra-t-il chez lui, pour chasser et trapper avec son père.

Il avait vingt-trois ans quand il commença à participer aux réunions des sept « Communautés isolées » (*Isolated Communities*), représentant les descendants des Indiens du nord de l'Alberta oubliés par les agents du gouvernement, au moment de la signature du Traité N° 8. C'est là qu'il apprit les rouages de la politique. En 1976, il était élu conseiller de la nation Lubicon. Deux ans plus tard, il était chef.

Bernard Ominayak est un chef traditionnel. Ce sont les Anciens qui l'ont d'abord choisi et son gouvernement fonctionne de manière traditionnelle. Il suit les recommandations des Anciens et demande conseil à toute la communauté. Ignorant le modèle politique prescrit par le ministère des Affaires indiennes, à savoir un chef et deux conseillers, il a créé un conseil de onze membres, pour conserver le mode traditionnel de gouvernement dirigé par les chefs de familles. Le système traditionnel est ainsi maintenu, tout en répondant aux exigences de la société dominante qui veut pour négocier avoir un interlocuteur privilégié.

Les membres du conseil se réunissent de temps en temps, mais le plus souvent ils se rendent tout simplement visite pour discuter des affaires de la communauté. Bernard Ominayak va les voir régulièrement. Il est particulièrement attentif aux conseils des vieux chasseurs, dépositaires du savoir. Les Anciens sont sans doute ceux qui l'incitent le plus à poursuivre la lutte. Le chef passe le plus clair de son temps à travailler dans le bureau de Little Buffalo, lorsqu'il n'est pas au loin pour soutenir la cause. Il se rend au moins une fois par semaine sur son territoire de trappe près du Lac Bison. Le voyage dure trois heures, sur les anciennes pistes que les compagnies pétrolières ont élargies pour faire des routes.

Il savait, lorsqu'on l'a élu chef, qu'il aurait besoin de conseils pour établir un plan de campagne bien défini. Il lui fallait des associés et des alliés bien placés. En 1978, il a contacté Fred Lennarson, expert-conseil en gestion et administration à Edmonton qui travaillait depuis le début des années 1970 pour les sept Communautés isolées. Il croit résolument à la cause[293].

Fred Lennarson est un homme passionné. Il est né en 1942 et travaille sans relâche depuis 1973 pour les Lubicon en tant que conseiller politique de la bande. Il s'occupe essentiellement de communication et de relations publiques. Il dit lui-même qu'il n'a pu ainsi aider les Lubicon que parce que la communauté est une société organisée et bien dirigée, avec un chef et des Anciens exceptionnels. Ses qualités d'organisateur ont fait de lui un des piliers de la lutte[294].

C'est en 1974 qu'il s'installa à Edmonton, pour travailler avec Harold Cardinal, président de l'*Indian Association of Alberta*, sur les droits territoriaux des sept Communautés isolées. Mais leurs façons de procéder divergeaient. Harold Cardinal avait tendance à vouloir porter des coups décisifs, mais Fred Lennarson trouvait qu'il manquait d'organisation et de méthode. En 1979, Bernard Ominayak réussit à le convaincre de travailler pour les Lubicon.

---

293 M. LOWEY, « Long List of Experts Involved in 47-Year Dispute », *Calgary Herald*, 19 juillet 1987.

294 J. GODDARD, *Last stand of the Lubicon Cree*, Toronto : Douglas & McIntyre, 1991, chap. 7 : "Our White Man".

De 1983 à 1996, Fred Lennarson, qui est toujours aujourd'hui conseiller politique de la nation Lubicon, a envoyé des courriers au réseau de solidarité qu'il a constitué et qui s'étend aujourd'hui en Amérique du Nord et en Europe. Chaque envoi était accompagné d'un commentaire souvent très détaillé des événements du moment, comportant un rappel historique touchant l'ensemble de la question. Ces événements étaient replacés dans le contexte général des revendications des Lubicon. Depuis 1996, ce sont les ONG qui soutiennent les Lubicon qui relaient les informations recueillies notamment par Fred Lennarson, plus particulièrement les ONG canadiennes *Friends of the Lubicon* et le *Lubicon Legal Defense Fund* qui publient régulièrement les dernières nouvelles sur leurs sites internet[295].

Les données, très nombreuses, sont méticuleusement organisées et exposées dans le contexte d'une problématique toujours clairement définie. Fred Lennarson met en évidence avec méthode et précision les différents problèmes qui se posent, et expose les solutions auxquelles les Lubicon ont recours. Il a commencé par faire le recensement de la population Lubicon et à inventorier les atouts qu'elle avait en main. Il a organisé les documents collectés par l'Association des Indiens d'Alberta sur le sujet dans les années 1970 puis les a complétés. Il a classé cette documentation par dossiers numérotés et a fait un état de la question sur chaque point en se documentant scrupuleusement[296]. Il poursuit ce travail méticuleux qui nécessite une remise à jour continuelle.

Fred Lennarson apporte à la question un point de vue politique, activiste et militant. Son travail est fondé sur le principe que les droits d'un individu sont déterminés par ceux de la collectivité. Il s'efforce de définir une problématique qui soit accessible à tous, mettant en évidence les injustices flagrantes dont sont victimes les Lubicon, puis il identifie les responsables contre

---

[295] Friends of the Lubicon, http://www.tao.ca/~fol/index.html; Lubicon Legal Defence Fund, http://www.lubicon.ca/index.html.

[296] ARCHIVES DE LA NATION LUBICON, « Treaty N° 8 and the Setting aside of Reserve Lands for the Lubicon Lake Indian Band (1899-1973) », 152 documents.

lesquels il faudra mobiliser l'opinion publique. Il attaque l'adversaire en utilisant ses propres méthodes. Il part du principe que les dirigeants ont souvent tendance à sous-évaluer l'influence et le poids politique d'un groupe de pression ou d'une communauté et qu'ils deviennent par là même une cible vulnérable.

Des négociations encore actuelles : état des lieux

Je me contenterai ici de rappeler les principales étapes qui conduisirent à l'échec des revendications territoriales des Lubicon en 2003. En 1973, un arrêté ministériel a de nouveau reconnu l'existence de la bande Lubicon que le gouvernement fédéral avait rayée du registre des Indiens en 1943. En 1975, les Lubicon et les six autres Communautés isolées demandèrent l'enregistrement d'une notification d'opposition (*caveat*) à tout transfert de leur territoire traditionnel, qui devait avoir pour effet de suspendre toute activité sur le territoire en question jusqu'au règlement définitif du conflit. Le gouvernement provincial répondit en votant une loi rétroactive qui interdisait toute notification d'opposition dans sa juridiction[297]. En 1985, David Crombie, ministre des Affaires indiennes, nomma un médiateur, E. Davie Fulton, avec qui les Lubicon parvinrent à un accord, mais le gouvernement ignora celui-ci. Lorsque fut annoncée, en 1988, la construction de l'usine de pâte à papier Daishowa, les Lubicon barricadèrent les routes donnant accès à leur territoire traditionnel. Quelques jours plus tard, Don Getty, premier ministre de la province de l'Alberta, et le chef Bernard Ominayak signèrent l'« Accord de Grimshaw » selon lequel la province s'engageait à transférer à la bande un territoire de 20 400 hectares avec des droits sur le sol et le sous-sol, et 4000 autres hectares avec des droits sur le sol.

Pendant l'hiver 1988, les Lubicon, qui avaient sans succès appelé à boycotter les jeux olympiques de Calgary, attirèrent néanmoins l'attention des médias qui firent connaître leurs revendications au grand public. En janvier 1989 et en juillet 1992, le gouvernement fédéral présenta aux Lubicon une offre « à

[297] *Land Titles Act, Bill 29*, R.S.C. 1977

prendre ou à laisser » qui ne permettait pas d'espérer l'autonomie économique et sociale à laquelle ils aspiraient[298].

Le gouvernement fédéral créa alors de toutes pièces une nouvelle bande, les Cri *Woodland*, dont les membres appartenaient à diverses communautés de l'Alberta et de Colombie-Britannique et qui n'entretenaient aucun lien entre eux. 37 Lubicon dissidents se joignirent à la bande, qui signa un accord avec les gouvernements provincial et fédéral sur la base de l'accord proposé en 1989 aux Lubicon.

Cependant, alors que la venue au pouvoir d'un premier ministre canadien libéral, Jean Chrétien, promettait un avenir meilleur, des problèmes internes secouèrent la société Lubicon : la famille Laboucan, élément essentiel de la cohésion communautaire, menaçait de se joindre à la bande des Cri *Woodland*. Sous la pression des Lubicon et de leurs partisans, le gouvernement fédéral menaça la bande de ne pas lui allouer les terres et l'argent promis ; la bande des *Woodland* refusa donc d'inscrire la famille Laboucan parmi ses membres. La situation se reproduisit deux ans plus tard avec une autre faction qui demanda au gouvernement de créer une nouvelle bande, les Cri de Little Buffalo.

Les Lubicon considèrent qu'il s'agit là de tactiques gouvernementales qui consistent à diviser pour mieux régner. En effet, en 1991, le gouvernement fédéral déduisit 40 % de l'offre qu'il avait faite en 1989 aux Lubicon, au prétexte que nombre d'entre eux appartenaient dès lors à la bande des Cri *Woodland*. Il revint sur cette décision, mais l'offre de 1992 présentait néanmoins un déficit de 20 % par rapport à celle de 1989. En 1995, la province de l'Alberta revenait sur l' « Accord Grimshaw » de 1988, prétendant, à tort, que la superficie des terres qu'elle s'était engagée à transférer pour la création d'une réserve Lubicon dépendait du nombre des membres de la bande, qui avait été réduit par le passage présumé de certains membres à la bande des Cri

298 GOVERNMENT OF CANADA, « Final, Take-it-or-leave-it Proposal », January 24, 1989 ; Tom SIDDON (Minister of Indian Affairs), « Comparison of Federal (1989) Offer, Federal (1992) Offer », July 24, 1992, in: LUBICON LAKE INDIAN NATION, « Information Package », Little Buffalo Lake, Alta., September 25, 1992.

Woodland ou à la bande des Little Buffalo, alors que par un accord précédent, c'est le nombre de ceux que les Lubicon considèrent comme faisant partie de leur nation qui devait être compté.

Les négociations avec le gouvernement fédéral reprirent en 1995 et échouèrent de nouveau en 1997 pour les mêmes raisons. Les dernières négociations en date ont repris en 1998 pour prendre fin en 2003, lorsque le gouvernement déclara qu'il n'avait pas mandat à négocier les questions d'autonomie gouvernementale ni celles des compensations financières.

Jusqu'à nos jours, les Indiens Cri du Lac Lubicon n'ont donc jamais pu faire valoir leurs droits auprès du gouvernement canadien. Le gouvernement fédéral ne peut en effet admettre que les Lubicon n'ont jamais cédé leurs droits car, comme on l'a vu plus haut, cela reviendrait à dire que la Couronne aurait cédé leur territoire à la province sans leur consentement[299]. En théorie, le gouvernement provincial n'a donc aucune juridiction sur ce territoire riche en pétrole, alors qu'elle ne se prive pas de l'exploiter. La province et le gouvernement fédéral exigent pourtant que les Lubicon signent officiellement une « adhésion » au Traité N° 8, alors qu'ils affirment par ailleurs que les Lubicon ont déjà cédé leurs droits territoriaux selon les termes de ce traité. Il y a donc là une curieuse contradiction interne dans l'argumentaire canadien ; mais il y a aussi un curieux paradoxe dans la revendication des Lubicon. En effet, ceux-ci acceptent de signer leur adhésion au Traité N° 8, parce qu'il constitue une base solide dans les négociations concernant la superficie de la réserve et les critères d'adhésion du groupe.

Conjointement ils demandent cependant de négocier sur des points qui ne relèvent pas du Traité N° 8. Ainsi, l'accord qu'ils proposent est comparable aux accords dits « globaux » qui concernent les régions où aucun traité n'a été signé.

Dans cette dernière période, les négociations ont donc été menées sans préjuger de l'opinion des parties respectives sur la nature des droits territoriaux des Lubicon. Les Lubicon, ainsi que le gouvernement canadien, décidèrent de discuter d'autres points : les droits ancestraux, les compensations financières, les critères

---

299 *Alberta Natural Resources Agreement.*

d'adhésion de la bande, le site et la superficie de la réserve, les possibilités d'un développement économique et la construction d'infrastructures. Une fois ces questions réglées, les parties espéraient pouvoir plus facilement arriver à un accord sur la nature des droits territoriaux des Lubicon[300].

Le peuple Lubicon a envisagé un plan d'action qui lui permette de mener à bien le passage d'une économie traditionnelle de chasse et de trappe sur un territoire de près de 10 000 km (un million d'hectares) à une nouvelle forme d'économie sur une réserve d'une superficie bien inférieure[301]. En 1939 déjà, les Lubicon n'ignoraient pas qu'il leur faudrait apporter certains changements à leur mode de vie. Après avoir visité le Lac Lubicon à l'été 1939, le représentant des Affaires indiennes avait indiqué dans son rapport que :

> le chef [des Lubicon], Alexis Laboucan, [...] parla de leur méthode de chasse, qui consiste à suivre le gibier, mais il dit également qu'ils étaient disposés à cultiver la terre car les animaux à fourrure ne seront bientôt plus assez nombreux pour leur permettre de vivre de la chasse[302].

Aujourd'hui, les Lubicon revendiquent une réserve d'une superficie au moins égale à celle qui fut attribuée aux signataires du Traité N° 8, soit 64 hectares par personne, comme il avait été stipulé dans le document de 1899. Par ailleurs, lors du Traité N° 8, les peuples autochtones avaient eux-mêmes décidé des critères d'adhésion de leur bande. Aussi pense-t-on aujourd'hui que l'étendue de la réserve Lubicon devrait être calculée en fonction du nombre de personnes que les Lubicon considèrent comme membres de leur nation, comme nous l'avons dit tout à l'heure. Ces personnes ont entre elles des liens familiaux ; elles sont d'ascendance autochtone et occupent le territoire traditionnel.

---

300 LUBICON LAKE INDIAN NATION, « Information Package », Little Buffalo Lake, Alta., January 20, 1991, August 16, 1994.

301 Lubicon Land Settlement Agreement : Lubicon - Canada - Alberta, September 17, 1997, http://www.tao.ca/~fol/pa/negp/llsa.htm.

302 Cité *in* : Fred LENNARSON (conseiller politique de la nation Lubicon), « Information Package », The Mimir Corporation : Edmonton, Alta., March 28, 1985, pp. 4-5.

En 1988, les Lubicon réclamaient une réserve d'une superficie de 20.460 hectares avec des droits sur le sol et le sous-sol selon les termes de la Loi sur les Indiens de 1876, ainsi qu'un territoire d'une étendue de 4.140 hectares avec des droits sur le sol et un droit de regard sur l'exploitation du sous-sol. La réserve principale[303] choisie par les Lubicon est une vaste prairie située autour du Lac Lubicon, à l'est de Little Buffalo, principal village de la communauté. Le terrain devait être converti en terres agricoles et ne devait pas être utilisé à des fins d'exploitation pétrolière.

La nation Lubicon revendique également le droit à l'autodétermination politique. Les Lubicon souhaitent se gouverner eux-mêmes et faire appliquer eux-mêmes leurs propres lois, sujettes aux seules contraintes imposées par la constitution fédérale. Aussi affirment-ils que les lois provinciales ne s'appliquent pas aux Lubicon. Comme les autres autochtones du Canada, en matière de droit pénal (*criminal law*), ils sont prêts à adopter les lois en vigueur au Canada, mais en matière de droit civil (*civil law*), ils souhaitent appliquer leurs propres lois. Toute infraction au droit pénal ou criminel devrait être jugée par la cour Lubicon.

Les Lubicon ont également un projet de développement économique. Depuis la fin des années 1970, comme on l'a vu, l'exploitation pétrolière de leur territoire a causé des dommages irréparables. Elle a fait fuir les animaux et détruit l'économie traditionnelle de chasse et de trappe. Les Lubicon veulent donc être maîtres de la gestion de la faune et des mesures de protection de l'environnement sur l'ensemble de leur territoire traditionnel, en limitant l'exploitation pétrolière et forestière, sans pour autant y mettre un terme. C'est à cette condition qu'ils accepteront de céder leurs droits sur leur territoire traditionnel.

La position des Lubicon sur la gestion de l'environnement est analogue à celle des Indiens qui avaient refusé de signer le Traité N° 8 tant que le gouvernement ne s'était pas engagé à

---

303 Les Lubicon souhaitent trois réserves : la principale (d'une superficie de 91 miles, soit plus de 235 kilomètres carrés), située autour du Lac Lubicon, et deux très petites réserves (chacune d'une superficie de deux miles, soit un peu plus de cinq kilomètres carrés), une autour du Lac Bison et une autre autour du Lac Haig.

protéger leurs droits de chasse et de trappe. Elle est également conforme aux termes d'autres accords récents passés entre le gouvernement fédéral et les autochtones qui stipulent que ceux-ci conservent le droit exclusif de chasser, trapper et pêcher sur un territoire qui s'étend bien au-delà de la réserve. La revendication des Lubicon n'est donc ni singulière, ni irréaliste.

Les Lubicon considèrent qu'ils ont le devoir de préserver l'environnement pour les générations futures. S'ils protègent les animaux et le territoire qu'ils occupent, alors les animaux et la terre les protégeront à leur tour. Aujourd'hui, ils n'ont d'autre choix que de s'adapter à une nouvelle économie. Mais pour ceux d'entre eux qui souhaitent poursuivre un mode de vie traditionnel, les Lubicon demandent la création d'un programme de soutien. Le manque à gagner doit être calculé en fonction de ce que les trappeurs percevaient avant l'exploitation pétrolière du territoire et du nombre de jours qu'ils ont passés sur leurs lignes de trappe. Les Lubicon considèrent que c'est pour eux un moyen plus digne de gagner leur vie que de dépendre des subsides gouvernementaux.

Ce programme est destiné surtout aux Anciens qui ne s'adapteront sans doute jamais à une nouvelle économie, mais il est ouvert à tout Lubicon âgé de plus de 18 ans. Les Lubicon ont également prévu la mise en place d'un programme de développement socio-économique qui les aidera à s'adapter à l'économie moderne. Ils espèrent ainsi développer les aptitudes nécessaires pour exercer de nouvelles professions. En outre, ils réclament que les emplois liés à l'exploitation économique de leur territoire soient attribués en priorité aux Indiens.

Ils exigent également que des indemnités soient versées pour compenser la destruction et l'exploitation de leur territoire, et rembourser les frais encourus pour le règlement de leurs revendications. Ils demandent à être dédommagés pour les baux d'exploitation, les redevances et les richesses extraites de leur territoire traditionnel sans leur consentement. Le montant de ces compensations et du remboursement des frais a été évalué en 1997 à 125 millions de dollars canadiens, à partager équitablement entre le gouvernement provincial et le gouvernement fédéral. Ces compensations ne seront pas versées aux membres de la bande mais le montant total de la somme sera investi et les intérêts de ce capital serviront les besoins de la communauté tout entière.

La question financière et celle de l'autonomie gouvernementale ont suscité les débats les plus ardus entre le gouvernement et les Lubicon. Ce sont elles qui ont causé l'échec des négociations. Il est pourtant indispensable d'aider à la reconversion des Lubicon pour parvenir à l'autonomie économique et politique. Besoin d'une base politique et socio-culturelle solide, avec des infrastructures sanitaires et commerciales, une aide au développement des entreprises sur la réserve et la possibilité de gérer eux-mêmes leurs affaires internes. L'essor harmonieux d'une société ne repose pas sur la réussite de quelques-uns, mais sur la communauté toute entière.

Par deux fois, en 1990 et en 2005, la Commission des droits de l'homme, organe consultatif du Conseil économique et social, ou ECOSOC (*Economic and Social Council*) de l'Organisation des Nations Unies, a enjoint le Canada à négocier avec les Lubicon sur la base du *Pacte international relatif aux droits civils et politiques* de 1976. En 1990, elle déclara que le Canada était en état de violation de l'article 27 du Pacte qui stipule que « les [...] minorités ne peuvent être privées du droit d'avoir [...] leur propre vie culturelle, de professer et de pratiquer leur propre religion, ou d'employer leur propre langue ». La Commission concluait que les Lubicon étaient victimes d'une injustice historique et que leur mode de vie et leur culture étaient menacés par l'exploitation économique de leur territoire[304]. En 2005, la Commission faisait état cette fois non seulement de l'article 27 du Pacte, mais aussi de l'article 1, qui stipule que

> tous les peuples ont le droit de disposer d'eux-mêmes. En vertu de ce droit, ils déterminent librement leur statut politique et assurent librement leur développement économique, social et culturel. Pour atteindre leurs fins, tous les peuples peuvent disposer librement de leurs richesses et de leurs ressources

[304] Human Rights Committee, UN document CCPR/C38/D/167/1984.

naturelles [...] En aucun cas, un peuple ne pourra être privé de ses propres moyens de subsistance[305].

Sans pour autant accuser le Canada de violer cet article, la Commission regrettait que le Canada n'ait pas fourni les informations nécessaires qui auraient pu le condamner pour son rôle dans la destruction de l'économie et du mode de vie traditionnels des Lubicon. Par ailleurs, la Commission recommandait que le Canada consulte les Lubicon sur l'exploitation économique de leur territoire, qui ne devait en aucun cas mettre en danger leurs droits tels que définis par le Pacte[306].

Mais on sait que la Commission n'est pas une cour de justice et ne peut donc pas sanctionner les États. Elle peut enquêter sur les plaintes qui concernent les violations des droits de l'homme et émettre des recommandations, ce qu'elle a fait dans le cas des Lubicon. Mais c'est au niveau national que doivent s'opérer la prévention des violations des droits de l'homme, la punition des responsables et la compensation des victimes. Il reste que, si la Commission joue un rôle purement consultatif, elle peut faire pression sur les États qui souhaitent faire bonne figure sur la scène internationale[307]. Et c'est en cela que sa condamnation du Canada en ce qui concerne les Lubicon n'est pas négligeable.

En fait, la province de l'Alberta et le gouvernement fédéral se renvoient mutuellement les responsabilités, en minimisant les torts faits aux Indiens.

Il est cependant indéniable que les Lubicon n'ont pas signé le Traité N° 8. Aucune personne de la région du Lac Lubicon n'y figure et le Lac Lubicon lui-même n'est pas mentionné. Avec une constance singulière, et de manière aussi paradoxale, le gouvernement fédéral s'est toujours refusé à faire droit à la nation Lubicon. Alors qu'au moment de la signature du Traité N° 8 en 1899, le gouvernement ignorait jusqu'à l'existence de cette bande

---

305 Haut-Commissariat des Nations Unies aux droits de l'homme, *Pacte international relatif aux droits civils et politiques*, 1976. http://www.ohchr.org/french/law/ccpr.htm, 18.09.06.

306 Human Rights Committee, UN Document CCPR/C/CAN/CO/5.

307 Florencia Roulet, *Droits de l'homme et peuples autochtones : un guide pratique sur le système de l'ONU*, Copenhague : IWGIA, 1999.

éloignée, il prétendit ensuite que les Lubicon avaient signé le traité et donc cédé leur territoire. Par la suite, en 1939, si le gouvernement reconnaît enfin l'existence autonome de la bande, il a attendu 1973 pour valider cette décision qui avait été remise en cause dans les années 1940.

La nation indienne du Lac Lubicon n'est pas la seule communauté indienne qui soit menacée dans la région. Entre 2 500 et 3 000 Indiens sont touchés par l'expropriation et la destruction de leur économie[308]. Malheureusement, les communautés voisines ne bénéficient pas d'un pouvoir politique fort, ni de l'organisation exceptionnelle des Lubicon. Ce sont ces qualités qui ont permis à ces derniers de tenir tête aux autorités. Il faut espérer que, si le Canada est amené à passer un accord juste et équitable avec les Lubicon, alors les autres communautés indiennes en profiteront. Une telle décision affecterait sans aucun doute la politique indienne du gouvernement canadien. Voilà une des raisons pour lesquelles le Canada n'est pas prêt à se plier aux exigences des Lubicon.

Le destin de la nation Lubicon illustre en microcosme une face de l'histoire de la colonisation euro-canadienne, dans son passé comme dans son actualité. La seule alternative offerte aux Lubicon est l'abandon de leur revendication et l'assimilation à la société dominante. Mais cette assimilation peut-elle se produire par le moyen de l'intégration de la communauté en tant que telle ? Ne passe-t-elle pas par la disparition à court terme de la communauté, puisque ce sont des individus qui s'assimilent, un à un, en quittant justement leur communauté d'origine ? Est-ce que, au contraire, il n'existe pas une alternative différente, celle qui amènerait la société dominante à se réformer et à modifier ses structures ?

---

308 LUBICON LAKE INDIAN NATION, *Supplement No 2 to Communication No 167/1984 of Chief Bernard Ominayak and the Lubicon Lake Band to the Human Rights Committee*, New York, 9 avril 1986.

CONCLUSION

Depuis les débuts de la colonisation française au XVIIe siècle jusqu'à nos jours, cette étude a visé à déployer l'histoire d'une colonisation qui n'a pas encore mis le point final à la tension qui régit les relations entre les Amérindiens et les Canadiens d'origine française et britannique.

Si l'on a recouru à des sources et des méthodes où se croisent l'histoire, l'anthropologie, le droit, c'est que seule la multidisciplinarité peut rendre compte d'un phénomène qui pourrait sembler échapper aux catégories et aux formes que prend, en général, l'histoire coloniale. Outre ces disciplines académiques bien assises de nos jours, et qui forment à elles toutes ce qu'on nomme aujourd'hui l'ethnohistoire, l'histoire orale a aussi sa place dans cette étude. L'histoire orale, en effet, en tant qu'elle est mémoire vivante d'un passé qui, pour des raisons d'ambition politiques non avouables chez les acteurs euro-canadiens, de détournements de la confiance des autochtones lors des rencontres, ou même simplement de malentendus entre les parties, met à jour les non-dits des traités, forme principale de la colonisation de l'Ouest canadien au XIXe siècle.

Parmi ces nombreux traités conclus à la fin du siècle, le traité dit N° 8 mérite une attention particulière : tout en s'inscrivant dans le cadre de la politique générale des traités, l'étude qui fait l'objet de cet ouvrage permet d'en démontrer le caractère frauduleux, aujourd'hui indéniable.

Nous avons posé d'emblée que, puisqu'il y a eu traité, il y a bien eu une relation entre nations souveraines et que cette relation est soumise aux normes du droit international. C'est en effet ce que souligne de nos jours le groupe de travail sur les populations autochtones de la « Sous-commission pour la lutte contre les mesures discriminatoires et la protection des minorités » de l'ONU, dans son rapport final publié en juillet 1998 sur les traités signés entre les peuples autochtones et les États colonisateurs[309].

---

309 M. A. MARTINEZ, Special Rapporteur for the United Nations Sub-Commission on the Prevention of Discrimination and the Protection of Minorities,

C'est du travail de recherche et de son élaboration que ressort la problématique de ce livre, qui comporte des facettes multiples. Nous avons mis en rapport la problématique autochtone avec l'élaboration progressive d'un État canadien et avec l'ambiguïté de celui-ci qui doit tout à la fois imposer son autorité sur les autochtones, pourvoir à l'établissement de colons sur les espaces qui s'avéreront utiles et intégrer ces espaces dans un pays global. C'est donc ici, comme en toute question coloniale – et nous l'avons fortement souligné – la question de la terre qui est l'enjeu suprême du conflit entre colons et colonisés.

Nous avons suivi, au cours de la première, puis de la deuxième partie de ce livre, l'évolution d'un territoire, qui fait partie d'un empire dont les liens entre métropole et colonie ne se déferont que très lentement et sans heurts, et surtout la colonisation du nord-ouest qui s'accompagne des « traités numérotés » avec les autochtones dans les dernières parties du XIXe siècle et les débuts du vingtième. Force est de constater que, dans un monde où la « globalisation » actuelle conduit les hommes à migrer d'un lieu à l'autre, formant ici et là des minorités d'immigration ou des diasporas (comme il en existe au Canada même), la question de l'autochtonie, très actuelle comme nous l'avons démontré, est à prendre au sérieux, comme l'un des éléments de la sauvegarde des cultures et des civilisations.

L'actualité en est en effet démontrée grâce à l'organisation générale de ce livre. La question contemporaine n'aurait pu être perçue de manière percutante sans l'exposé historique de l'évolution des rapports entre allogènes et autochtones depuis le XVIIe siècle. Nous avons tenté, sans nous attarder plus que nécessaire, d'en montrer le poids sur la suite des événements, avec les soubresauts de l'histoire à des dates clés qui forment l'articulation des premières parties du livre : la Proclamation royale de 1763, qui fait précédent jusqu'à nos jours dans les tribunaux canadiens ; ou les années 1867 et toutes celles qui jalonnent la constitution d'une confédération canadienne, élaboration d'un État nation dont nous nous sommes efforcés de donner une vision originale dans sa confrontation avec le problème autochtone et

---

« Study on treaties, agreements and other constructive arrangements between States and indigenous populations : Final Report », unedited version, July 1998.

avec la colonisation concomitante de l'Ouest, sans oublier les révoltes des métis dont nous avons démontré que la défaite en 1885 marque non seulement l'achèvement de la conquête du Nord-Ouest, mais sonne aussi le glas du pays métis. Les dates les plus importantes sont naturellement celles des traités numérotés, et notamment du Traité N° 8 en 1899 et 1900.

L'élaboration progressive d'une théorie du traité colonial a nécessité une recherche minutieuse et une approche circonspecte de ce que sont ces traités « inégaux » et cependant conclus entre parties également actrices de leur histoire. C'est en parlant des traités, qui sont avec les grands procès du XXe siècle des faits marquants de l'histoire canadienne, que nous avons tenté de démontrer l'originalité de ce livre et son apport à l'histoire. Ainsi donnons-nous une définition du traité *a contrario*, montrant comment le traité central de notre propos, le Traité N° 8, ne répond pas aux critères qu'en donnent les instances internationales comme les cours canadiennes. Pas à pas, nous nous sommes efforcés de dessiner ce qui fait du traité entre autorités canadiennes et autochtones un document *sui generis*.

Les traités, nous l'avons souligné, furent souvent le fruit de la volonté des Indiens eux-mêmes. Parfois eux-mêmes demandeurs d'un traité de paix et d'amitié lorsque la faim les avait réduits à merci, les Indiens ont souvent signé sans le comprendre, sans le savoir ou contraints, la cession de leurs terres. Le malentendu initial entre les tenants de concepts européens comme celui de la nue propriété des terres et ceux qui n'en concevaient que l'usufruit, entre ceux qui ne faisaient qu'octroyer un droit de chasse ou de trappe et ceux qui comprenaient le traité comme la garantie de leurs droits inhérents : ces malentendus sont démontrés et exposés dans ce livre, et nous concluons, comme le font les juges, à la nécessaire reconnaissance du droit inhérent des Indiens.

Notre étude se termine en 2003, date à laquelle les négociations entreprises par les Lubicon ont échoué, laissant peut-être augurer un pronostic pessimiste. La nation Cri du Lac Lubicon avait été oubliée par les commissaires gouvernementaux chargés des négociations et de la signature du Traité N° 8 alors que, à la fin du XXe siècle, l'exploitation pétrolière et forestière de leurs territoires de chasse et de trappe bouleversera leur économie traditionnelle, sans qu'ils soient en rien protégés, puisqu'aucun traité ne leur garantit une aide. La lutte qu'ils mènent aujourd'hui permet ainsi de voir l'aboutissement final d'une politique qui a commencé au tournant du siècle avec le Traité N° 8. Le cas des Lubicon constitue l'un des exemples les plus combatifs et les plus dramatiques des exclus du Traité N°8.

La création en avril 1999 du Nunavut, ce vaste territoire inuit autonome dans le Grand Nord canadien, ainsi que la publication en 1996 du rapport de la Commission royale sur les peuples autochtones du Canada, semble indiquer que le Canada s'oriente aujourd'hui vers une négociation plus équitable des droits originels des Premières Nations. La population autochtone contemporaine est beaucoup plus éclairée qu'autrefois ; mieux informée, elle sait se faire entendre.

Dans le cas du Nunavut, les allochtones et les autochtones sont parvenus à un compromis, les derniers ayant obtenu la reconnaissance officielle de leur autonomie gouvernementale, un droit inhérent reconnu et confirmé, disent-ils, par la Loi constitutionnelle de 1982. Si ce principe était étendu à l'ensemble du Canada, ceci entraînerait la création d'un troisième ordre de gouvernement, ni fédéral ni provincial, mais qui regrouperait les différentes nations autochtones, rompant enfin avec leur état actuel de dépendance, car il s'accompagnerait d'une assise territoriale et de moyens leur permettant de générer et de gérer leurs propres revenus.

Bien des obstacles, économiques et politiques, restent à franchir. Ensemble, autochtones et allochtones doivent déterminer les modalités des règlements territoriaux et assurer des relations saines et stables. C'est seulement ainsi que les autochtones prendront la place qui leur revient de plein droit dans la société canadienne. Or, dans la politique généralement menée par le gouvernement canadien, l'intérêt national prime encore trop souvent sur les droits des autochtones, contrairement à certains jugements de la Cour Suprême du Canada. Le gouvernement canadien, tout comme pour la signature des traités numérotés qui avait été suscitée par les besoins expansionnistes de la société allochtone, a désormais des visées sur les richesses minières et hydroélectriques des terres occupées par les autochtones dans le nord canadien. La quête de nouvelles sources d'énergie, l'hydroélectricité au Québec et le pétrole en Alberta, équivaut à une nouvelle conquête territoriale.

C'est donc avec circonspection qu'il convient d'aborder la question autochtone au Canada à la lumière des récents événements que nous avons cités, la création du Nunavut et la publication du rapport de la Commission royale sur les peuples autochtones. Quel sera en effet l'impact réel du rapport de cette commission, sachant qu'il y a déjà eu de telles prises de position favorables à leurs revendications mais qu'elles n'ont jamais véritablement abouti ? Dans le cas du Nunavut, il faut souligner que, si les Inuit sont là majoritaires, les « bénéficiaires » – et les exclus – du Traité N° 8 représentent une minorité de la population locale, et que, contrairement au Nunavut, le territoire compris dans les limites du Traité N° 8 est une région riche en ressources naturelles.

Nous avons montré, d'après l'étude du cas Lubicon, que nombre de questions restent encore en suspens, que certaines revendications, comme celles des Lubicon, n'ont encore jamais été satisfaites. Toutefois, nous sommes restés d'une certaine manière optimistes, tout en échappant au manichéisme qui peut surgir des questions traitées. Lorsque nous parlons de l'ascendant du juridique sur le politique, nous ne nous contentons pas d'évoquer une particularité du système juridico-politique anglo-saxon. Nous nous sommes efforcés de mettre en avant la place conquise par les autochtones à l'interférence, en quelque sorte, du juridique et du politique : en portant leur cause avec tant de force devant les tribunaux, en profitant aussi du pouvoir virtuel qu'ils ont en tant qu'éventuels détenteurs de ressources convoitées par les compagnies multinationales, les autochtones ont trouvé la voie de la justice canadienne et ont par là forcé le politique à s'ouvrir, au moins en partie, à leurs revendications et à reconnaître leur dimension de peuples à part entière et d'acteurs de l'Histoire.

BIBLIOGRAPHIE

Sources primaires

ALBERTA. *The Game Act of Alberta.* R.S.A. 1922 ; *News Release: Agreement-In-Principle Reached with Woodland Cree Band.* Edmonton, Alberta : Governement of Alberta, Canada, December 19, 1990.

ARCHIVES DE LA NATION LUBICON, « Treaty N° 8 and the Setting aside of Reserve Lands for the Lubicon Lake Indian Band (1899-1973) », 152 documents.

ARCHIVES DES OBLATS DE MARIE IMMACULEE, EDMONTON (transférées aux archives provinciales de l'Alberta), B-VII-22. Enveloppe 1880-1912.

ARCHIVES DES OBLATS DE MARIE L'IMMACULÉE, McLENNAN. Dossier : Indiens-Traité, ROUE, O.M.I, « Rapport sur le traité payé à Lubicon Lake », 3 juin 1942, pp. 1-2, 4-5.

ARCHIVES PUBLIQUES DU CANADA, Manuscript Group 26A, vol. 107 ; Record Group 10-Indian Affairs, Black Series, vol. 4006, dossier 19.502-1 ; Record Group 10-Indian Affairs, Black Series, dossier 241.209-1 ; Record Group 10-Indian Affairs, Black Series, vol. 3848-3849, dossier 75.236-1.

Articles de capitulation de Montréal, 8 septembre 1760, article 40, p. 21 http://www.canadiana.org/ECO/mtq?display=42695+0006 [19.09.06]

ASSEMBLY OF FIRST NATIONS (AFN). « Cree Chief Urges Halt to James Bay II: Coon-Come Accuses Governments of 'White-Collar Terrorism' », *Assembly of First Nations, University of Toronto, Self-Determination Symposium, Assembly of First Nations, University of Toronto September 30 - October 3, 1990*, Ottawa : Assembly of First Nations, 1990, pp. 52-53.

BREYNAT, Gabriel. *Cinquante ans au pays des neiges.* Montréal : Fides, vol. I, 1945.

CALAHASIEN, Daniel et Marie CALAHASIEN, Joseph NANAS NOSKIYE, *Memos of Interview Conducted by F. Lennarson, B. Ominayak and B. L'esperance*, June 8, 1982 ; June 13, 1982.

CALAHASIEN, Daniel, Edward LABOUCAN, Joe A. LABOUCAN, John Felix LABOUCAN, Pierre LABOUCAN, Joe A. LABOUCAN, John Felix LABOUCAN, Pierre LABOUCAN, Edward LABOUCAN, Sam THOMAS, Elzear WHITEHEAD PARTNER, *Memo of Interviews Re: Affidavit in the Matter of Chief Bernard Ominayak et al. v. Norcen Energy Resources Limited et al. No 8201-03713.* Alberta Court of Queen's Bench, Judicial District of Calgary, June 13, 15, 18, 1982 ; July 9, 1982.

Calder c. *Procureur général de la Colombie-Britannique*, R.C.S. 313, Cour suprême du Canada, 1973.

Calgary Tribune, 5 février 1889.

CANADA. Loi constitutionnelle de 1867, 30-31 Victoria, ch. 3 (R.-U.). Acte de la Terre de Rupert, 1868, 31-32 Victoria. Statutes of Canada 1868. 31 Victoria, chapter 42. Statutes of Canada 1869. 32-33 Victoria, chapter 6. Manitoba Act, 1870. Dominion Act, S.C. 1872. Statutes of Canada, 1874. 37 Victoria, chapter 21. Indian Advancement Act, SC 1884. Indian Act, SC 1884. Indian Act, RSC 1886. SENAT, Journeaux du Sénat, 2 mai 1888, Annexe I, « Report of the Select Committee of the Senate appointed to Enquire into the Resources of the Great Mackenzie Basin ». « Rapport annuel du Département des Affaires des Indiens pour l'exercice 1888-1889 ». Document de la Session no 12, 1890. Indian Treaties and Surrenders. From 1680 to 1890. In two volumes. Réimpression [1e éd. 1891]. Toronto : Coles, 1971. « Rapport annuel du Département des Affaires des Indiens pour l'exercice 1889-1890 ». Document de la Session no 18, 1891. CONSEIL PRIVE, Arrêté en Conseil 52, 26 janvier 1891 ; Arrêté en Conseil 892, 3 mai 1899. Indian Act, SC 1894. « Rapport annuel du Département des Affaires indiennes pour l'exercice se terminant le 30 juin 1895 ». Document de la Session no 14, 1896. « Rapport annuel du Département des Affaires indiennes pour l'exercice se terminant le 30 juin 1896 ». Document de la Session no 14, 1897. Documents de la session. Gendarmerie Royale du Canada, Rapport annuel de l'inspecteur Jarvis, 1898. Treaty Number Eight Made June 21, 1899 and Adhesions and Reports. Ottawa, Ont.: Queen's Printer, 1964-1966. Report to the Minister of Indian Affairs, July 12, 1906. Indian Act, SC 1918. Indian Act, SC 1919. Indian Act. SC 1927. Constitution Act, 1930, RSC 1970, app. II, n° 25, (formerly British North America Act, 1930, c. 26 (U.K.) 20-21 George V). *Indian Act*. SC 1951. 15 George VI. *The Migratory Birds Convention Act*. RSC 1952. *Déclaration canadienne des droits*, 1960. *La Politique indienne du Gouvernement du Canada [avant-projet de loi, 1969]*. Ottawa: Queen's Printer, 1969. « Déclaration par l'honorable Jean Chrétien, ministre des Affaires indiennes et du Nord canadien, au sujet des revendications des Indiens et Inuit ». Ottawa, 8 août 1973. *Loi sur le règlement des revendications des autochtones de la Baie James et du Nord québécois*, ch. 32, 1976-77. *Le temps d'agir : jalons du renouvellement de la fédération canadienne*. Ottawa : Ministère des approvisionnements et services, 1978. *Native Claims : Policy, Processes and Perspectives*. Ottawa : Indian and Northern Affairs, Office of Native Claims (ONC), 1978. *Charte canadienne des droits et liberté*, 1981. *En toute justice : Une politique des revendications des autochtones – Revendications globales*. Ottawa : Approvisionnements et services Canada, 1981. *Dossier en souffrance : Une politique des revendications des autochtones - Revendications particulières.* Ottawa : Approvisionnements et services Canada, 1982. *Loi constitutionnelle de 1982. Federal Policy for the Settlement of Native Claims.* Ottawa : Indian and Northern Affairs, mars 1993. *Commission Royale sur les peuples autochtones : Rapport final.* Ottawa : ministère des Affaires indiennes et du Nord canadien, 1996. *À l'aube d'un rapprochement, : Points saillants du rapport de la Commission royale sur les Peuples autochtones.* « Quelques observations des commissaires ». http://www.ainc-inac.gc.ca/ch/rcap/rpt/index_f.html [09.09.06]. *Accord sur les revendications territoriales du Nunavut.* 1er avril 1999. http://www.ainc-inac.gc.ca/pr/agr/nunavut/index_f.html [14.09.06].

Accord Définitif Nisga'a. mai 2000. http://www.ainc-inac.gc.ca/pr/agr/nsga/nis/nisdex12_f.pdf [14.09.06]. *Accord sur les revendications territoriales et l'autonomie gouvernementale entre le Tlicho et le gouvernement des Territoires du Nord-Ouest et le gouvernement du Canada.* 25 août 2003. http://www.ainc-inac.gc.ca/pr/agr/nwts/tliagr2_f.pdf [12.09.06]. T.N.-O. *Franc parler*, automne 2003. CANADA. *Population indienne inscrite selon le sexe et la résidence, 2004*, Ottawa : Ministère des Affaires Indiennes et du Nord Canadien, 2005 <http://www.ainc-inac.gc.ca/pr/sts/rip/rip04_f.pdf> [22 février 2006]. CANADA. *Statistique Canada* <http://www40.statcan.ca/l02/cst01/demo26a_f.htm> [23 février 2006]. CANADA. *Résolution de questions des pensionnats indiens Canada.* http://www.irsr-rqpi.gc.ca/francais/index.html [09.09.06].

Cherokee Nation v. *Georgia*, 30 U.S. (5 Pet.) 1, Supreme Court of the United States, 1831

COOLICAN, Murray. *Traités en vigueur, ententes durables : rapport du Groupe d'étude de la politique des revendications globales.* Ottawa : Approvisionnements et services Canada, 1985.

Daishowa Inc. v. Friends of the Lubicon et al., 95-CQ-59707. Ontario Court of Justice, 1998.

Delgamuukw c. Colombie-Britannique, 3 R.C.S. 1010, Cour suprême du Canada, 1997.

« Dene Manifesto ». *News of the North.* 30 July 1975

Edmonton Bulletin, 10 juillet 1899.

ENVIRONMENTAL PROTECTION AGENCY. *National Dioxin Study Tier 4 - Combustion Sources : Engineering Analysis Report.* Washington, D.C. : U.S. EPA Office of Air Quality Planning and Standards, 450-84-01 4h, 1988.

GENERAL ASSEMBLY OF THE INDIAN BROTHERHOOD OF THE NWT AND THE METIS ASSOCIATION OF THE NWT. « Dene Declaration, Statement of Rights », 19 July 1975, Fort Simpson, NWT : 2nd Joint General Assembly.

GODDARD, John. « Forked Tongues », *Saturday Night*, February 1988.

Gros-Louis et al. c. La Société de développement de la Baie James et al., Que. P.R. 38, Cour Supérieure du Québec, 1973.

GROUARD, Émile O.M.I. *Souvenirs de mes soixante ans d'apostolat dans l'Athabasca Mackenzie*. Lyon : œuvre Apostolique de Marie Immaculée, 1923.

Guerin c. La Reine, 2 R.C.S. 335, Cour suprême du Canada, 1984

Guerin c. La Reine, 2 R.C.S. 335, Cour suprême du Canada, 1984.

INTERNATIONAL JOINT COMMISSION. *Fifth Biennal Report on Great Lakes Water Quality*. International Joint Commission on the Great Lakes, Windsor, Ont., 1989.

JEREMIE, Nicolas. « Relation du Détroit et de la Baie d'Hudson » *in* : le *Recueil d'arrests et autres pièces pour l'établissement de la Compagnie d'Occident*. Amsterdam, 1720.

Johnson v. *McIntosh*, 21 U.S. (8 Wheat.) 543, Supreme Court of the United States, 1823

Jones v. Meehan. [1899] 175 U.S. 1. Supreme Court of the United States, Gray J., 30 October 1899.

L'Ouest canadien, 15 juin 1899.

La Société de développement de la Baie James et al. c. Kanatewat et al., Que. C.A. 166, Cour d'Appel du Québec, 1974.

Land Titles Act, Bill 29, R.S.C. 1977.

LENNARSON, Fred, conseiller politique de la nation Lubicon. « Information Packages ». The Mimir Corporation: Edmonton, Alta., 1985-1992.

LUBICON LAKE INDIAN NATION, « Information Packages », Little Buffalo Lake, Alta, 1992-1996.

LUBICON LAKE INDIAN NATION, *Communication No. 167/1984 of Chief Bernard Ominayak and the Lubicon Lake Band to the Human Rights Committee*, New-York, 14 février 1984, appendix no. 5. *Supplement No 2 to Communication No 167/1984 of Chief Bernard Ominayak and the Lubicon Lake Band to the Human Rights Committee*, New York, 9 avril 1986.

Lubicon Land Settlement Agreement : Lubicon - Canada - Alberta. September 17, 1997. http://www.tao.ca/~fol/pa/negp/llsa.htm [19.09.06]

MAUCH A. (Bureau de diversification de l'Ouest), G. DAVEY (Bureau du Premier ministre de l'Alberta), K. KITAGAWA (Vice-Président et Directeur

Général de Daishowa Canada Co Ltd). *News Release/Communique: Major Diversification Initiative with New $500 Million Pulp Mill Approved for Peace River Area.* 8 février 1988.

MORRIS, Alexander. *The Treaties of Canada with the Indians of Manitoba and the North-West Territories.* Repr. ed. [1st ed. 1880]. Toronto : Coles, 1971.

MUKASH, Matthew (Grand Conseil des Cri du Québec). « Presentation to the 6th European Meeting of North American Indian Support Groups », Gelbenholzen, Germany, July 24-27, 1990.

NATIONS UNIES. Haut-Commissariat des Nations Unies aux droits de l'homme. *Universal Declaration of Human Rights.* New York : United Nations, December 10, 1948. « Declaration on the Granting of Independence to Colonial Countries and Peoples », resolution 1514 (xv), United Nations General Assembly, December 1960, section 2. *Pacte international relatif aux droits civils et politiques*, 1976. http://www.ohchr.org/french/law/ccpr.htm [18.09.06]. Human Rights Committee. UN Document CCPR/C/CAN/CO/5. UN document CCPR/C38/D/167/1984.

PROVINCE OF CANADA. Legislative Assembly. « Report of the Special Commissioners to Investigate Indian Affairs in Canada » *in* : *Journals of the Legislative Assembly of the Province of Canada* 1858, vol. 16, app. 6, Appendix N° 21 [non paginé]. PROVINCE OF CANADA. Legislative Assembly. « Report on the Affairs of the Indians of Canada » *in* : *Journals of the Legislative Assembly of the Province of Canada* 1844-1845, vol. 41, app. 2 appendix EEE [non paginé].

QUEBEC, Secrétariat aux affaires autochtones. *Entente concernant une nouvelle relation entre le Gouvernement du Québec et les Cri.* 7 février 2002. *The James Bay and Northern Quebec Agreement.* Éditeur officiel du Québec, 1976.

R. c. Sioui, 1 R.C.S. 1025, Cour suprême du Canada, 1990.

R. c. Sparrow, 1 R.C.S. 1075, Cour suprême du Canada, 1990.

Re Paulette and Registrar of Land Titles, 6 W.W.R. 97, Northwest Territories Supreme Court, 1973 ; *Re Paulette and Registrar of Land Titles (No.2)*, 6 W.W.R. 115, Northwest Territories Supreme Court, 1973 ; *Paulette et al. c. la Reine*, 2 S.C.R. 628, Cour Suprême du Canada, 1976.

Regina v. *Sikyea*, 2 C.C.C. 325, 46 W.W.R. 65, 43 C.R. 83, Northwest Territories Court of Appeal, 1964.

SAGANASH, Diom. Directeur des relations avec le Québec, Grand Conseil des Cris. « Allocution à l'Université d'Oxford », octobre 2002.
http://www.gcc.ca/francais/gcc/gcc_saganshoxford.htm [09.09.06].

St Catharines Milling and Lumber Company v. *The Queen*, (1889), 14 App. Cas. 46 (JCPC, aff'd. (1886) 10 OR 196 (Chancery Div.).

THE LUBICON SETTLEMENT COMMISSION OF REVIEW. *Final Report.* Edmonton, Alta., mars 1993.

The Royal Proclamation of 1763. Reprinted in R.S.C. 1970. Appendices, pp. 123-129.

THOMPSON, David. *David Thompson's Narrative, 1784-1812.* R. GLOVER (ed.). 2nd ed. Toronto : The Champlain Society, 1962.

UNITED KINGDOM, H.C. « Report from the Select Committee on Aborigines (British Settlement) ». Session 1837, Irish University Press of British Parliamentary Papers, *Anthropology-Aborigines* vol. 2. Shannon, Ireland : Irish University Press, 1968.

Worcester v. *Georgia*, 31 U.S. (6 Pet.) 515, Supreme Court of the United States, 1832.

Ouvrages et articles

ADAMS, Howard. *Prison of Grass: Canada from a Native Point of View.* [1e éd. 1975]. Saskatoon, Saskatchewan : Fifth House Publishers, 1989.

BARMAN, Jean, Yvonne HEBERT et Don McCASKILL, (ed.). *Indian Education in Canada.* Vancouver : University of British Columbia Press. 2 vol. 1986-1987.

BARTLETT, Richard H. *Indian Reserves and Aboriginal Lands in Canada: A Homeland : A Study in Law and History.* Saskatoon : University of Saskatchewan Native Law Center, 1990.

BERGER, Thomas R. *Northern frontier, Northern Homeland: The Report of the Mackenzie Valley Pipeline Inquiry.* Rev. ed. [1st ed. April 1977]. Vancouver/Toronto : Douglas & McIntyre, 1988.

BISSONNETTE, Alain. « Analyse posthume d'un accord mis à mort », *Recherches amérindiennes au Québec*, vol. XXIII, n° 1, printemps 1993, pp. 80-87.

BURGER, A. « Giant Daishowa: Japanese 'Great Age of Enlightenment' Brings Smell of Money to the Town and Pollution to the River of Peace », *The Mirror - Northern Report*, novembre 1990.

CARDINAL, Harold. *The Unjust Society: The Tragedy of Canada's Indians*, Edmonton, Alta. : M. G. Hurtig, 1969.

CHOQUETTE, Robert. *The Oblate Assault on Canada's Northwest.* Ottawa : University of Ottawa Press, 1995.

CROUSE, Nellis Maynard. *La Verendrye, Fur Trader and Explorer.* Ithaca, N.Y. : Cornell University Press, 1956.

CUMMING, Peter A. et Neil H. MICKENBERG (eds.). *Native Rights in Canada.* [2nd ed.]. Toronto : Indian-Eskimo Association of Canada, 1972.

DAUGHERTY, William. *Maritime Indian Treaties in Perspective.* Ottawa : Department of Indian and Northern Affairs, 1983.

DELAGE, Denys. *Le Pays renversé. Amérindiens et européens en Amérique du nord-est. 1600-1664.* Montréal : Boréal Express, 1985.

DICKASON, Olive P. *Canada's First Nations : A History of Founding Peoples from Earliest Times.* Norman : University of Oklahoma Press, 1992, p. 258.

ELLIOTT, D. W. « Aboriginal Title », *in* : B. W. MORSE (ed.). *Aboriginal Peoples and The Law: Indian, Metis and Inuit Rights in Canada.* Rev. 1st ed. Ottawa : Carleton University Press, 1989, pp. 52-56.

FERGUSSON, Bruce (ed.). *The Anglican Church and the World of Western Canada, 1820-1970.* Regina : Canadian Plains Research Centre : University of Regina, 1991.

FLANAGAN, Thomas. *Louis Riel and the Rebellion : 1885 Reconsidered.* Saskatoon, Sask. : Western Producer Prairie Books, 1983.

Friends of the Lubicon http://www.tao.ca/~fol/index.html [19.06.06]

FUMOLEAU, René. *Aussi longtemps que le fleuve coulera : La nation Dènèe et le Canada.* Trad. de l'anglais [*As Long as this Land Shall Last: A History of Treaty 8 and Treaty 11, 1870-1939*, 1975]] par A. Moreau. Ed. rev. et augm. Sillery, Québec : Septentrion, 1994.

GERTLER, Franklin S. et Peter W. HUTCHINS. « Introduction : The Marriage of History and Law in *R. v. Sioui* », *Native Studies Review* 6 (2), 1990, pp. 115-130.

GETCHES, David H., Charles F., WILKINSON et Robert A WILLIAMS Jr. *Cases and Materials on Federal Indian Law.* 3rd ed. [1st pub. 1979]. St. Paul, Minn. : West Publishing, 1993.

GIFIS, Steven H. *Law Dictionary.* 3rd ed. New York, N.Y. : Baron's Educational Series.

GODDARD, John. *Last Stand of the Lubicon Cree.* Toronto : Douglas & McIntyre, 1991.

GRAYMONT, Barbara. *The Iroquois in the American Revolution.* Syracuse, N. Y. : Syracuse University Press, 1972.

HAVARD, Gilles et Cécile VIDAL. *Histoire de l'Amérique française.* Paris : Flamarion, 2003.

HAVARD, Gilles. *Empire et métissage : Indiens et Français dans le Pays d'en Haut, 1660-1715.* Québec/Paris : Septentrion/Presses de L'Université de Paris-Sorbonne. 2003.

HAWTHORN, H. B. et Marc-Adélard TREMBLAY. *Études sur les Indiens contemporains du Canada. Besoins et mesures d'ordre économique, politique et éducatif.* Ottawa : Imprimeur de la Reine, 1968 ; *Études sur les Indiens contemporains du Canada. Besoins et mesures d'ordre économique, politique et éducatif.* Ottawa : Imprimeur de la Reine, 1969.

HILTON, K. « Fighting to Preserve a Way of Life », *The News Line*, 6 août 1987.

HLADY, W. M. « Indian Migration in Manitoba and the West », *in*: W. M. HLADY, (ed.). *10,000 Years of History in Manitoba.* Winnipeg, Man. : Papers of the Manitoba Historical and Scientific Society, 1964, vol. 17, pp. 24-53.

INNIS, Harold Adams. *The Fur Trade in Canada.* Réimpr. [1e éd. : New Haven : Yale University Press, 1930]. Toronto : University of Toronto Press, 1977.

JACOBS, W. R. *Wilderness Politics and Indian Gifts: The Northern Colonial Frontier, 1748-1763.* Rééd. [1e éd. : *Diplomacy and Indian Gifts: Anglo-French Rivalry along the Ohio and Northwestern Frontier, 1748-1763.* Standford : Standford University Press, 1950]. Lincoln, Neb. : University of Nebraska Press, 1966.

JACQUIN, Philippe. *Les Indiens blancs.* Paris : Payot, 1989.

JELLY, William et Nora. *The Royal Canadian Mounted Police, A Centennial History.* Edmonton : Hurtig Publishers, 1973.

JENNINGS, Francis. *The Ambiguous Iroquois Empire.* New Yok : Norton, 1984.

JONES, Dorothy V. « British Colonial Treaties », *in* : W. C. STURTEVANT (gen. ed.). *Handbook of North American Indians.* Washington D. C. : Smithsonian Institution, 1988. Vol. 4 : Indian-Whites Relations.

LE PULOCH, Marine. « Des autochtones en pays de colonisation : questions de statut et d'identité », *in* : Michel PRUM, dir., Groupe de recherche sur l'eugénisme et le racisme (GRER). *Sang impur : Autour de la « race » (Grande-Bretagne, Canada, États-Unis).* Paris : L'Harmattan, 2004 ; « The Lubicon Lake Indian Nation Claim ». Mémoire de maîtrise. Université de Paris-VII Jussieu, 1993.

LESLIE, John F. et Ron MAGUIRE, (ed.). *The Historical Development of the Indian Act.* 2e éd. Ottawa : Research Branch, Indian and Nortern Affairs, 1978.

LEVASSEUR, Donat. *Les Oblats de Marie Immaculée dans l'ouest et le nord Canada, 1845-1967 : esquisse historique.* Edmonton : University of Alberta Press, 1995.

LEVI-STRAUSS, Claude. *Les Structures élémentaires de la parenté.* Paris : Presses universitaires de France, 1949.

LIPPERT, Owen (ed.) *Beyond the Nass Valley: National Implications of the Supreme Court's Delgamuukw Decision.* Vancouver, BC : the Fraser Institute, 2000.

LITTLE BEAR, Leroy. « A Concept of Native Title », *Canadian Legal Aid Bulletin* 5 (99), 1982.

LOWEY, Mark. « Long List of Experts Involved in 47-Year Dispute », *Calgary Herald*, 19 juillet 1987.

Lubicon Legal Defence Fund http://www.lubicon.ca/index.html [19.09.06]

LYON, Noel. « An Essay on Constitutional Interpretation », *Osgood Hall L. J.* 26 (95), 1988 ; « Constitutional Issues in Native Law », *in* : B. W. MORSE (ed.). *Aboriginal Peoples and The Law: Indian, Metis and Inuit Rights in Canada*. Rev. 1st ed. Ottawa : Carleton University Press, 1989, pp. 408-451.

MACLANE C. et M. S. BAXENDALE. *This Land is Our Land: The Mohawk Revolt at Oka*, Montreal : Optimum Publishing International, 1990.

MARTINEZ, M. A. Special Rapporteur for the United Nations Sub-Commission on the Prevention of Discrimination and the Protection of Minorities. « Study on treaties, agreements and other constructive arrangements between States and indigenous populations : Final Report ». Unedited version, July 1998.

MAUSS, Marcel. *Essai sur le don*. Paris : Presses Universitaires de France, 1950.

McNEIL, Kent. « The Constitutional Rights of the Aboriginal People of Canada », *Supreme Court Law Review* 4 (218), 1982.

MONTGOMERY, Malcolm. « The Six Nations Indians and the Macdonald Franchise », *Ontario History* 56, 1964.

MORSE, B. W. « The Resolution of Land Claims », *in*: B. W. MORSE (ed.). *Aboriginal Peoples and The Law: Indian, Metis and Inuit Rights in Canada*. Rev. 1st ed. Ottawa : Carleton University Press, 1989, pp. 617-683.

MYERS, Gustavus. *A History of Canadian Wealth*. Toronto : Lewis & Samuel, 1972.

Native Americas: Akwe:kon's Journal of Indigenous Issues : James Bay Reader 8 (4), Ithaca: Cornell University, winter 1991.

NEW INTERNATIONALIST. « Minorities: Land Protest, Olympic Boycott », *New Internationalist*, mai 1987.

PANNEKOEK, Frits. *A Snug Little Flock : The Social Origins of the Riel Resistance of 1869-1870*. Winnipeg : Watson & Dwyer, 1991.

PARKMAN, Francis. *The Conspiracy of Pontiac and the Indian War after the Conquest of Canada*. [1ère ed. 1851]. 3 vols. Boston : Little, 1898.

PENTNEY, William. « The Rights of the Aboriginal Peoples of Canada in the Constitution Act, 1982, Part II, Section 35 : The Substantive Guarantee », *University of British Columbia Law Review* 22 (207), 1988.

PETERSON, Jacqueline et Jennifer S. H. BROWN (ed.). *The New Peoples: Being and Becoming Métis in North America*. Winnipeg : University of Manitoba Press, 1985.

PONTING, J. Rick et Roger GIBBINS. *Out of Irrelevance: A Socio-Political Introduction to Indian Affairs in Canada*. Toronto : Butterworths, 1980.

PRICE, Richard (ed.). *The Spirit of the Alberta Indian Treaties*. Réimpression [1e éd. Montréal : Institute for Research on Public Policy, 1979]. Edmonton : Pica Pica, 1987.

REYNOLDS, James I. *A Breach of Duty: Fiduciary Obligations and Aboriginal Peoples*. Saskatoon, Sask. : Purich Publishing, 2005.

ROGERS, Edward S. et James G. E. SMITH, « Environment and Culture in the Shield and Mackenzie Borderlands », *in* : W. C. STURTEVANT (gen. ed.). *Handbook of North American Indians*. Washington D. C. : Smithsonian Institution, 1981, vol. 6: Subarctic, pp. 130-144.

ROULET, Florencia. *Droits de l'homme et peuples autochtones : un guide pratique sur le système de l'ONU*. Copenhague : IWGIA, 1999.

SANDERS, Douglas E. « The Indian Lobby », *in* : Keith BANTING et Richard SIMEON (ed.). *And No One Cheered : Federalism, Democracy and the Constitution*. Toronto : Methuen of Canada, 1983; « Aboriginal Rights in Canada : an Overview », *Law and Anthropology* 2 (177), 1987, pp. 989-998; « Pre-existing Rights: The Aboriginal Peoples of Canada », *in* : Gérald A. BEAUDOIN and Ed RATUSHNY (ed.). *The Canadian Charter of Rights and Freedoms*. 2nd ed., Toronto : Carswells, 1989.

SCHWARTZ, Bryan. *Firts Principles, Second Thoughts: Constitutional Reform and Canadian Statecraft*. Montréal : Institut de recherches politiques, 1986.

SLATTERY, Brian. « The Hidden Constitution : Aboriginal Rights in Canada » *American J. of Comparative Law* 32 (361), 1984; « Understanding Aboriginal Rights », *Canadian Bar Review* 66 (727), 1987.

SMITH, James G. E. « Western Woods Cree », *in* : W. C. STURTEVANT (gen. ed.). *Handbook of North American Indians*. Washington D. C. : Smithsonian Institution, 1981. Vol. 6 : Subarctic, pp. 256-270 ; « Canada - The Lubicon Lake Cree », *Cultural Survival Quarterly* 11(3), 1987, pp. 61-62; « The Western Woods Cree: Anthropological Myth and Historical Reality », *American Ethnologist* 14 (3), 1987, pp. 434-448.

SPRAGUE, Doug N. *Canada and the métis, 1869-1885*. Waterloo, Ont. : Wilfrid Laurier University Press, 1988.

STANLEY, George F. G. *The Birth of Western Canada : A History of the Riel Rebellions*. Rep. ed. [1st pub. 1936]. Toronto : University of Toronto, 1960; « As Long as the Sun Shines and Water Flows: An Historical Comment », *in :* Ian A. L. GETTY et Antoine S. LUSSIER (ed.), *As Long as the Sun Shines and Water*

Flows: A Reader in Canadian Native Studies, Vancouver : University of British Columbia Press, 1983, pp. 1-26.

SUNTIO, L. R., W. Y. SHIU et D. McKAY. « A Review of the nature and properties of chemicals present in pulp mill effluents », *Cherosphere* 17(7), 1988, pp. 1249-1290.

SWAIN, R. W. « Human health consequences of consumption of fish contaminated with organochlorine compounds », *Aquat. Toxicology* 11, 1988, pp. 357-377.

TEVENÝ, Sylvie et Michèle THERRIEN, dirs. *Pour mieux comprendre le Nunavut : Actes de la Journée Nunavut, 30 janvier 1999*. Paris : Institut national des langues et civilisations orientales, 1999.

THERRIEN, Michèle. *Printemps inuit : naissance du Nunavut*. Montpellier : Indigène diffusion, 1999.

THOM, Brian. « Aboriginal Rights and Title in Canada After *Delgamuukw*: Part One, Oral Traditions and Anthropological Evidence in the Courtroom », *Native Studies Review* 14(1):1-26, 2001; « Aboriginal Rights and Title in Canada after *Delgamuukw*: Part Two, Anthropological Perspectives on Rights, Tests, Infringement & Justification », *Native Studies Review*, 14(2) : 1-42, 2001.

TOBIAS, John L. « Canadas Subjugation of the Plains Cree, 1879-1885 », *in:* J. R. MILLER (ed.). *Sweet Promises : A Reader on Indian-White Relations in Canada*. Toronto : University of Toronto Press, 1991, pp. 212-240.

TRIGGER, Bruce G. *Les Indiens, la fourrure et les Blancs : Français et Amérindiens en Amérique du Nord*, trad. de l'anglais [*Natives and Newcomers: Canada's « Heroic Ag e » Reconsidered*. Kingston\Montreal : McGill-Queen's University Press, 1985] par G. Khal, Louiseville, Québec : Boréal compact, 1992.

VATTEL, Emerrich de. *Le Droit des gens ou principe de la loi naturelle*. [1ère éd. Londres, 1758] *in* : *Classics of International Law*. Genève : Slatkine Reprints/Institut Henri Dunant, 1983.

VINCENT, Sylvie et Garry BOWERS (ed.). *Baie James et Nord Québécois, dix ans après / James Bay and Northern Quebec, Ten Years after*. Montréal : Recherches Amérindiennes au Québec, 1988.

WATKINS, Mel (ed.). *Dene Nation, the Colony within*. Toronto/Buffalo : University of Toronto Press, 1977.

ZASLOW, Morris. *The Opening of the Canadian North*. Toronto : McCleland & Stewart, 1971.

ZLOTKIN, Norman K. *Unfinished Business: Aboriginal Peoples and the 1983 Constitutional Conference*. Kingston, Ont. : Intitute of Intergovernemental Relations, Queen's University, 1983.

TABLE DES MATIÈRES

L'Harmattan, Italia
Via Degli Artisti 15 ; 10124 Torino

L'Harmattan Hongrie
Könyvesbolt ; Kossuth L. u. 14-16
1053 Budapest

L'Harmattan Burkina Faso
Rue 15.167 Route du Pô Patte d'oie
12 BP 226
Ouagadougou 12
(00226) 50 37 54 36

Espace L'Harmattan Kinshasa
Faculté des Sciences Sociales,
Politiques et Administratives
BP243, KIN XI ; Université de Kinshasa

L'Harmattan Guinée
Almamya Rue KA 028
En face du restaurant le cèdre
OKB agency BP 3470 Conakry
(00224) 60 20 85 08
harmattanguinee@yahoo.fr

L'Harmattan Côte d'Ivoire
M. Etien N'dah Ahmon
Résidence Karl / cité des arts
Abidjan-Cocody 03 BP 1588 Abidjan 03
(00225) 05 77 87 31

L'Harmattan Mauritanie
Espace El Kettab du livre francophone
N° 472 avenue Palais des Congrès
BP 316 Nouakchott
(00222) 63 25 980

L'Harmattan Cameroun
BP 11486
Yaoundé
(00237) 458 67 00
(00237) 976 61 66
harmattancam@yahoo.fr

www.ingramcontent.com/pod-product-compliance
Lightning Source LLC
LaVergne TN
LVHW011456061026
849535LV00004BA/1101